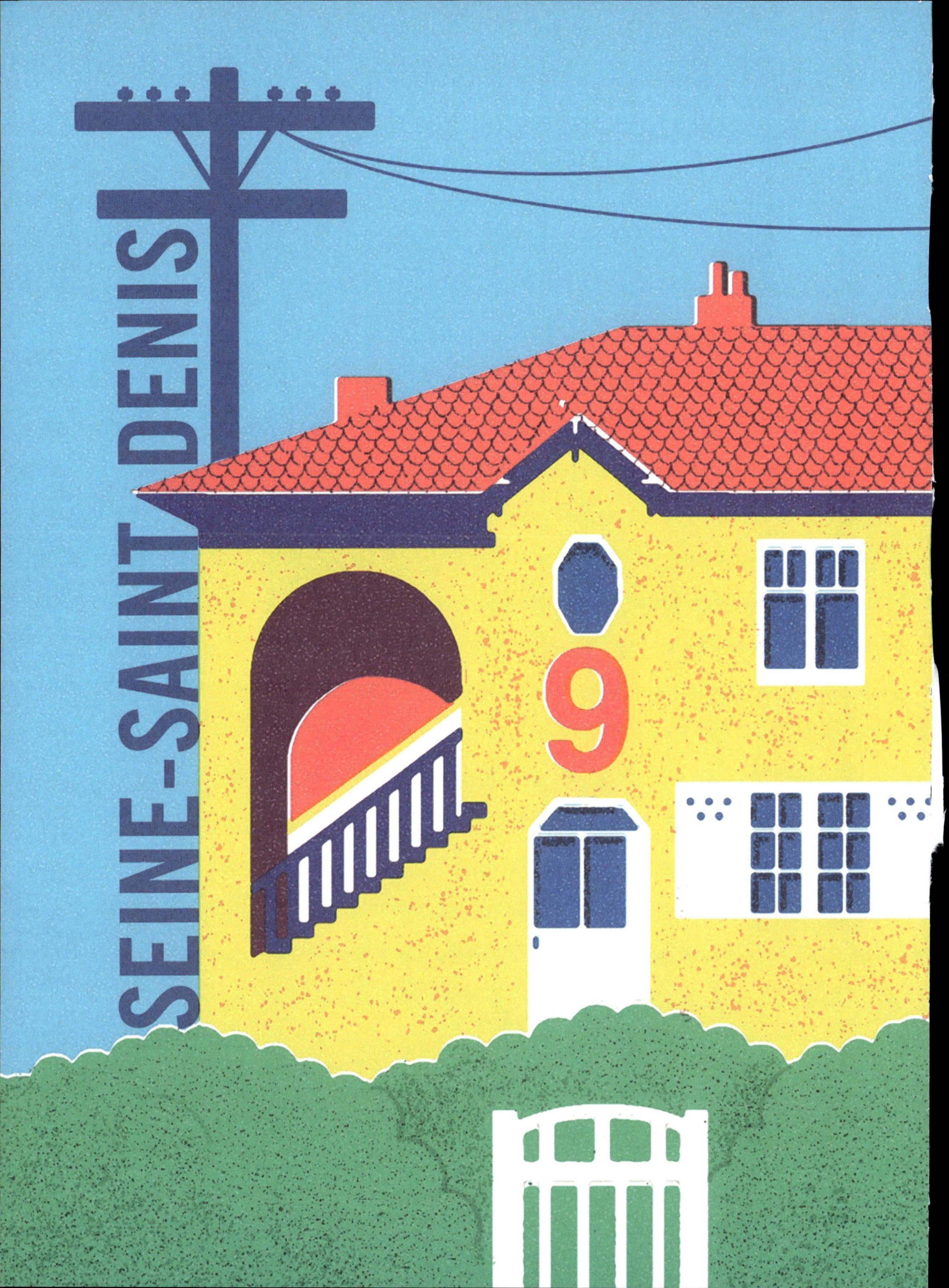
SEINE-SAINT-DENIS
9

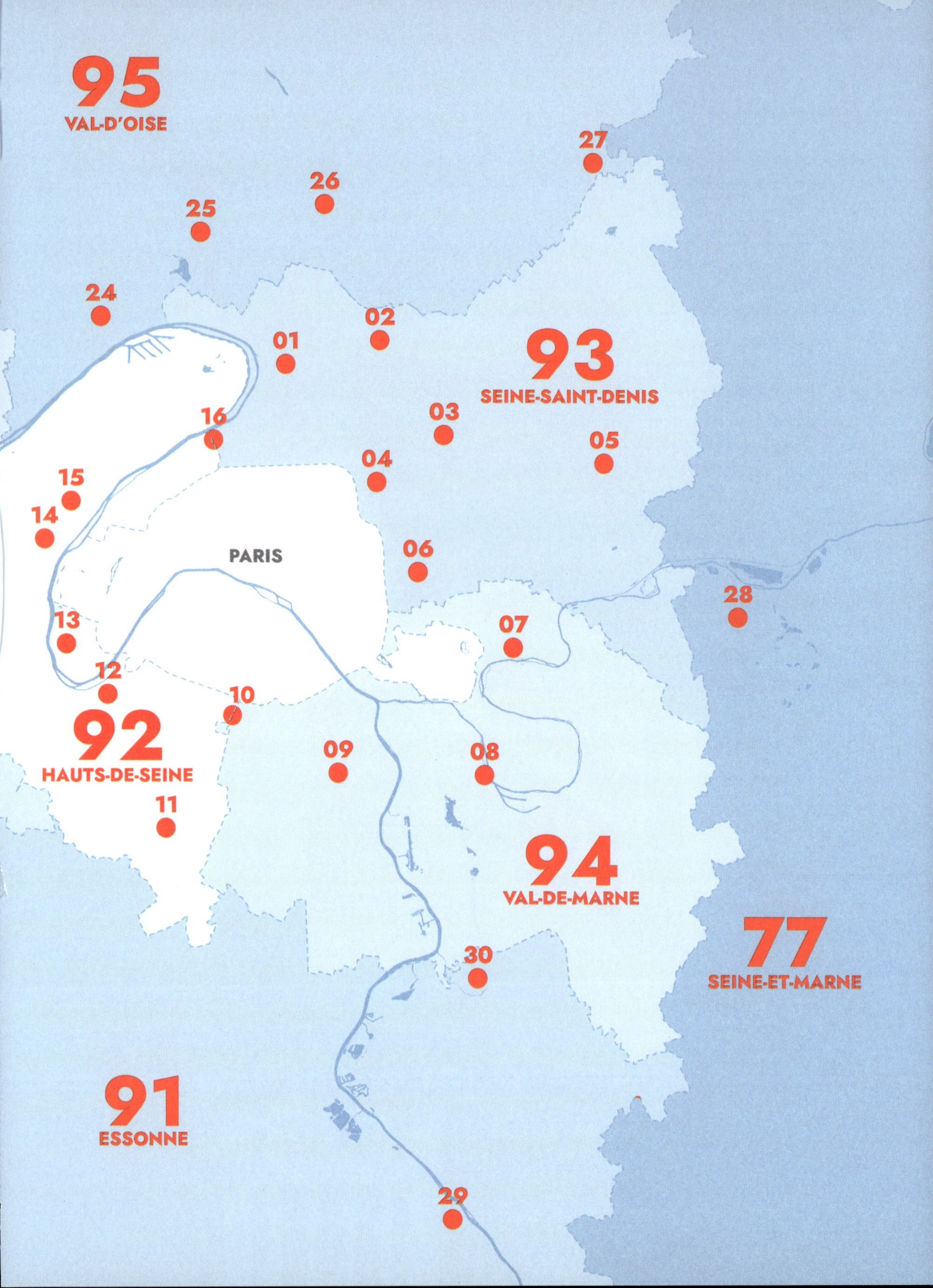

95
VAL-D'OISE
27
26
25
24
02
01
93
SEINE-SAINT-DENIS
16
03
05
04
15
14
PARIS
06
28
13
07
12
10
92
HAUTS-DE-SEINE
09
08
11
94
VAL-DE-MARNE
77
SEINE-ET-MARNE
30
91
ESSONNE
29

MODE D'EMPLOI

POUR CONSULTER LES ITINÉRAIRES CARTOGRAPHIÉS DE CES RANDONNÉES URBAINES, SCANNEZ CE QR CODE.

DES RANDONNÉES... HORS DES SENTIERS BATTUS !

Plus d'une randonnée de cet album vous entraînera sur des terrains où le touriste est une espèce non identifiée. Pour peu que vous flâniez nez au vent, que vous vous attardiez devant une façade, à plus forte raison si vous dégainez un appareil photo, il pourra vous arriver d'être interpelé. Dans les banlieues cossues, c'est le propriétaire qui se montrera à sa fenêtre pour savoir pourquoi vous fixez sa belle villa ; dans les quartiers populaires, c'est le groupe de jeunes gens qui vous demandera ce qui vous amène. Le mieux est toujours d'expliquer sans chercher à inventer une histoire ; si vous avez l'album sous le bras, c'est encore la meilleure manière d'en parler. Il ne s'agit pas d'être constamment sur ses gardes, simplement d'être conscient que vous déambulez parfois (très) en dehors des sentiers battus !

Simon Labussière

RANDONNÉES URBAINES

autour de Paris

30 BALADES
pour explorer la Petite
et la Grande Couronne

VOYAGES
GALLIMARD

AVANT-PROPOS

La banlieue parisienne : une expression qu'on hésite désormais presque à employer, tant elle a perdu sa neutralité pour se charger insidieusement de connotations pas toujours positives. On préfère parler de périphérie, d'agglomération, de couronne proche ou lointaine, on se débrouille avec des circonvolutions et des synonymes approximatifs.

C'est pourtant bien à la découverte de cette fameuse banlieue qu'invitent sans détours – ou plutôt si – les trente randonnées qui composent cet album, avec l'ambition de la remettre en perspective dans toute sa richesse et sa diversité.

Très urbaines ou presque bucoliques, faciles ou un peu plus corsées, toujours accessibles en transports en commun, elles sont autant d'invitations à parcourir au doux rythme de la marche ces territoires qu'on ne fait souvent que traverser à grande vitesse ; elles vous emmèneront dans bien des communes où vous n'auriez pas imaginé poser le pied, dont vous n'avez sans doute jamais entendu le nom. C'est peut-être là que vous aurez vos plus belles surprises…

Ces randonnées vous emmèneront dans bien des communes où vous n'auriez jamais imaginé poser le pied. C'est là que vous aurez peut-être VOS PLUS BELLES SURPRISES !

Chacun des parcours cherche à combiner les sites emblématiques – ceux qu'on s'est promis d'aller voir un jour – et les trésors méconnus, remarquables ou étonnants, ravissants ou bizarres, récemment toilettés ou, hélas, en péril imminent.

À qui souhaite se faire une idée de tel ou tel territoire, ces itinéraires se lisent très bien depuis son canapé. On ne saurait cependant le recommander, ou alors en simple préambule à une découverte in situ, aiguillé par cet album qui a cherché pour vous les meilleures voies dans ce patchwork de pavillons de toutes époques, d'usines actives, désaffectées ou reconverties, de cités-jardins et de grands ensembles, de villes nouvelles, de chemins de halage et de jardins ouvriers, d'impasses coquettes et de panoramas. Ces constantes juxtapositions du petit et du grand, de l'opulent et du menacé, du cossu et du populaire sont frappantes et terriblement photogéniques. Depuis quelques années, des travaux d'une ampleur inégalée, liés au Grand Paris et aux JO 2024, changent la donne. Des pages de l'histoire industrielle, urbaine, sociale de la banlieue se tournent peu à peu. Partez sur le terrain pour explorer ces villes en perpétuel mouvement. C'est à vous de jouer !

SIMON LABUSSIÈRE

SOMMAIRE

SEINE-SAINT-DENIS 93

VAL-DE-MARNE 94

HAUTS-DE-SEINE 92

93 SEINE-SAINT-DENIS

01 DE SAINT-DENIS À PIERREFITTE-SUR-SEINE ET À STAINS

02 DE LA COURNEUVE AU BOURGET ET AU BLANC-MESNIL

03 DE LA COURNEUVE À BOBIGNY ET À DRANCY

04 DE PANTIN À AUBERVILLIERS

05 DU RAINCY À CLICHY-SOUS-BOIS

06 DE BAGNOLET À MONTREUIL

94 VAL-DE-MARNE

07 DE VINCENNES À NOGENT-SUR-MARNE ET À NOISY-LE-GRAND

08 DE CRÉTEIL À SAINT-MAUR-DES-FOSSÉS

09 D'IVRY-SUR-SEINE À VITRY-SUR-SEINE

10 DE MALAKOFF (92) À MONTROUGE (92) ET À GENTILLY

92 HAUTS-DE-SEINE

11 DE BOURG-LA-REINE À SCEAUX ET À CHÂTENAY-MALABRY

12 D'ISSY-LES-MOULINEAUX À MEUDON

13 DE BOULOGNE-BILLANCOURT À SAINT-CLOUD

14 DE SURESNES À RUEIL-MALMAISON

15 LA DÉFENSE ET NANTERRE

16 DE SAINT-OUEN-SUR-SEINE À CLICHY-LA-GARENNE PAR SAINT-DENIS (93) ET ASNIÈRES-SUR-SEINE

78 YVELINES

17 LA BOUCLE DE LOUVECIENNES PAR MARLY-LE-ROI

18 DE SAINT-QUENTIN-EN-YVELINES À SAINT-CYR-L'ÉCOLE

19 DE VERSAILLES À VILLE-D'AVRAY (92) ET À SÈVRES (92)

20 DE CHATOU À CROISSY-SUR-SEINE ET AU VÉSINET

21 DE SAINT-GERMAIN-EN-LAYE À MAISONS-LAFFITTE

22 DE POISSY À VILLENNES-SUR-SEINE ET À MÉDAN

95 VAL-D'OISE

23 DE CERGY À PONTOISE

24 ARGENTEUIL

25 D'ÉPINAY-SUR-SEINE (93) À ENGHIEN-LES-BAINS ET À MONTMORENCY

26 DE SARCELLES À VILLIERS-LE-BEL ET À ÉCOUEN

27 AÉROPORT ROISSY-CHARLES-DE-GAULLE

77 SEINE-ET-MARNE

28 LA BOUCLE DE NOISIEL PAR CHAMPS-SUR-MARNE

91 ESSONNE

29 D'ÉVRY-COURCOURONNES À CORBEIL-ESSONNES

30 DE VILLENEUVE-SAINT-GEORGES (94) À MONTGERON ET À YERRES

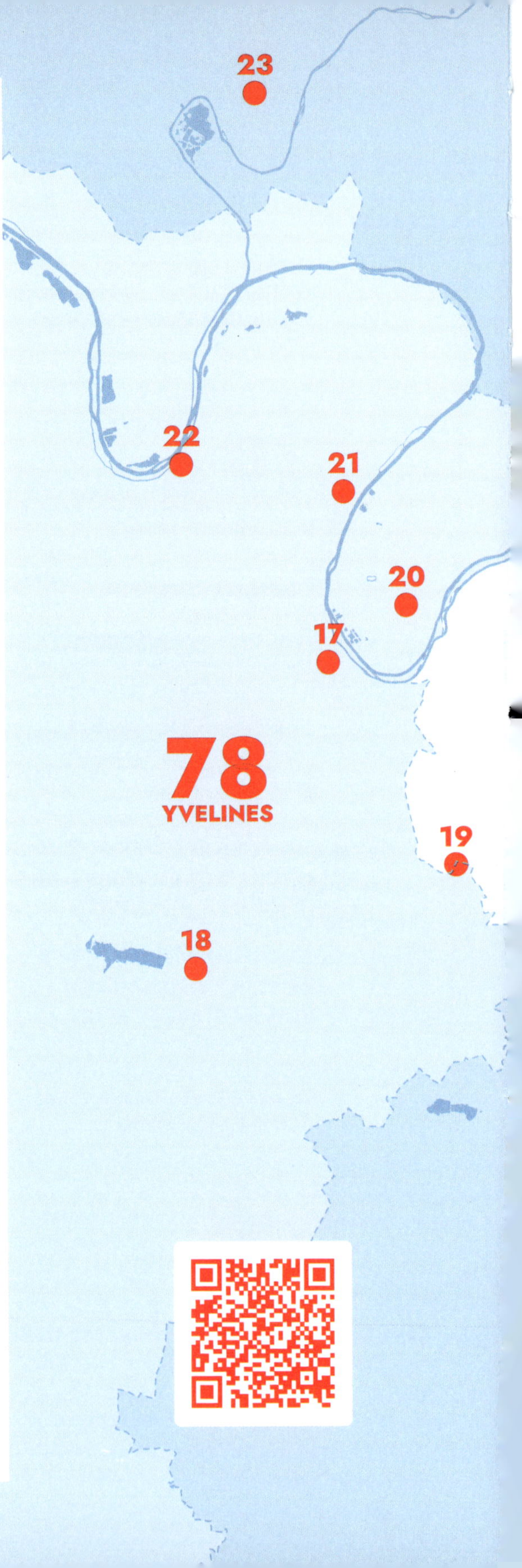

3

01 DE SAINT-DENIS À PIERREFITTE-SUR-SEINE ET À STAINS

ROIS, OUVRIERS ET MARAÎCHERS

Bureaux de la Plaine, centre-ville aux richesses médiévales et modernes, Centre des Archives nationales signé par un starchitecte, territoire maraîcher en pleine métamorphose : Saint-Denis, Pierrefitte et Stains vous donneront à voir un bel échantillon des mutations à l'œuvre en proche couronne depuis un demi-siècle. Au bout du parcours vous attend une merveille : la cité-jardin de Stains.

RER B La Plaine-Stade de France
8,6 km
2h
B252 B150 Mairie de Stains

Cité-jardin de Stains

MONTJOIE ! SAINT DENIS !

Aux heures de bureau, la gare de la Plaine déverse un flot continu de travailleurs qui se dispersent d'un pas pressé dans les rues alentour. C'est que ce territoire, qui a longtemps accueilli la gigantesque usine à gaz du Landy, s'est mué en vingt ans en un vaste espace tertiaire, dans la foulée de la construction du Stade de France. Livrée pour la Coupe du monde de football 1998, la plus grande enceinte sportive du pays compte 82 000 places. Suspendue au-dessus du sol par 18 mâts, sa toiture semble flotter du haut de ses 42 m ! Mais rien à faire : le quartier reste un peu froid et le soir, franchement désert. Par la passerelle au-dessus de l'autoroute, vous pouvez faire le crochet jusqu'au Centre aquatique flambant neuf, seul équipement sportif pérenne construit pour les JO 2024. Entièrement conçu en matériaux biosourcés, il viendra combler, après les Jeux, un déficit local en termes d'infrastructures pour la pratique des sports nautiques.

C'est une autre passerelle, tout aussi récente, qui vous permet de franchir le canal Saint-Denis le long duquel s'étoffe peu à peu la Street Art Avenue®, parcours d'art urbain dépassant désormais les 30 œuvres, réalisées par autant d'artistes différents – coup de cœur pour le n° 80 rue Casanova, qui arbore un pignon orné d'une grande fresque signée par le duo Telmo Miel.

Par la porte de Paris, ralliez le centre ancien de Saint-Denis, dont la taille reflète l'importance historique de la ville, sur le plan politico-religieux mais aussi économique avec la foire médiévale du Lendit, une des plus considérables de la région. Sinuez par les rues Pinel et de Toul jusqu'à rejoindre la rue Gabriel-Péri et passez devant le musée d'Art et d'Histoire Paul-Éluard, installé dans un ancien couvent de carmélites. Bâtie à la fin de l'Ancien Régime dans le plus pur style néoclassique, la chapelle a longtemps hébergé la justice de paix – d'où l'inscription au fronton – avant d'être attribuée au musée.

UN CANAL POUR BOIRE ET CIRCULER

Lorsque Napoléon décrète en 1802 le creusement du canal de l'Ourcq pour amener l'eau de cette modeste rivière jusqu'au bassin de la Villette, c'est pour améliorer l'approvisionnement de Paris en eau potable. Mais il comprend vite l'intérêt d'y faire circuler des bateaux de marchandises, à condition de le relier à la Seine. S'ensuit la création des canaux Saint-Martin et Saint-Denis, ce dernier permettant la connexion au fleuve en évitant la traversée de la capitale. Les canaux parisiens ne connaîtront jamais le trafic escompté, car lorsque s'amorce la révolution industrielle, le chemin de fer leur livre une concurrence impitoyable… Ils se partagent aujourd'hui entre navigation de plaisance et un modeste transport marchand.

Le musée d'Art et Histoire Paul-Éluard

Très réputé, le marché de Saint-Denis déborde largement de la belle halle couverte de style Baltard.

À l'approche de la basilique, les imposants édifices à droite sont ceux de la maison d'éducation de la Légion d'honneur, installée en 1809 par Napoléon dans les locaux de l'ancienne abbaye. Cet établissement de jeunes filles, que l'empereur a dédié à l'éducation des orphelines de ses soldats les plus méritants, est toujours réservé aux descendantes de décorés de la Légion d'honneur, de l'ordre national du Mérite ou de la Médaille militaire. Ses quelque 500 élèves, toutes pensionnaires, suivent le programme de l'Éducation nationale, bien que la maison n'en dépende pas. Pour avoir la chance de pénétrer dans ces très beaux bâtiments du 18e siècle tout en profitant d'un concert (souvent de la musique classique, mais pas seulement), pourquoi ne pas réserver une place pour l'un des événements du Festival de Saint-Denis qui a lieu chaque année au mois de juin ?

MARGUERITE CHARLIE

S'il ne paie pas de mine de l'extérieur, ce café culturel dionysien, qui propose une cuisine méditerranéenne de qualité, est une très bonne adresse pour un déjeuner aussi rapide qu'agréable.
Terrasse aux beaux jours. 42, rue de la Boulangerie, Saint-Denis, tél. 09 86 44 91 82, plat 10€.

Les rois de la banlieue

Et voici la basilique ! Qu'est-ce que rois et reines font là, déjà ? Tout commence avec le premier évêque de Lutèce, saint Denis, martyrisé puis enterré ici autour de l'an 250. Sa tombe devient rapidement un lieu de pèlerinage ; à son emplacement voit bientôt le jour une église, puis une abbaye, et des chrétiens aisés décident d'être ensevelis aux côtés du saint pour se placer sous sa protection. Un roi ne tarde pas à faire de même : c'est Dagobert, au 7e siècle. Ses successeurs lui emboîtent le pas et c'est saint Louis qui en fera la nécropole officielle de la monarchie. Aujourd'hui, on y admire toujours pas moins de 70 gisants, dont des chefs-d'œuvre tels les tombeaux Renaissance de Louis XII et d'Anne de Bretagne ou encore d'Henri II et de Catherine de Médicis ! Ce n'est pas tout : la basilique est un des berceaux de l'art gothique. Elle fut rebâtie au 12e siècle par l'abbé Suger suivant des principes très novateurs pour l'époque, à l'image des voûtes sur croisée d'ogives que l'art roman ne connaissait pas. Et si le sanctuaire fait toujours l'actualité, c'est grâce au lancement annoncé du chantier de reconstruction de la tour et de la flèche nord, démontées en 1846 par Viollet-le-Duc en raison de leur fragilité.

Changement d'époque et de décor aux abords de la place du Caquet, au cœur du périmètre reconstruit entre 1975 et 1990, là où se dressait un vieux quartier condamné pour son insalubrité. Malgré sa vitalité (commerces, cinéma, métro), et bien que chaque tranche ait été confiée à un architecte différent pour éviter la monotonie – la patte de Renée Gailhoustet (p. 52) se reconnaît dans l'îlot 8, que longe la rue Pierre-Dupont –, l'ensemble demeure d'un gris béton un peu décourageant. Échappez-vous plutôt vers le formidable marché de la ville, dont les étals débordent très largement de la halle couverte de 1893. Sur son

Voulus par la coopérative Le Coin du feu à la toute fin du 19e siècle,

LES PAVILLONS MITOYENS

de la rue Loubet à Saint-Denis forment un ensemble charmant et très bien conservé, qui exploite toutes les ressources chromatiques de la brique.

flanc nord, la maison des Arbalétriers (du nom d'une pièce de charpente) est une petite curiosité : datée du début du 19e siècle, elle est l'unique vestige d'une manufacture d'indiennes dont elle était le séchoir, d'où ses persiennes à claire-voie pour la circulation de l'air.

Quittez le centre-ville par la rue Bonnevide où les pavés réapparaissent sous un macadam patiné par le temps. Le côté pair présente une succession hétéroclite, pittoresque et décatie de maisons et d'immeubles typiques des paysages de banlieue.

À la limite avec Pierrefitte, les rues Louis-Collerais et Loubet offrent une vraie belle surprise. Leur charme réside dans les gabarits homogènes de leurs maisonnettes mitoyennes (deux travées, un étage) combinés à la diversité esthétique des façades, mobilisant toutes les ressources chromatiques de la brique. C'est la société anonyme coopérative de constructions ouvrières Le Coin du feu qui fit bâtir ces maisons à partir de 1895, s'appuyant sur la loi Siegfried votée l'année précédente pour développer le logement à vocation sociale en garantissant à l'initiative privée le concours de l'État.

ENTRE PIERREFITTE-SUR-SEINE ET STAINS, LA MÉTAMORPHOSE D'UN ANCIEN SECTEUR MARAÎCHER

La rue Havy vous amène au pied du mastodonte des Archives nationales. Inauguré en 2013 pour pallier la saturation du site parisien (les hôtels de Soubise et de Rohan, en plein Marais), il recèle une capacité de conservation de 350 km linéaires pour accueillir les archives, de la Révolution à nos jours. L'Italien Massimiliano Fuksas a dessiné une silhouette monolithique et anguleuse vite surnommée le «morceau de sucre». Son revêtement de panneaux en aluminium anodisé, qui lui confère une discrète brillance, cherchait plutôt le parallèle avec un «coffre au trésor» ! Sa saturation est prévue pour... 2027, si bien qu'une extension sous forme de tour est d'ores et déjà programmée.

Juste derrière s'étendent les Tartres, secteur en profonde mutation qui fut longtemps un important territoire maraîcher. Les curieuses citernes façon Far West que vous apercevrez de-ci de-là servaient en fait de réserves d'eau pour alimenter les cultures. Ce site de plus de trente hectares avait viré à la friche, jusqu'à sa réinvention actuelle sous forme d'un quartier de 2 200 logements centré sur un vaste parc agro-urbain, à même de faire écho à l'identité passée. Sont déjà sortis de terre quelques immeubles, un collège et une école dont la silhouette mimant des serres accolées ne doit rien au hasard. En bordure de la rue d'Amiens, notez cette maison en brique sombre qui fait de la résistance...

Avec le Clos Saint-Lazare se présente un exemple parlant de l'action de l'Agence nationale pour la rénovation urbaine (ANRU). Plusieurs des bâtiments imaginés à la fin des années 1960 par le bien oublié Clément Tambuté ont été détruits avant même d'avoir fêté leur demi-siècle pour faire place à des immeubles bas et quelques maisons. Les immeubles ondulants, quant à eux, ont été raccourcis ou scindés pour leur donner des dimensions plus humaines et fluidifier la circulation dans leurs environs immédiats.

Le Clos Saint-Lazare

LE BIJOU STANOIS

Mais le clou de la randonnée, c'est maintenant : accolée sans transition au Clos Saint-Lazare, voici la fameuse cité-jardin de Stains, célébrée autant pour sa qualité architecturale que pour son état de conservation exceptionnel. Ces 2100 logements ont été construits entre 1921 et 1933 par Eugène Gonnot et Georges Albenque suivant un plan en toile d'araignée qui reprend le tracé des allées du parc de l'ancien château de Stains, rasé peu après la guerre de 1870. Les axes rectilignes sont monumentalisés par des immeubles collectifs et des alignements d'arbres – admirez les platanes augustes de l'avenue François-Bégué – tandis que les rues courbes sont bordées de pavillons jumelés. La place centrale met en valeur la maison commune, aujourd'hui espace culturel, où étaient installées salles de réunion, bibliothèque et coopérative de consommation.

Destinée en priorité à des familles ouvrières, la cité-jardin offrait un niveau élevé de confort et d'hygiène, avec eau courante et toilettes dans chaque logement. Sur le plan architectural, le souci de cohérence stylistique n'a pas empêché une grande variété de formes, de couleurs et de matériaux, dans une recherche constante de pittoresque : 13 types de pavillons, 6 types d'immeubles en T, en angle ou à redents, tourelles, balcons à colonnes, oriels, crépi et brique en alternance, frises polychromes, mosaïques encore en place des enseignes commerciales d'origine... S'en dégage une atmosphère unique et chaleureuse, qui invite à la flânerie. Installée dans l'ancien bazar-quincaillerie (28 avenue Vaillant-Couturier), l'Association régionale des cités-jardins d'Île-de-France propose une petite exposition permanente qui peut être une parfaite conclusion à cette découverte.

Avant d'attraper le bus, admirez au passage l'hôtel de ville installé dans les anciennes écuries du château, dont elles sont le seul élément subsistant.

À LA CITÉ-JARDIN DE STAINS,

le pittoresque est partout et se niche dans les moindres détails : oriels, linteaux, frises sous les corniches, escaliers, petits passages directs de la rue au jardin, etc.

ÉCHAPPÉE À ÉPINAY-SUR-SEINE

TRAVELLING PANORAMIQUE LE LONG DE LA SEINE

Située au nord-ouest de Saint-Denis, Épinay est facilement accessible d'un saut en tramway ! Cet ancien lieu de villégiature pour Parisiens en mal de nature, au 18e siècle, est devenu une cité des industries du cinéma pendant la grande époque des débuts du 7e art jusqu'à l'invention du numérique. Ici, les berges de la Seine récemment réaménagées offrent un ravissant petit coin de nature en pleine ville. Suivez la balade avec l'office de tourisme de Plaine Commune Grand Paris !

T8 Lacépède
3 km
2h
T8 Blumenthal

UN HAUT LIEU DU 7e ART

À l'arrêt de tramway Lacépède, le long de l'avenue de Lattre-de-Tassigny, une grande façade grise cache les anciens laboratoires Éclair. Une page de l'histoire de la ville s'est écrite ici, avec la création de studios de cinéma dès 1907. Cette industrie se développant rapidement, de nouveaux locaux furent ouverts dans une ancienne maison de retraite, la villa Joseph, au bout de la rue du Mont. Ici ont été en partie tournés rien de moins que *La Grande Illusion* (1937), *Les Tontons flingueurs* (1963) ou encore *Astérix et Obélix : Mission Cléopâtre* (2002) ! Pourtant, avec l'apparition du numérique, les laboratoires Éclair ont vu leur activité décliner, et ont fermé en 2013. La mairie d'Épinay, propriétaire du site depuis 2018, souhaite en faire un lieu de culture et de loisirs, « L'Éclair », tout en préservant la structure originelle du site. À suivre !

LE CHARME DU PASSÉ...

Les transformations de la rue de Paris dans les années 1970 dissimulent un ancien petit quartier encore préservé. Au bout de la rue Lacépède, l'église Saint-Médard, reconstruite au 18e siècle, labellisée Patrimoine d'intérêt régional, conserve de belles boiseries.

En gagnant la rue Mulot, on aperçoit de jolies maisons d'avant la période industrielle, du temps où Épinay était un lieu de villégiature. Ces demeures sont accessibles puisqu'elles accueillent, depuis 1977, des services municipaux. On peut y reconnaître un pigeonnier et d'anciennes écuries, avant de traverser le parc Jean-Monnet, en le quittant par la rue de l'Abreuvoir. C'est ici que venaient boire les chevaux qui tiraient les péniches sur la Seine le long du chemin de halage. Par la rue Claire, on atteint l'hôtel de ville, installé dans l'ancien hôtel du Terrail. Datant du 18e siècle, cette demeure aristocratique en forme de T a été la propriété du marquis du Terrail, puis la résidence de personnalités qui en ont modifié l'aspect, notamment par l'ajout d'une marquise. Les salons, décorés de peintures murales (1911) signées Louis-Abel Truchet et figurant les quatre saisons et la Seine sont visibles lors des Journées du patrimoine.

Devant l'hôtel de ville, la Colonne magique, installée en 1995 pour célébrer les 100 ans du cinéma, reprend les titres de tous les films tournés à Épinay.

... ET DE BERGES BUCOLIQUES

Ensuite, une promenade sur l'ancien chemin de halage s'impose ! Les rives de la Seine ont été épargnées de tout aménagement routier sur près de 4 km, ce qui en fait un endroit très propice à la balade à pied ou à vélo. Bancs, chaises longues, tables de pique-nique, velums y ont été disposés, une invitation à faire une pause tout en contemplant la Seine qui s'écoule et les péniches qui passent ! Depuis les berges en direction de Saint-Denis, vous apercevrez une cheminée en brique, caractéristique des usines du 19e siècle. Il s'agit de l'ancienne fabrique de confiture Bannier, magnifiquement métamorphosée en un tiers-lieu, proposant des événements culturels et de loisirs. Consultez l'agenda sur le site Internet !

Plus loin, une petite cité-jardin est nichée en bord de Seine, accessible depuis la berge par un escalier. C'est la cité « Chacun chez soi », construite en 1907, à l'initiative de Willy Blumenthal, patron d'une mégisserie de Saint-Denis. Pavillons symétriques en meulières, jardinets, volets colorés, ruelles pavées... Le charme opère ! En remontant par la rue de la Solidarité, vous atteignez la rue de la République, pour prendre le T8 à l'arrêt Blumenthal, sis tout près d'une autre cité-jardin du même nom.

Infos pratiques
Office de tourisme de Plaine Commune Grand Paris *www.tourisme-plainecommune-paris.com*

DE LA COURNEUVE AU BOURGET ET AU BLANC-MESNIL

02

DE L'AIR ET DE L'ESPACE

De La Courneuve au Blanc-Mesnil par Dugny et Le Bourget, c'est peu dire que les touristes ne seront pas nombreux ! Mettons à l'honneur l'air et l'espace, dans le musée ainsi nommé comme dans les cités-jardins qui égrènent ce parcours, dans l'immense parc Georges-Valbon comme à la cité des 4000 que l'on dé-densifie depuis bientôt 40 ans. Voilà vraiment une balade bien atypique…

RER B La Courneuve-Aubervilliers
14 km
3h15
B152 Chemin Notre-Dame

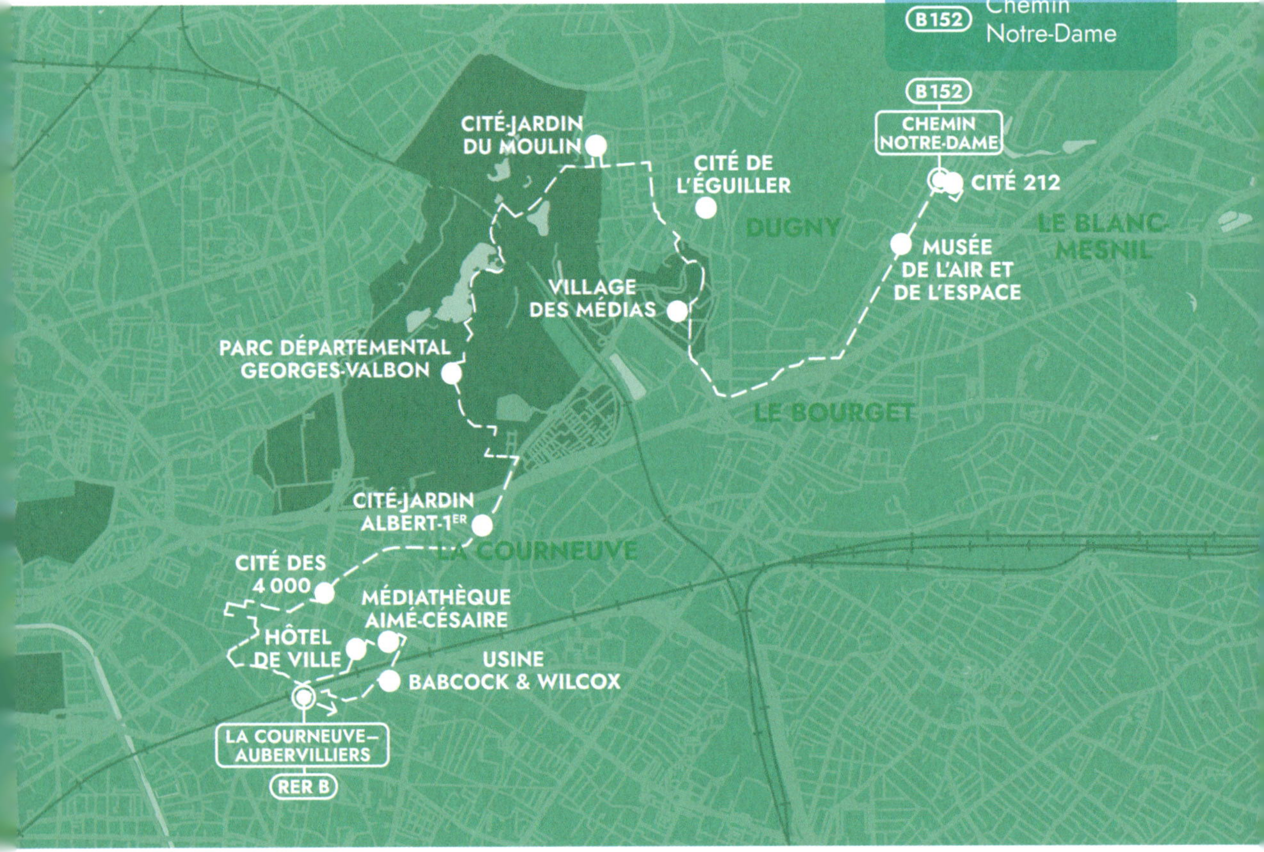

La cité 212 (ou résidence Germain-Dorel) au Blanc-Mesnil

LE PATRIMOINE INSOUPÇONNÉ DE LA COURNEUVE

Un crochet derrière la gare permet de suivre la transformation de l'ancienne **usine Babcock & Wilcox**, fleuron industriel courneuvien qui fabriqua des chaudières dès 1898 et ne cessa toute activité qu'en 2012. Le site présente un double visage : sa moitié nord a été investie par la Banque de France qui, en plus de bâtiments neufs, a eu la bonne idée de conserver le bâtiment administratif de 1924, qui accueillait la direction. Baies en anse de panier, brique ocre et béton peint en blanc : la réhabilitation lui a restitué toute son élégance. Au sud, les halles aux toits cintrés qui abritaient les ateliers de production ont formé durant dix ans un temple du street art avant que les travaux actuels, qui en préserveront l'essentiel, ne donnent corps à la Fabrique des Cultures, grand équipement de loisirs associé à des logements – un peu de patience...

Repassez de l'autre côté des rails et descendez le discret escalier à votre gauche. La **médiathèque Aimé-Césaire** (réhabilitation par l'Atelier

LA MÉDIATHÈQUE AIMÉ-CÉSAIRE, BELLE DE JOUR ET DE NUIT

Côté sud, une éolienne aux pales dorées alimente l'éclairage des lettres d'or « Mecano »... Une œuvre poétique et changeante, soumise aux effets du vent, signée par Véronique Joumard. Quant aux fantastiques moucharabiehs en dentelle de métal qui se déploient sur les deux façades et protègent les livres de la lumière, ils sont encore plus impressionnants vus du côté nord, depuis la placette-jardin. On les retrouve, tel un leitmotiv, à l'intérieur du bâtiment traversant. À voir absolument !

FIÈRES MAIRIES RÉPUBLICAINES

De Pantin à Ivry, de Corbeil à Saint-Denis, de la Courneuve au Raincy, les hôtels de ville se suivent et se ressemblent souvent. C'est que la loi municipale de 1884 avait obligé chaque commune, dont l'administration se réunissait souvent dans une simple « maison commune » qui pouvait être le domicile du maire, à se doter d'un véritable hôtel de ville. En tant que bâtiments publics, ils font alors l'objet de concours d'architecture dont les participants se gardent bien de se montrer trop originaux. Aux yeux de beaucoup, le plus stratégique pour l'emporter est encore de multiplier les références au grandiose hôtel de ville de Paris, récemment reconstruit après l'incendie de la Commune dans un style Renaissance proche de l'original. Ainsi voit-on se diffuser, moyennant des variations locales, un modèle parisianisant néo-Renaissance à base de pierre de taille et d'ardoises, avec avant-corps central pourvu de baies en plein cintre au rez-de-chaussée, fenêtres à meneaux au premier étage (étage noble abritant les salles des mariages et du conseil municipal), grande horloge centrale et campanile altier concurrençant le clocher des églises.

FGA) arbore elle aussi un look industriel : c'est qu'elle est installée dans l'ancienne usine Mécano, dont vous pouvez encore lire le nom en lettres d'or sur les frontons. Spécialisée dans la fabrication d'outillage de précision, elle a tenu le coup jusqu'en 1977. Le pseudo-immeuble bourgeois un peu sévère qui la flanque, tout en meulière et brique polychrome, en abritait les bureaux. Son avant-corps central et ses lucarnes couronnées de frontons cherchent clairement à rivaliser avec l'**hôtel de ville** tout proche qui, terminé en 1921, est un avatar tardif de ce style si souvent adopté par les mairies de banlieue.

LES 4 000, TRAVERSÉE D'UNE CITÉ MYTHIQUE

À présent, comment ignorer la cité des 4 000, grand ensemble emblématique entre tous ? Chargés de bâtir au plus vite ces 4 000 logements pour le compte de la Ville de Paris, Clément Tambuté et Henri Delacroix n'ont pas poussé bien loin la recherche architecturale. Préfabrication et standardisation permirent de maîtriser la dépense, garantissant en contrepartie un confort moderne dont les premiers locataires, en 1963, n'avaient pour la plupart jamais disposé : toilettes et salles de bains, chauffage central, ascenseurs, vide-ordures. La dispersion de ces tours et de ces barres dans un vaste rayon autour de la place de l'Armistice complique la lecture du quartier. Quelques étapes permettent de mieux comprendre les processus à l'œuvre dans cette cité tant stigmatisée.

Rue Assia-Djebar, ces petits logements colorés sont loin de l'image qu'on se faisait de l'endroit. Il faut dire que, dans ce périmètre, bien des immeubles ont été abattus pour faire place à des opérations à taille humaine : barres Debussy et Petit Debussy, Balzac et Petit Balzac, la première citée ayant été démolie dès… 1986. En fait, lorsque la Ville de Paris a fini par céder en 1984 ce patrimoine à La Courneuve, celle-ci a aussitôt engagé les rénovations d'ores et déjà nécessaires. Rue Geneviève-de-Gaulle-Anthonioz, levez les yeux vers la barre Fontenay, dernier géant des 4 000 (15 étages, 180 m de long, 300 logements) dont la démolition semblait actée, mais qui pour l'heure nous toise encore de toute sa hauteur. Avec la tour Leclerc voisine (24 étages sur un socle commercial), elle vous donne une idée des monstres de béton créés par Tambuté et Delacroix.

Place de l'Armistice, la carcasse de la tour de bureaux Entrepose, à l'abandon depuis maintenant 20 ans, défigure allègrement le quartier sans que son avenir ait encore été tranché. Enfin, à hauteur de la rue Robespierre, une grande béance marque l'emplacement de la barre du même nom, implosée en 2020. Ces géants qui furent, mais si peu de temps, symboles de progrès social, ont désormais presque tous tiré leur révérence.

Contraste garanti, 300 m plus loin, avec la cité-jardin Albert-1er. Ce modeste ensemble de

LA BARRE FONTENAY ET LA TOUR LECLERC, derniers géants des 4 000.

23 pavillons jumelés, distribués le long d'une impasse dont l'entrée est signalée par deux petits immeubles, ne brille ni par sa variété ni par sa recherche architecturale, pas plus qu'il ne réunit la masse critique requise pour espérer l'installation de commerces et d'équipements. Restent son calme et le modeste square en fond de voie. C'est un bon exemple d'opération minimaliste menée par un office HBM, qui recevait pourtant l'appellation un brin galvaudée de cité-jardin.

Le merveilleux parc départemental Georges-Valbon, rejoint par l'entrée des Marronniers, vous apportera une respiration bienvenue après cette première partie très urbaine. Couvrant plus de 400 ha, il est tout simplement le plus grand parc francilien après les bois de Vincennes et de Boulogne. L'alternance des vastes pelouses et des sous-bois touffus, ses lacs, ses sculptures, ses belvédères offrant des panoramas verdoyants : tout donne envie de s'y poser, sous l'œil placide des moutons veillés par l'association de bergers Clinamen (à suivre sur Facebook pour ne pas manquer certains événements comme ces transhumances urbaines organisées de temps à autre).

Avec ses 400 ha, le parc Georges-Valbon est tout simplement le plus vaste de la banlieue parisienne.

Rue Assia-Djebar à La Courneuve

À L'APPROCHE DE L'AÉROPORT DU BOURGET

En ressortant par l'accès des Poiriers, vous voici à Dugny. Vous verrez d'abord l'atypique cité-jardin du Moulin (par exemple autour de la place Charles-Cros), dont les panneaux de béton lavé (coulé de manière à obtenir un aspect gravillonné) fleurent bon l'après-guerre. Les plans en avaient été dressés par Félix Dumail dès 1931, mais la crise économique a stoppé net le projet qui n'a été réenclenché qu'en 1950. Ses 390 logements collectifs, espacés, orientés nord-sud et organisés autour d'un espace vert central, variant de deux à cinq niveaux suivant les servitudes de l'aéroport voisin, perpétuent très dignement l'esprit des cités-jardins, quoique toute notion de pittoresque ait disparu.

L'aspect de la seconde vous séduira peut-être davantage : c'est la cité de l'Éguiller (accès par le n° 13 rue Normandie-Niemen), œuvre de 1933 du tandem Gonnot et Albenque, les pères de la cité-jardin de Stains (p. 20). Bien que l'écriture soit ici plus moderne, on reconnaît leur patte dans les loggias d'angle que soutiennent une colonnette, comme dans les claustras anguleuses soulignant les cages d'escalier.

Revenez légèrement sur vos pas pour traverser le parc de l'Aire-des-Vents, qui accueillit longtemps la Fête de l'Humanité jusqu'à ce que l'aménagement du Village des Médias juste sur ses marges la contraigne au départ. Élément-clé du dispositif des JO 2024, ce Village tout juste livré a été conçu pour loger les journalistes et techniciens, avant de se muer en un morceau de ville plus classique.

Le premier aéroport parisien

Un cheminement sans charme, mais sûr, vous conduit jusqu'à l'aéroport du Bourget. Premier aéroport civil de Paris dès 1919, il bénéficie assez vite d'une nouvelle aérogare (Georges Labro, 1937), d'un Art déco austère et solennel, pour faire face à l'accroissement du trafic. Mais sa localisation en zone dense, qui exclut son agrandissement, finit par le condamner :

Réalisée dans les années 1950, **LA CITÉ-JARDIN DU MOULIN** est peut-être l'ensemble le plus tardif à porter ce nom.

l'aviation civile s'en retire en 1981 au profit de l'aviation privée et surtout du fabuleux musée de l'Air et de l'Espace. Aucun besoin d'être un geek des avions pour apprécier, sous l'immense voûte de l'aérogare, la Grande Galerie constellée des incroyables machines dans lesquelles les « fous volants » du début du siècle avaient placé tous leurs espoirs ; de là, le parcours chronologique emmène le visiteur jusqu'à l'époque de la conquête spatiale. Le meilleur pour la fin : sortez sur le tarmac pour monter à bord de plusieurs légendes de l'histoire de l'aviation, à commencer par le Concorde. La fréquentation très modérée de ce musée devrait être dopée par la création d'une gare du Grand Paris Express (p. 33) le desservant directement, dont le grand chantier est visible juste devant.

L'HÉLICE

En attendant de voir ce que la Fabrique des Cultures à La Courneuve aura à proposer, on peut profiter du cadre atypique du café du musée de l'Air et de l'Espace, où vous pourrez déjeuner avec vue sur le Boeing 747 et la fusée Ariane. Terrasse aux beaux jours.
Musée de l'Air et de l'Espace, www.museeairespace.fr/visiteurs/services-sur-place/restaurant, formule 1 plat chaud + 4 verrines 15€, accessible sur achat d'un ticket d'entrée pour le musée.

Dernière étape : l'impressionnante cité 212 au Blanc-Mesnil (1936, 500 logements), aussi appelée résidence Germain-Dorel, du nom de son architecte. Voilà une vraie survivante, que vous auriez trouvée il y a trente ans murée et promise à la démolition, après avoir abrité des populations particulièrement défavorisées. Ses barres d'immeubles parallèles sont percées de porches en demi-lune qui organisent toute la composition et créent un puissant effet de profondeur. Très expressives, les façades multiplient les jeux de couleurs et de matériaux (céramique rouge, béton lavé, enduits jaune et blanc) et déploient un équilibre très étudié entre horizontales (balcons saillants disposés en pyramides) et verticales (cages d'escalier vitrées, dont le départ est signalé par un hublot), discrètement renforcées par la statuaire féminine en bas-relief qui surmonte les clés de voûte des arches. On évoque toujours, à son propos, l'influence qu'aurait exercé le Karl-Marx-Hof de Vienne (arches, statuaire, polychromie), construit quelques années plus tôt par l'architecte Karl Ehn ; il est en tout cas certain que les deux parfaites contemporaines que sont la cité 212 et l'aérogare du Bourget se répondent et donnent à voir une architecture très ancrée dans son époque. De l'autre côté de l'avenue, le bus 152 vous ramène à la porte de la Villette.

LE RÊVE D'UN GRAND PARIS

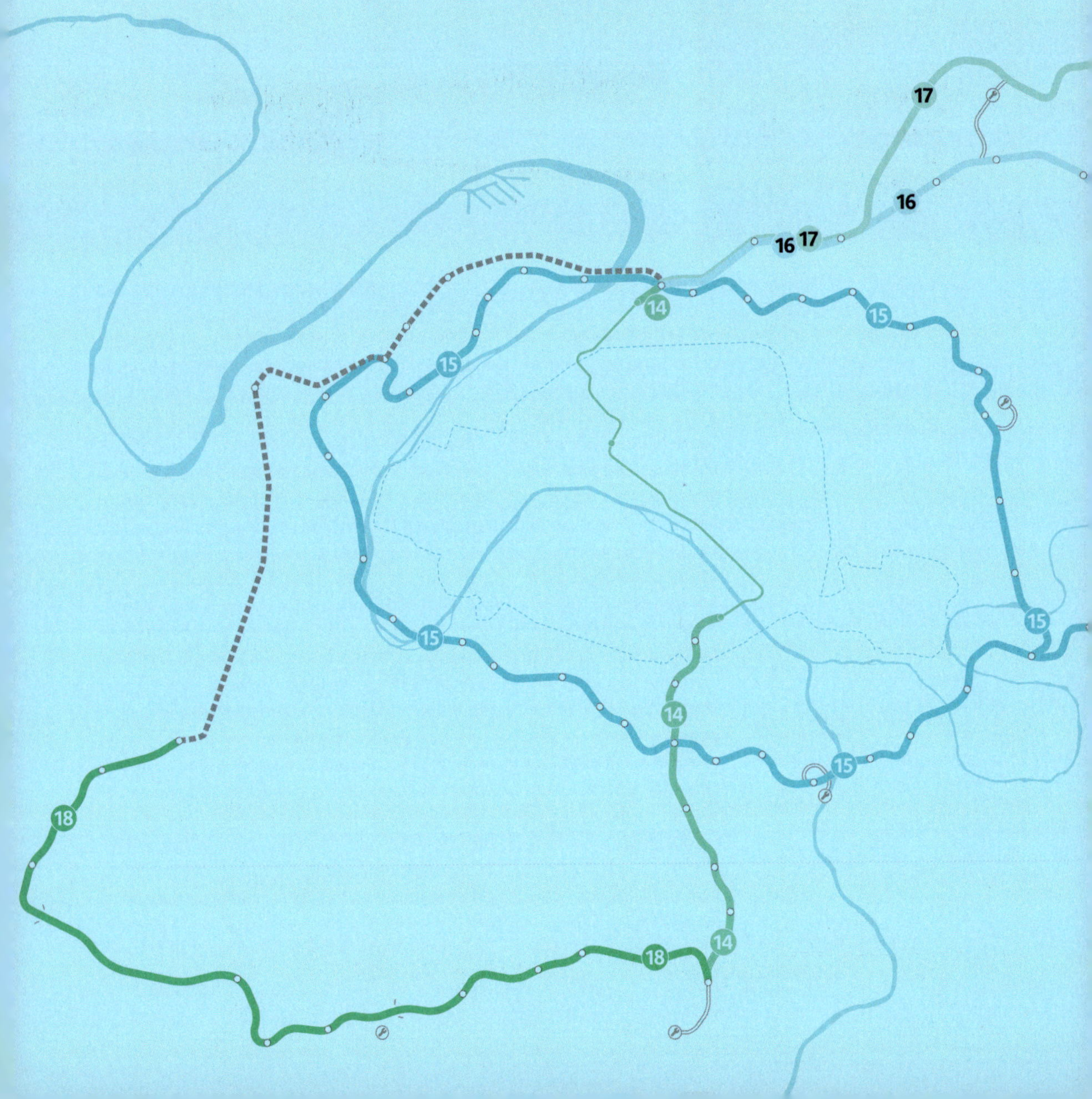

À Bobigny comme à Vitry, à Rueil comme à Créteil, à Saint-Denis et à Issy, vos balades seront émaillées de rencontres très régulières avec d'immenses chantiers à la fois de surface et souterrains. Autant de sites où l'on creuse les gares du Grand Paris Express, partie émergée d'une vaste stratégie dont on entend beaucoup parler, mais dont les contours et les ambitions ne sont pas si simples à cerner : le Grand Paris. Retour sur les axes forts de ce projet visant à propulser la région parisienne dans le 21e siècle.

DES AMBITIONS MULTIPLES POUR PRÉPARER L'AVENIR

Initié en 2008 par le Président Sarkozy, le Grand Paris ne vise rien de moins qu'à définir une vision globale d'aménagement pour l'Île-de-France, pour la faire entrer de plain-pied dans le 21e siècle. Au programme : développer une offre de logements pour tous, améliorer le cadre de vie, faciliter la mobilité, corriger les inégalités territoriales, bâtir une ville durable – des orientations si larges, si ambitieuses, qu'il est souvent difficile pour le grand public de percevoir leurs déclinaisons concrètes. Les deux dimensions les plus abordables sont sûrement, d'une part, la création ou le renforcement de pôles économiques de premier plan autour de Paris (Val de Fontenay, Saint-Denis Pleyel, le plateau de Saclay), dans la quête éternelle d'une agglomération polycentrique, et, d'autre part, la création d'un nouveau réseau de transport à haute performance, reliant ces différents pôles et les connectant aux hubs ferroviaires et aéroportuaires.

Le Grand Paris Express ? Un projet titanesque qui vaut bien celui du RER en son temps.

La première mesure concrète a été la mise en place, dès 2008, d'une grande consultation internationale : dix équipes d'architectes de renom, parmi lesquels Jean Nouvel, Christian de Portzamparc ou Richard Rogers, se sont vu confier la tâche de réfléchir à un « projet d'exception » pour l'agglomération. Dévoilées un an plus tard à l'occasion d'une grande exposition à la Cité de l'architecture et du patrimoine, leurs propositions étaient à considérer comme un réservoir d'idées, davantage que comme des projets précis et territorialisés voués à sortir de terre tels quels. Le souhait de pérenniser cette sorte de *think tank* a débouché sur la création, en 2010, de l'Atelier international du Grand Paris : élargi à quinze équipes pluridisciplinaires, il a poursuivi cette production d'idées jusqu'à sa disparition programmée, fin 2017.

UN NOUVEAU CADRE DE COOPÉRATION INTERCOMMUNALE

Le Grand Paris, et c'est son aspect le plus difficile à appréhender pour les non-initiés, est aussi, voire avant tout, un projet institutionnel. Il part d'un constat simple : Paris et ses voisines n'étaient associées à travers aucun dispositif de coopération intercommunale. Les premières communautés urbaines étaient pourtant apparues dès les années 1960, avec des domaines de compétences très étendus dont elles s'emparaient en lieu et place des communes qui les constituaient ; on avait vu par la suite se former à tout-va en France communautés de communes et d'agglo-

Toutes les gares du Grand Paris Express sont imaginées par des tandems d'architectes et d'artistes, comme celui formé par Jean-Paul Viguier et Éva Jospin au Kremlin-Bicêtre.

mération. Mais à Paris, rien. La disparition du département de la Seine en 1968 aurait même constitué, en l'espèce, une forme de retour en arrière.

C'est pour combler ce manque, préjudiciable à l'élaboration d'une vision d'ensemble, qu'a été créée la métropole du Grand Paris (MGP), entrée en fonction au 1er janvier 2016. Sans équivalent en France, cette structure de gouvernance rassemble la capitale, toutes les communes de petite couronne (Hauts-de-Seine, Seine-Saint-Denis, Val-de-Marne), plus Argenteuil et six communes de l'Essonne, pour un total d'un peu plus de 7 millions d'habitants, soit la taille standard de ces grandes métropoles mondiales avec lesquelles il s'agit de faire jeu égal. La MGP s'est vu confier des missions majeures, telles que l'élaboration de plans métropolitains climat-air-énergie, alimentaire, du vélo, ou de l'habitat. Aussi vif que soit l'attachement des habitants à leur commune et à leur département, elle vient ainsi entériner le constat que leurs limites administratives jouent un rôle minime dans la géographie quotidienne des habitants.

Afin de conserver une échelle de gouvernance plus locale, les intercommunalités qui préexistaient en banlieue ne sont cependant pas démantelées, mais remplacées par des Établissements publics territoriaux, lesquels demeurent un cadre plus pertinent pour un certain nombre de projets et d'initiatives. Le morcellement est néanmoins atténué puisqu'on n'en compte que dix, qui fédèrent tous au moins 300 000 habitants.

CE QU'ON EN VOIT : LE GRAND PARIS EXPRESS

Pour les Franciliens, le projet le plus parlant reste de loin celui, maintes fois remanié, du Grand Paris Express. Il s'agit d'un métro automatique de grande capacité, représentant 200 km et 68 gares, dont la création a été confiée à la Société du Grand Paris, créée en 2010 et devenue depuis décembre 2023 la Société des grands projets. À terme, il sera formé par la combinaison de quatre lignes entièrement nouvelles en rocade, numérotées de 15 à 18, et du prolongement de la ligne 14 déjà existante. Ce projet titanesque, qui vaut bien celui du RER en son temps, vise à améliorer fortement les liaisons Paris-banlieue mais surtout banlieue-banlieue, tout en adoptant un tracé qui assure une connexion optimale entre les principaux pôles économiques, scientifiques et culturels de l'agglomération. La plupart des 68 nouvelles gares seront en interconnexion avec des gares existantes. Leur conception est confiée à des binômes de grands architectes et artistes, tel Éva Jospin et Jean-Paul Viguier pour la gare du Kremlin-Bicêtre ou Prune Nourry et Kengo Kuma pour la gare de Saint-Denis

Pleyel. Presque toutes offriront une correspondance avec au moins une ligne de métro ou de RER, *a minima* de tramway. La ligne 15 Sud (de Pont de Sèvres à Noisy-Champs) sera la première inaugurée, normalement fin 2025.

Plus transversal que radial, ce réseau vise à contrebalancer des décennies de jacobinisme ayant légué des infrastructures routières et ferroviaires largement disposées en étoile autour de Paris. Il renforce ainsi la stratégie initiée par la création de nombreuses lignes de tramway : réintroduit en Île-de-France en 1992 après 35 ans d'absence, il compte en 2024 pas moins de 13 lignes… dont 12 en banlieue. Le très attendu Grand Paris Express devra ainsi répondre à un double objectif : faciliter le quotidien des Franciliens et contribuer au rayonnement international de la métropole. Rendez-vous autour de 2030, date à laquelle il est censé être complet.

POUR EN SAVOIR PLUS

Consulter le site du Grand Paris Express, avec, notamment, la possibilité de participer à des observations commentées des chantiers et de visiter un passionnant lieu d'exposition : La Fabrique du métro dans l'écoquartier des Docks à Saint-Ouen-sur-Seine.

www.grandparisexpress.fr

Chantier de la gare Saint-Denis-Pleyel

LIEBHERR
BESIX

DE LA COURNEUVE À BOBIGNY ET À DRANCY

03

ENTRE LIEUX DE MÉMOIRE ET QUARTIERS EN DEVENIR

Cet itinéraire à forte teneur émotionnelle passe par deux lieux de mémoire essentiels : la cité de la Muette à Drancy et la gare de déportation de Bobigny. Entre les deux, vous pourrez souffler en parcourant la préfecture du 9-3 au riche patrimoine années 1970 et au tout nouveau « Cœur de ville ». Sans oublier la cité de l'Abreuvoir, haute en couleur, où se reconnaît la patte d'Émile Aillaud.

M7 La Courneuve - 8 mai 1945

10 km

2h20

B151 B251 Place du 19-mars-1962

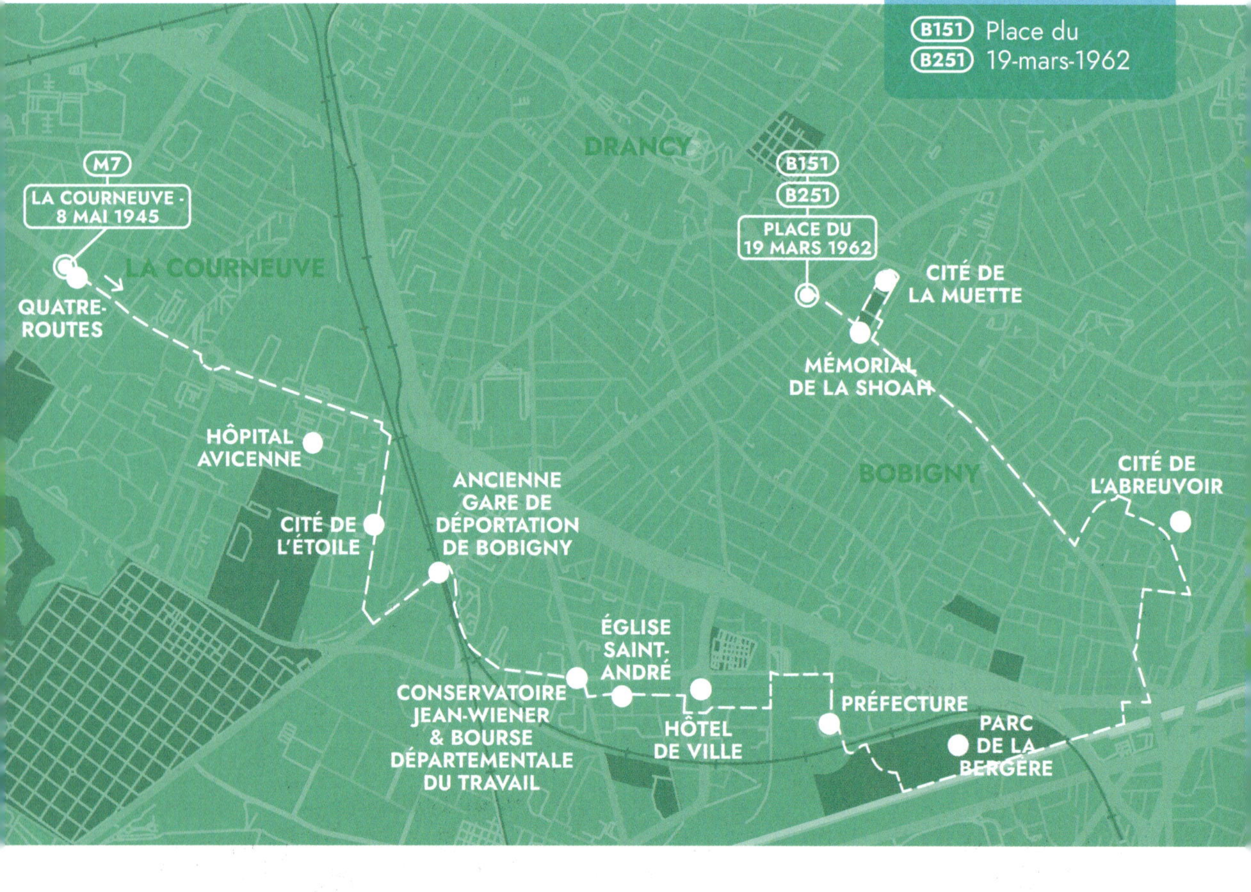

La cité de l'Abreuvoir à Bobigny

Marché des Quatre-Routes

AU FIL DU TRAM DE LA COURNEUVE À BOBIGNY

Métro, tram, 3 lignes de bus : carrefour historique de **La Courneuve**, les **Quatre-Routes** où vous débutez font toujours honneur à leur nom, car elles bénéficient d'une desserte exceptionnelle. Le marché voisin éponyme, très réputé, a pour toile de fond, depuis 2018, d'étonnants immeubles tout en stries multicolores. Outre la nouvelle halle du marché qui en forme le soubassement, l'opération **Chromatic** a été imaginée par l'agence Béal & Blanckaert ; elle comprend 132 logements, dont une partie a servi à reloger des habitants de la cité des 4 000 (p. 28) concernés par les démolitions récentes.

Suivez le tram : voici déjà **Bobigny** où l'entrée à l'orientale de l'hôpital Avicenne mérite le coup d'œil. Depuis la rue, ce que l'on peut voir de l'architecture intègre quelques éléments décoratifs islamiques : arc outrepassé brisé, enduit blanc, mosaïque jaune, bleue et verte. Inauguré en 1935 sous le nom d'hôpital franco-musulman, l'établissement était destiné aux malades issus de l'immigration coloniale du Maghreb, surtout constituée d'ouvriers vivant dans des conditions sanitaires qu'on savait déplorables. Personnel arabophone, alimentation tenant compte de leurs interdits, service dédié aux maladies tropicales devaient permettre de les soigner dans les meilleures conditions.

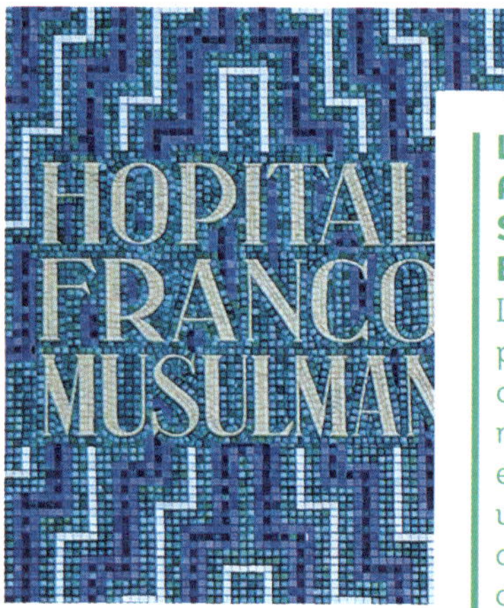

La **cité de l'Étoile** que vous longerez ensuite vient d'achever sa mue. Georges Candilis l'avait conçue à la fin des années 1950 pour le compte d'Emmaüs Habitat, société d'HLM créée par l'abbé Pierre pour concrétiser son fameux appel de 1954, qui enjoignait de prendre à bras le corps la question du mal-logement. Son état de dégradation étant devenu très avancé, l'Agence nationale pour la rénovation urbaine (ANRU) a cherché à lui donner un nouveau visage, à grand renfort de réhabilitations, de démolitions et de constructions de logements en accession à la propriété.

L'HÔPITAL AVICENNE, SOIGNER… ET CONTRÔLER

L'enjeu de santé publique de cet hôpital franco-musulman, fondé en 1935, cachait une logique policière, car on a toujours craint qu'avec les travailleurs immigrés ne circulent les idées anticolonialistes et les aspirations indépendantistes : ici, on soignait et on surveillait. Après-guerre, l'établissement s'est peu à peu ouvert à l'ensemble de la population. Il fut renommé en 1978 d'après le grand médecin persan Avicenne.

GARE DE MÉMOIRE

Vous parvenez alors à hauteur de l'ancienne gare de déportation de Bobigny, dans un environnement peu amène qui n'est rien, cependant, au regard de ce qui vous attend. Ce mémorial inauguré en 2023 n'offre, en quelque sorte, rien à voir. Passé le pavillon d'accueil, une rampe en pente douce vous conduit au pied de la gare. De là, vous rejoignez la file de rails, entre la halle de fret et un imposant mur de soutènement. C'est tout et c'est glaçant : le site est à peu près tel qu'il était durant la guerre. Affrontez les 75 stèles, une pour chaque convoi d'un millier de déportés ayant quitté la France (généralement le camp de Drancy) pour le Reich (presque toujours Auschwitz). De mars 1942 à juillet 1943, ces convois étaient formés en gare du Bourget, jusqu'à ce que l'occupant s'avise que la gare de Bobigny, situé sur le chemin de fer de grande ceinture fermé aux voyageurs, serait nettement plus discrète. Entre juillet 1943 et août 1944, 22 500 personnes (hommes, femmes, enfants) répartis dans 21 convois ont ainsi embarqué depuis le quai où vous vous tenez, pour un trajet presque toujours sans retour.

C'est en 2023 seulement **QU'UN LIEU DE MÉMOIRE,** terriblement efficace dans son dépouillement, a été inauguré sur l'emprise de la cour des marchandises de Bobigny.

Imaginé par Marius Depont, l'hôtel de ville a vu sa salle des mariages revisitée par l'artiste Hervé Di Rosa dans un style qui a ses partisans... et ses détracteurs.

En quittant les lieux, prenez à gauche et, après le pont au-dessus des rails, empruntez l'escalier à droite pour rejoindre la rue de la Gare puis de la République. C'est sur la place de la Libération que donne le conservatoire Jean-Wiener, installé dans l'ancienne mairie de Bobigny. Construite en 1886 dans un mélange bourgeois de brique, pierre et ardoise, elle fit l'affaire jusqu'au grand chambardement administratif lié à l'éclatement de la Seine-et-Oise. Propulsée en 1968 préfecture de la Seine-Saint-Denis tout juste créée, choisie pour sa centralité plus que pour sa taille, Bobigny a en effet vu surgir de terre en quelques années tous les grands équipements lui permettant d'assumer son nouveau statut. S'ils sont contemporains, ces édifices n'ont rien d'homogène, car on sollicita tout un aréopage d'architectes, de préférence communistes, à l'image de la municipalité.

Niemeyer & co... mmunistes

Le plus connu d'entre eux ouvre le bal : Oscar Niemeyer signe la Bourse départementale du travail (1978) jouant d'un fort contraste entre un très simple bâtiment vitré sur pilotis et un auditorium semi-enterré protégé par une conque en béton strié, les deux communicant par les sous-sols – un agencement bipartite qui rappelle fort le siège du Parti communiste, conçu par le même homme à Paris, place du Colonel-Fabien !

Poursuivez jusqu'à l'église Saint-André (1982), composée d'un bloc aux parois en légères dents de scie et d'un clocher à peine connecté au reste, d'une pureté formelle désarmante. Son auteur, Marius Depont, a aussi dessiné le remarquable hôtel de ville (1974) à l'agencement complexe : sur une base en forme de rectangle allongé repose une structure triangulaire légèrement concave, le tout augmenté d'une excroissance cylindrique et dentelée abritant la salle du conseil municipal et celle des mariages. La façade vitrée habillée de panneaux de béton ajourés achève de donner à l'ensemble une dimension très graphique.

La rénovation du centre ancien de Bobigny dans les années 1970 a emporté la vieille **ÉGLISE SAINT-ANDRÉ,** qui a cédé la place à une réalisation élancée de Marius Depont, conservant la même dédicace.

Juste derrière, de l'autre côté de l'avenue Salvador-Allende, le centre commercial sur dalle a été littéralement rayé de la carte. À son emplacement achève de sortir de terre le projet **Cœur de ville**, soit près de 1300 logements répartis dans des immeubles à l'architecture toute contemporaine, mais aussi des commerces, un cinéma et des bureaux. Il faut dire que Bobigny 2, inauguré en 1974, accusait son âge et voyait se multiplier les devantures fermées. Apothéose finale : la **préfecture** (1971). Michel Folliasson et Jacques Binoux ont dessiné un bâtiment de plan carré de 70 m de côté, alternant à l'horizontale fenêtres en bandeau et panneaux préfabriqués de basalte gris inclinés. Les retraits des niveaux successifs, formant un ensemble pyramidal couronné d'un héliport, sont traités en terrasses arborées créant autant de jardins suspendus. Détonant !

Aillaud, les formes et les couleurs

Par le **parc de la Bergère** que borde le canal de l'Ourcq, cap sur **l'Abreuvoir**. Cité francilienne emblématique, elle regroupe 1500 logements disséminés tout au long d'un interminable arc de cercle. Remontez le mail, l'allée boisée qui la traverse entièrement, et vous verrez qu'Émile Aillaud a déployé tout le répertoire de formes qui l'a rendu célèbre : équerres, tripodes, immeubles courbes, serpentins et bien sûr ses iconiques tours cylindriques, parés en alternance de sa chère trilogie bleu-rose-vert. Bâtie de 1954 à 1958 à rebours de la rectitude de la production industrielle de son temps, elle méritait bien sa labellisation « Architecture contemporaine remarquable » ; elle demeure toutefois dans l'attente d'un sérieux lifting, apparemment acté pour 2024.

MAISON DE LA CULTURE MC93

Tables et chaises façon cantine scolaire au restaurant de la Maison de la Culture (MC93), à deux pas de l'hôtel de ville, où vous pourrez profiter d'une cuisine imaginative à prix très abordables. Pourquoi ne pas commencer par une bière Demory brassée à Bobigny ?
9, boulevard Lénine, Bobigny, ouvert en semaine et les soirs de spectacle, www.mc93.com, plat 14-15€.

La préfecture de Bobigny

LA MUETTE À DRANCY, LIEU DE VIE ET DE MÉMOIRE

LE U DE LA CITÉ DE LA MUETTE,

de triste mémoire, est devenu au lendemain de la guerre ce à quoi ses architectes le destinaient : un immeuble d'habitation « classique ».

Reste une dernière étape, complément essentiel du mémorial de Bobigny : la cité de la Muette. C'est en 1932 que débute la construction de ces 1 200 logements, incluant cinq tours de 50 m qui devaient fortement marquer les esprits (elles étaient alors les plus hautes de France) mais aussi un ensemble original en forme de U, tardivement ajouté au projet. Pour celui-ci, le tandem Beaudouin et Lods élabore une ossature métallique garnie de panneaux de béton préfabriqués, avec des fenêtres métalliques conçues par Jean Prouvé : préfabrication est le maître-mot. Les deux architectes avaient beau la qualifier de « cité-jardin », la Muette présentait en vérité, et avec vingt ans d'avance, toutes les caractéristiques d'un grand ensemble. Mais la crise économique va stopper le chantier. Lorsque la guerre éclate, le U n'a pas dépassé le stade du gros œuvre.

L'occupant allemand y verra le site parfait pour établir un camp de prisonniers : le U n'est pas encore habité et, moyennant la clôture de son ouverture au sud, il devient une prison très facile à surveiller. À l'été 1941, la cité évolue en camp d'internement, essentiellement pour les juifs. Plaque tournante de la politique de déportation en France, elle sera le point de départ de 63 convois en trois ans, via la gare du Bourget puis celle de Bobigny.

En 1946 et comme si de rien n'était, le U est achevé et accueille ses premiers habitants. Depuis la démolition des tours et de leurs annexes, en mauvais état, en 1976, il est le dernier élément constitutif de la cité. Le travail de mémoire se développe alors enfin avec l'installation du wagon témoin et du monument de l'artiste Shelomo Selinger, et plus récemment, en 2012, avec la création du Mémorial de la Shoah de Drancy dans un bâtiment discret de l'autre côté de l'avenue Jaurès. En 2001, la cité est classée monument historique à double titre : en tant que « Architecture contemporaine remarquable » comme « en raison de son utilisation durant la Seconde Guerre mondiale ». Moins accablante que la gare de Bobigny, parce que prenant la forme d'un lieu habité, la cité de la Muette n'en demeure pas moins un haut lieu de souvenir national.

À cinq minutes, vous pouvez attraper le bus 151 pour la porte de Pantin, ou le 251 pour le métro Bobigny-Pablo Picasso.

DE PANTIN À AUBERVILLIERS

04

OU LA MÉTAMORPHOSE D'UNE ANCIENNE VILLE INDUSTRIELLE

Depuis un quart de siècle, Pantin, ancienne ville industrielle, se transforme tout en se gentrifiant doucement. De ses usines, il ne reste que des vestiges... mais quels vestiges ! Des Grands Moulins aux Magasins généraux, partez sur leurs traces... Sans manquer, à un jet de pierre, Aubervilliers et sa « Maladrerie », un ensemble de logements à l'étonnante partition géométrique !

T3B Delphine Seyrig

11,4 km

2h30

M7 Aubervilliers-Pantin-Quatre-Chemins

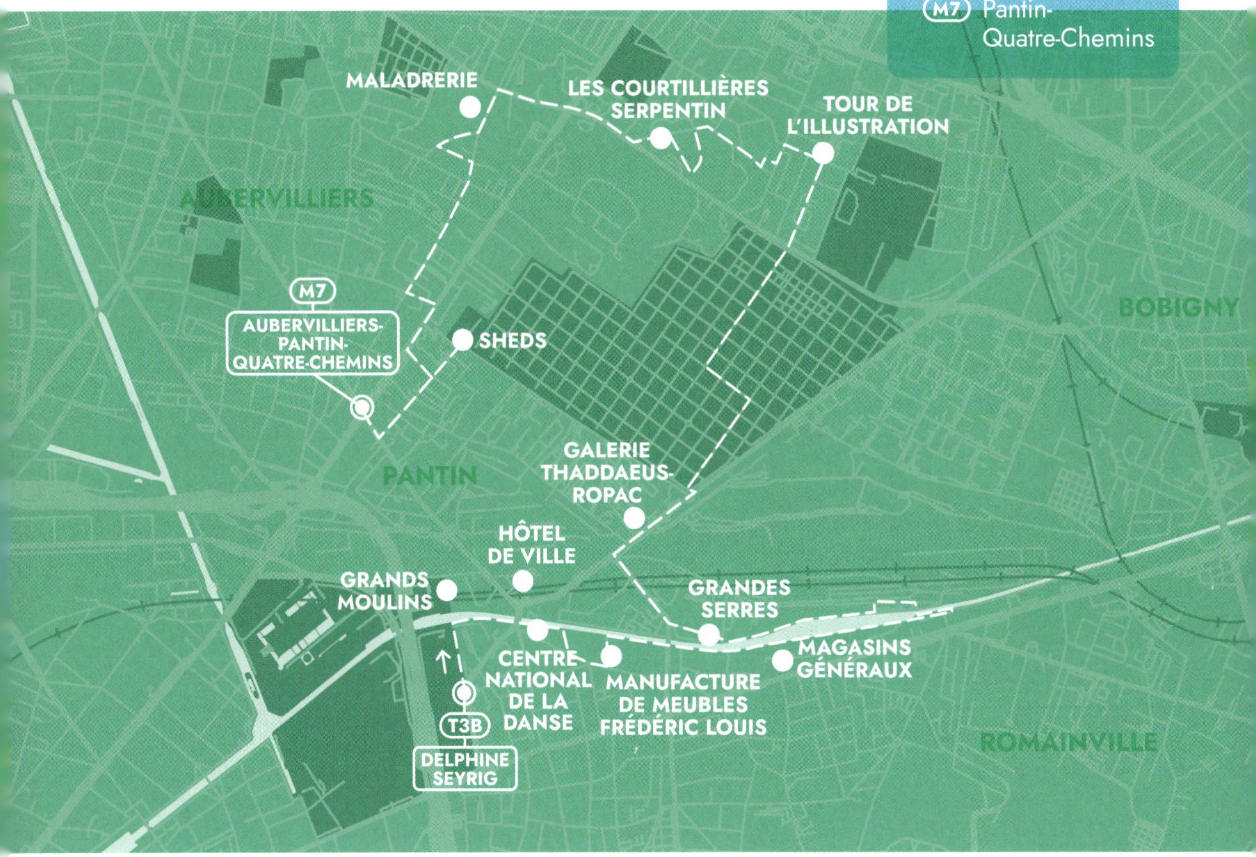

Les Magasins généraux à Pantin

LE CANAL ET SES CHÂTEAUX

À votre descente du tramway, vous voici pile sur la limite administrative entre Paris et Pantin. Retournez-vous un instant vers le nom de l'arrêt : Delphine Seyrig… C'était qui, déjà ? Cette grande actrice de théâtre et de cinéma fait partie des neuf personnalités féminines retenues pour donner leur nom à une station du T3, dans son tronçon inauguré en 2012. Depuis quelques années, les communes s'efforcent enfin de faire plus de place aux femmes lors de l'attribution des noms de lieux, et Pantin s'inscrit dans cette démarche à chaque fois qu'une nouvelle voie est créée. En 2023, monsieur le maire a même décidé que la commune serait temporairement rebaptisée… Pantine !

De là où vous vous tenez, vous apercevez déjà la silhouette altière des Grands Moulins, devenus un symbole de la ville. Rejoignez les berges du canal de l'Ourcq pour vous approcher de ce fleuron du patrimoine industriel francilien. S'ils vous évoquent un château fort médiéval avec ses tours et son donjon, c'est normal : c'était exactement l'objectif de l'architecte Eugène Haug dans les années 1920. Jusqu'à l'orée du 21e siècle, cette imposante minoterie a fabriqué de la farine à partir des céréales acheminées par la route, le rail ou le canal, notamment depuis les plaines de la Brie. Réhabilitée en bureaux, elle est désormais occupée par le groupe BNP Paribas. N'espérez pas pouvoir jeter un œil à l'intérieur : les activités bancaires exigent le secret !

LA CITÉ FERTILE

En début ou en fin de visite, la Cité Fertile vous tend les bras : ce tiers-lieu culturel d'un hectare, installé sur les emprises de l'ancienne gare de marchandises, est aussi un endroit très agréable pour boire un verre ou manger un morceau. Profitez-en : à terme, la Cité cédera la place à un écoquartier !
14, av. Édouard-Vaillant, Pantin, citefertile.com. Horaires variables.

GRANDS MOULINS

Ancien fleuron industriel de Pantin, ces impressionnants bâtiments se sont mués en un ensemble tertiaire qui en a largement préservé l'architecture.

Béton et fonctionnalité :
LE CND
est un parfait exemple d'architecture brutaliste.

Poussez jusqu'au pont de la Mairie. De part et d'autre se font face deux édifices quelque peu différents. À gauche, un autre « château » : c'est le surnom encore parfois donné à l'hôtel de ville achevé en 1886. Symétrie, monumentalité, décor à forte portée symbolique : tout, dans cet édifice typique de la Troisième République, est conçu pour glorifier non seulement le nouveau régime, mais aussi la prospérité d'une commune alors en plein boom industriel. Imaginez : Pantin comptait environ 2 700 âmes en 1851… et 30 000 cinquante ans plus tard ! À droite, le Centre national de la danse (J. Kalisz, 1972), qui fut d'abord un centre administratif, offre un exemple frappant d'architecture brutaliste.

En remontant le canal, un crochet par le mail Pierre-Desproges permet d'admirer l'ancienne manufacture de meubles de Frédéric Louis, désormais occupée par des logements et des services municipaux. Jusqu'aux années 1960, il faut imaginer les rives du canal entièrement occupées par des activités industrielles à l'image de celle-ci…

Un secteur en plein renouveau

Un peu plus à l'ouest se détache à l'horizon le grand témoin de l'importance logistique passée de Pantin. Inaugurés en 1931, les Magasins généraux pouvaient stocker jusqu'à 30 000 tonnes de marchandises (grain, fioul, charbon, papier de presse, produits manufacturés, etc.), qui étaient ensuite acheminées vers leur destination finale. Comme pour les Grands Moulins, elles arrivaient par voie ferrée ou par camion, mais aussi par le

canal : l'élargissement de ce dernier à cet endroit, dans les années 1930 toujours, avait vocation à en faire un bassin de commerce dynamique – mais les péniches se font rares de nos jours. Ces deux imposants édifices en béton, austères mais élégants, furent un haut lieu du graff après leur désaffection, avant que l'agence de communication BETC n'y prenne ses quartiers en 2016.

AUX COURTILLIÈRES,

le Serpentin souffle le chaud et le froid grâce à son revêtement de millions de carreaux de mosaïque passant du rouge au bleu.

Franchissez le pont Hippolyte-Boyer pour passer devant les locaux d'Ellis (blanchisserie industrielle implantée à Pantin depuis 1883), puis devant le Centre de recherches & développement de Chanel. Ne cherchez pas de nom sur le mur d'enceinte : le parfumeur se fait aussi discret que possible, confidentialité oblige ! En débouchant rue du Cheval-Blanc, on tombe nez à nez avec une immense halle de brique et de métal des années 1940, de 170 m de long. Elle a abrité jusqu'à récemment l'entreprise Pouchard, spécialisée dans l'étirement des tubes en acier, notamment pour les secteurs automobile et ferroviaire. Son déménagement a permis de lancer sur ce site le projet des Grandes Serres : un tiers-lieu dans l'air du temps, qui associera commerces de bouche, *food court*, salle de sport, mur d'escalade, librairie, académie de musique, espaces de formation, auditorium… Un projet de grande ampleur évoqué de longue date, désormais annoncé pour 2026. Affaire à suivre !

Un peu plus loin, la galerie Thaddaeus-Ropac intéressera les amateurs d'art contemporain. Dans cette ancienne chaudronnerie, le galeriste et marchand d'art autrichien a tout l'espace nécessaire pour déployer des grands formats !

PARIS EN PLEIN PANTIN

Pour rejoindre Bobigny, autant s'accorder un moment au calme en traversant le cimetière qui, avec ses 108 ha, est tout simplement le plus grand de France. Bien qu'il occupe à lui seul un cinquième du territoire de la commune, il n'est pas géré par cette dernière car c'est un cimetière parisien, comme ceux de Thiais et de Bagneux. Un plan des sépultures disponible en ligne vous permettra de passer saluer quelques grands disparus comme le cinéaste Jean-Pierre Melville (1917-1973), la chanteuse Fréhel (1891-1951), première interprète de la «Java bleue», ou les Fratellini, célèbre famille de circassiens.

La porte de L'Illustration par laquelle vous quittez les lieux annonce la prochaine étape : cap sur la massive tour de L'Illustration, véritable signal urbain marquant l'entrée de Bobigny. Du haut de ses 64 m, elle domine un vaste bâtiment rectangulaire de 14 m sur 90. La brique n'est ici qu'un parement, car l'ossature est en béton armé. Plus de 7000 étudiants de l'université Paris XIII s'y pressent depuis le tournant du siècle, mais la fonction première des lieux était bien différente. Les locaux inaugurés en 1933 accueillaient l'imprimerie du journal *L'Illustration*, dont le succès reposait sur une mise en pages faisant la part belle, comme son nom

Même s'il n'en reste qu'une aujourd'hui, le sommet de la tour était à l'origine flanqué de quatre horloges. À l'intérieur de ce dernier niveau, on trouvait un réservoir d'eau mobilisable en cas d'incendie !

l'indique, aux dessins, croquis et photographies. Par ses dimensions, sa modernité, sa visibilité, l'édifice manifestait de manière éclatante la prospérité de l'entreprise. Las ! Une ligne éditoriale trop favorable à l'occupant durant la guerre le condamnera à une interdiction de paraître à la Libération. La qualité de son parc de machines et l'excellence de son personnel lui vaudront toutefois de survivre comme imprimerie jusqu'aux années 1970.

Piquant au sud-est, vous traversez un grand ensemble emblématique : les Courtillières. L'architecte Émile Aillaud a conçu ici dans les années 1960 environ 2 000 logements, dans un contexte de forte croissance démographique de la région parisienne. Malgré un budget et des délais contraints, il s'est efforcé d'innover dans les formes comme dans les couleurs, notamment avec Le Serpentin, cet étonnant immeuble tout en ondulations, paré de millions de carreaux de céramique. Récemment réhabilité, il délimite un vaste parc de 4 ha qui constitue l'un des poumons verts de Pantin.

Malade, la « Mala » ?

Passez côté Aubervilliers le temps de découvrir la Maladrerie et ses quelque 900 logements sortis de terre entre 1975 et 1985. Très marquée par son expérience menée à Ivry avec Jean Renaudie (p. 88), Renée Gailhoustet, architecte en chef de l'opération, y a poursuivi son autre idée du logement social, loin des principes des grands ensembles : silhouettes pyramidales avec murs crénelés évoquant les châteaux forts, espaces verts généreux

À LA MALADRERIE, Renée Gailhoustet a proposé une alternative radicale au modèle classique du grand ensemble.

et circulation presque uniquement piétonne entre les immeubles (on compte pas moins de 5 km de galeries !), terrasses privatives avec jardins en pleine terre, structure reposant sur des poteaux porteurs qui permet de varier le dessin des logements, parmi lesquels des duplex et même des triplex, 40 logements étant réservés depuis l'origine à des artistes (on les repère à leurs grandes baies vitrées déstructurées). Mais, si les habitants y sont souvent très attachés, la « Mala » accuse déjà le poids des années et nécessiterait une rénovation en profondeur.

Revenez vers l'avenue Jean-Jaurès et traversez le parc Diderot où votre dernière étape vous attend : les Sheds demeurent l'unique et modeste vestige de ce qui fut la plus importante usine de ce quartier ouvrier, la filature Cartier-Bresson. Industriels paternalistes, ils financeront plusieurs équipements alentour, notamment l'église Sainte-Marthe (1876) toute proche. Sous la toiture en dents de scie sont désormais installés un centre d'art contemporain et un lieu dédié à la petite enfance. Par la rue Josserand, le métro n'est plus qu'à quelques minutes.

Les Sheds rappellent le souvenir de la filature Cartier-Bresson. Un des descendants de cette famille si importante pour l'histoire du quartier choisira plutôt la voie artistique : c'est le célèbre photographe Henri Cartier-Bresson !

05 DU RAINCY À CLICHY-SOUS-BOIS

DEUX VISAGES DE LA SEINE-SAINT-DENIS

Commune atypique dans le paysage séquano-dionysien, Le Raincy est au département ce que Le Vésinet et Maisons-Laffitte sont aux Yvelines : cette ville-parc élégante vous émerveillera par sa superbe architecture domestique, qui nous est parvenue presque sans heurt. Remontez ensuite la Dhuis et préparez-vous à un joli choc, car sa voisine n'est autre que Clichy-sous-Bois.

RER E Le Raincy-Villemomble-Montfermeil

10,5 km

2h30

T4 Maurice Audin

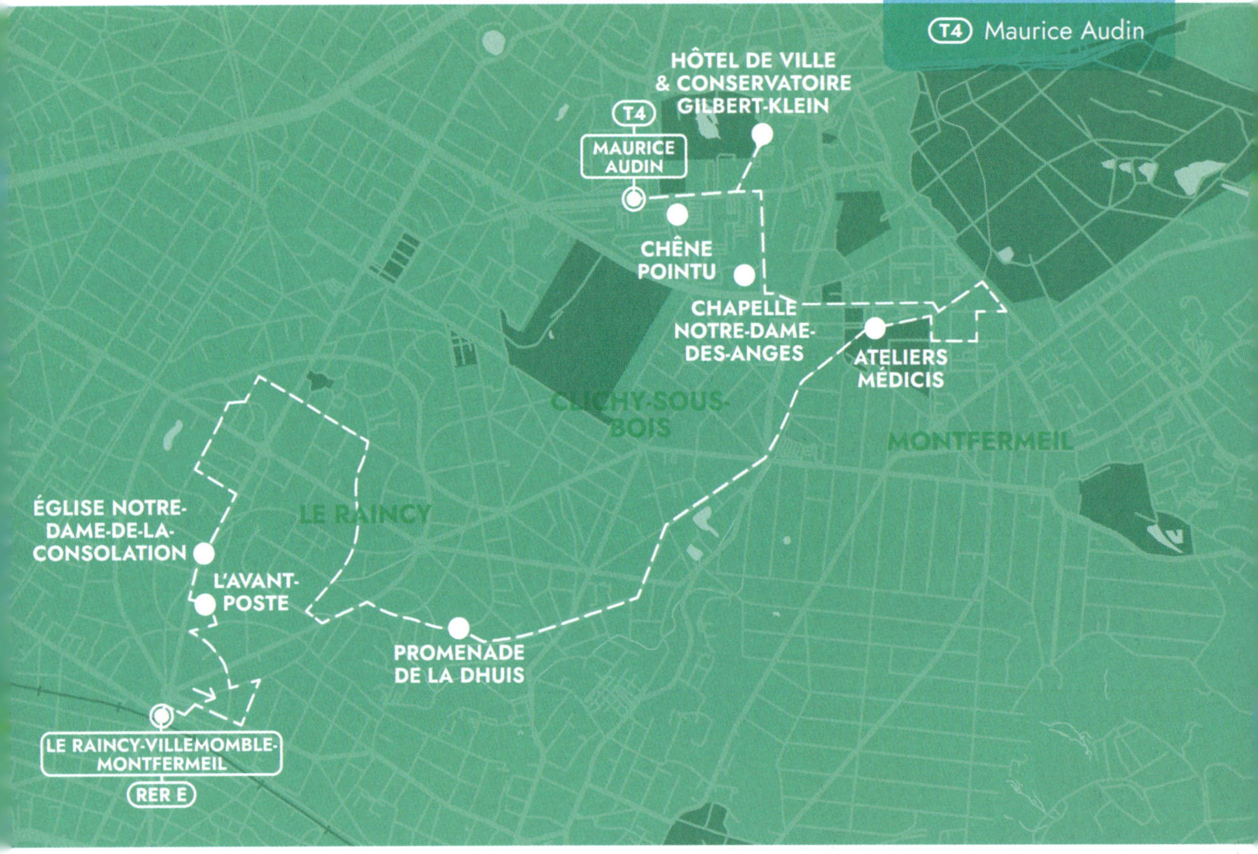

Le conservatoire de Clichy-sous-Bois

AU RAINCY, LUXE, CALME ET VOLUPTÉ

Le Raincy est un petit miracle, un havre qui coule des jours tranquilles autour de ses villas bourgeoises, et où prime une certaine qualité de vie. Oubliez le principe de la rue : toutes les voies sont baptisées allées, avenues, boulevards, chemins ou villas – c'est tout de même plus chic.

L'exception raincéenne vient d'un château détruit sous la Restauration. Lorsque son parc est loti trente ans plus tard, on décide de conserver le tracé courbe de ses allées. Sur leurs rives, pas question de bâtir des immeubles de rapport : Le Raincy sera le paradis de la villa coquette ou ne sera pas. L'urbanisation s'amorce ainsi doucement à compter du Second Empire, jusqu'à cette année 1869 où la localité s'émancipe de Livry-Gargan pour devenir une commune à part entière. Le principe même de la ville-parc et sa superficie limitée la destinaient à demeurer assez peu peuplée : les habitants – moins de 15 000 – n'y sont aujourd'hui pas plus nombreux que dans les années 1950.

Partez sur la piste de ses demeures cossues, en commençant par le **n° 5 allée Victor-Hugo** : cette maison de plan carré fait partie de la douzaine érigée par la Compagnie foncière du Raincy autour de 1855 à des carrefours stratégiques pour servir de « maisons témoins ». Encore très sobre, cette pionnière arbore néanmoins une toiture mansardée et une élégante marquise protégeant le perron. Juste en face, l'immeuble **Les Cigognes** (notez la mosaïque encadrant la porte et la frise de caméléons au premier étage) a été signé en 1925 par Henri Guimonneau. C'est l'homme clé de notre parcours car, maire de la ville dans l'entre-deux-guerres, il fut aussi un architecte prolifique. Retrouvons-le illico **allée Chatrian**, où sa plaque est apposée sur les belles meulières des n° 15, 15b et 22. Jolies demeures également villa Deroin, qui fleure bon le lotissement en bloc, celles en fond d'impasse étant quasiment identiques.

UNE ŒUVRE INÉDITE

Auguste Perret n'est pas croyant, mais il rêve de construire une église. Le Corbusier la surnommera la « Sainte-Chapelle du béton armé ». Elle attire toujours des passionnés d'architecture des quatre coins du monde.

À gauche, une maison signée Henri Guimonneau, tout comme ci-dessous, l'immeuble Les Cigognes (n° 7 allée Victor-Hugo) qui doit son nom à la belle mosaïque ornant la porte d'entrée.

Les vitraux de Notre-Dame-de-la-Consolation sont l'œuvre de Marguerite Huré, rare femme maître-verrier dans un milieu masculin.

Un chef-d'œuvre signé Perret

Revoici Guimonneau avec l'immeuble en angle aigu du n°13 allée Carnot et son pan coupé d'une belle élégance (1931). Allée Théophile-Binet, admirez les superbes mosaïques de l'ancien hôtel des postes (Baranton, 1915), tout juste transformé en un très beau bar et espace de coworking, l'Avant-Poste, parfait pour une pause-café ! Quelques beaux immeubles plus loin, voici sur votre gauche un grand chef-d'œuvre d'architecture religieuse, que Le Corbusier avait surnommé « la Sainte-Chapelle du béton armé » : c'est l'église Notre-Dame-de-la-Consolation.

1918. L'abbé Nègre souhaite bâtir à coût réduit un nouveau lieu de culte pour sa paroisse. Il se tourne alors vers un architecte à l'approche peu conventionnelle mais très économique. Il s'appelle Auguste Perret et, depuis quinze ans déjà, il construit en béton. Moyennant un recours exclusif à ce matériau, il propose au père Nègre un projet correspondant à son budget.

La parcelle retenue présente un avantage – sa centralité – mais aussi bien des inconvénients : en pente, étroite, orientée nord-ouest. Perret saura faire avec, notamment en renonçant à tout transept au profit d'un plan basilical (un rectangle de 56 m sur 20) qui lui permet de tirer le meilleur parti de cette faible surface. Surtout, grâce aux possibilités d'évidement du béton, il fait rentrer un prodigieux flot de lumière en démultipliant les vitraux, pour lesquels il fait appel au peintre Maurice Denis. Pas étonnant : ce croyant fervent, intervenu dans bien des églises, a déjà collaboré avec lui pour le théâtre parisien des Champs-Élysées. Premier édifice religieux au monde entièrement réalisé en béton, l'église est consacrée en 1923 ; entrez et laissez-vous éblouir.

Reprenons la route ! Allée Gabriel, encore un bel alignement de meulières… Début de siècle, certainement ? Perdu. Plantez-vous devant le n° 21 et soyez attentif. Ferronneries géométriques (spirales et vaguelettes), garde-corps en béton au premier étage, présence d'un garage : vous êtes face à une demeure des années 1930 qui lorgne encore du côté de la Belle Époque.

Allées des Acacias (n° 1 à 5) et des Bosquets (n° 6 à 12), voilà de jolies petites meulières homogènes sans être identiques, dues à l'initiative privée de l'ingénieur F. Weidknecht (1897) puis, au n° 36 de cette même allée, une des réalisations les plus distinguées de Guimonneau. Terminez au n° 50 allée de l'Ermitage avec la Montagnette (1906), opulente villa bâtie pour le banquier H. Hérold, puis rejoignez la promenade de la Dhuis que vous suivrez durant une demi-heure. Il s'agit en fait d'un terre-plein aménagé au-dessus de l'aqueduc de la Dhuis, construit dans les années 1860 par l'ingénieur Belgrand, un des bras droits d'Haussmann, pour améliorer l'approvisionnement de Paris en eau potable. Long de 129 km, il achemine l'eau de cette modeste rivière marnaise jusqu'aux réservoirs de Ménilmontant. Vous apercevrez régulièrement les regards permettant le contrôle de l'ouvrage.

LES PANIERS

Voilà une petite adresse très accueillante et bien située au Raincy. Bar à vin et restaurant avec une carte pleine de jeux de mots douteux.
63, avenue de la Résistance, Le Raincy, tél. 06 45 60 07 12, le midi, entrée/plat ou plat/dessert à 17€.

CLICHY-SOUS-BOIS OU LA MÉTAMORPHOSE

Changement total d'univers : voici Clichy-sous-Bois, devenue le symbole du mal-être des banlieues depuis les émeutes de 2005 dont elle fut le point de départ. C'est pourtant une ville en pleine transformation que vous allez découvrir. L'inauguration en 2018 des Ateliers Médicis est la conséquence directe de ces émeutes : version contemporaine de la Villa Médicis romaine, ce lieu de création et de culture accueille résidences artistiques, expositions et ateliers. Si ce bâtiment de bois et de tôle vous semble un peu provisoire, c'est parce qu'il n'est que la préfiguration d'un grand équipement qui devrait voir le jour en 2026. Autour, immeubles sociaux en triste état et copropriétés dégradées ont largement disparu (environ 1 800 logements détruits en dix ans, dont l'emblématique tour Utrillo à Montfermeil) pour faire place à des résidences neuves et à taille humaine. C'est le projet auquel l'Agence nationale pour la rénovation urbaine (ANRU) a consacré le plus de budget à l'échelle nationale… Quant à l'arrivée du tramway en 2019, elle a permis à la fois d'améliorer la desserte locale et de requalifier les espaces publics.

Saluez la ravissante chapelle Notre-Dame-des-Anges d'époque Empire, qui fut longtemps un important lieu de pèlerinage, mais aussi sa voisine immédiate : cet édifice à l'aspect d'une grange, d'une simplicité absolue, avec sa grille subtilement ajourée à l'image des arbres environnants, est en fait l'église Saint-Jean-XXIII. Inaugurée en... 2023, elle comporte sur son pignon arrière une grande verrière permettant aux fidèles d'admirer la chapelle toute proche. De là, filez voir l'étonnant face-à-face entre l'hôtel de ville à la belle teinte orangée, installé dans l'ancien château du 16ᵉ siècle, et le conservatoire Gilbert-Klein flambant neuf (GPAA Architectures) – toujours dans l'idée de doter Clichy d'équipements culturels de premier ordre ! Les parallélépipèdes en béton, métal et verre, superposés mais habilement désaxés et revêtus de résilles blanches, sont pourvus d'un rez-de-chaussée tout en transparence, comme une invitation à entrer....

Dernière étape : le Chêne Pointu. Un projet titanesque va faire presque entièrement disparaître, d'ici 2030, ce quartier composé d'une galerie commerciale et de copropriétés en piteux état. En ce début de 21ᵉ siècle, Clichy connaît ainsi une métamorphose d'une ampleur sans grand équivalent. Le tramway est juste là, qui vous ramène à la gare de Bondy.

L'ÉGLISE SAINT-JEAN-XXIII
flambant neuve offre un contraste saisissant avec la chapelle Notre-Dame-des-Anges, haut lieu de pèlerinage depuis le 19ᵉ siècle.

DE BAGNOLET À MONTREUIL

06

LA GRANDE TRAVERSÉE

Tout le monde connaît ses jumelles, les Mercuriales, qui veillent sur le périph' ! Mais sait-on que Bagnolet recèle un parc doté d'un point de vue inégalable sur la capitale ? Quant à Montreuil, sa voisine, elle possède un patrimoine industriel très riche et des bâtiments d'une architecture moderne unique signés par un certain Claude Le Goas... Sans oublier ses insolites murs à pêches !

M3 Gallieni

9,4 km

2h15

B122 Babeuf ou RER E Gare de Rosny-sous-Bois

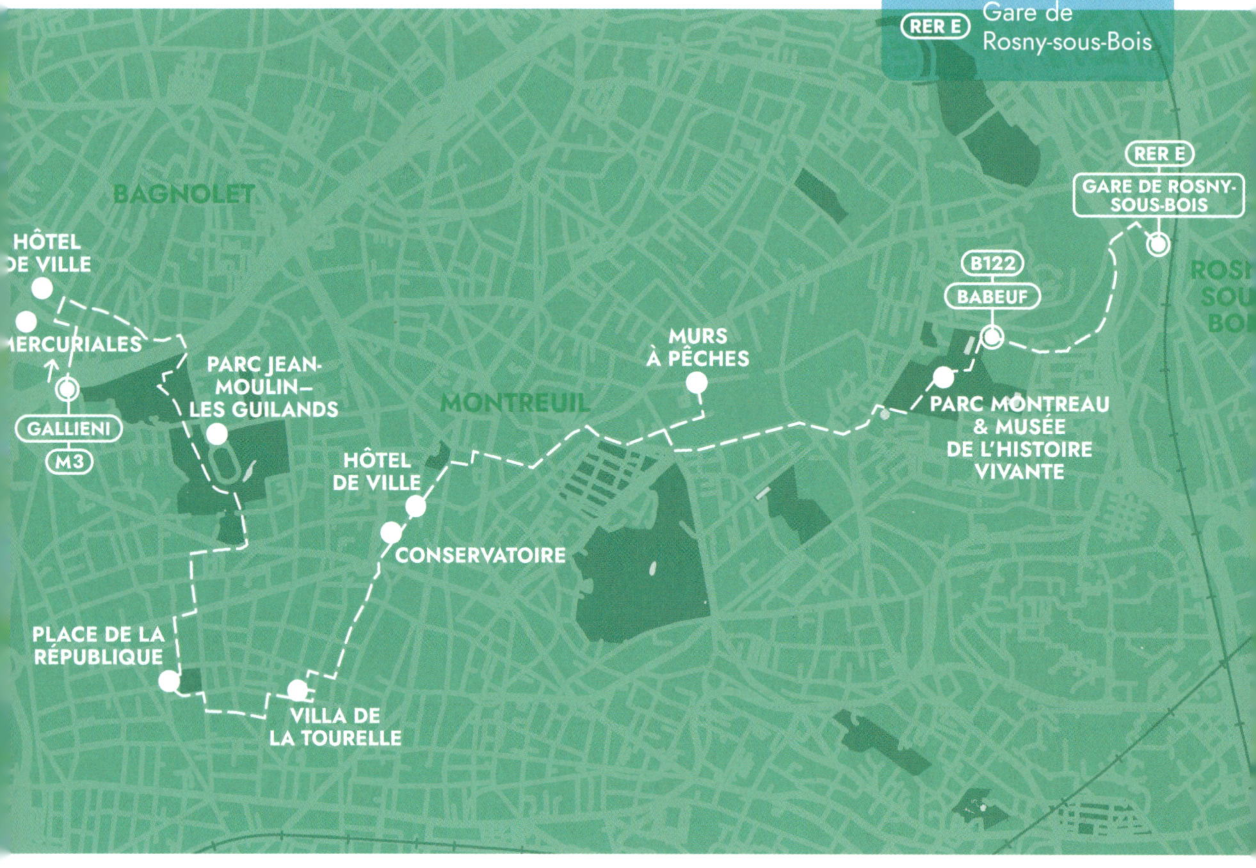

Immeuble proue (1912), boulevard Rouget-de-Lisle à Montreuil

Les Mercuriales sont un des points de repère les plus connus de la *skyline* francilienne.

À BAGNOLET, DES TWIN TOWERS À LA FRANÇAISE

Gallieni, tout le monde descend ! Ce terminus était aussi un point de départ vers l'Europe entière via la gare routière internationale, jusqu'à sa fermeture en 2020. Dès votre remontée à l'air libre, deux géantes vous toisent de leurs 122 m : ce sont les célèbres tours de bureaux miroitantes des Mercuriales (Levant et Ponant pour les intimes), construites en 1977 par Serge Lana et Alfred H. Milh et dont un projet de reconversion partielle en hôtel est actuellement à l'étude. Car si ce World Trade Center à la française a longtemps fait le plein avec quelque 3 000 salariés, elles sont aujourd'hui en partie vides… Elles offrent en tout cas un contraste amusant avec l'hôtel de ville de Bagnolet tout proche, édifié tout en brique et pierre façon demeure bourgeoise en 1881. Devenu trop petit, il a reçu en 2013 une extension tout en excroissances cylindriques signée Jean-Pierre Lott, auquel il est connecté par une passerelle.

Parcourez le vieux Bagnolet en direction du pont qui passe au-dessus de l'autoroute et entrez dans le parc Jean-Moulin–Les Guilands. Le chemin aménagé de la Grande Traverse conduit à son point culminant, d'où se dévoile par temps clair un très beau panorama sur Paris. Un lieu très apprécié pour les apéros au soleil couchant ! Redescendez par l'escalier que longe une cascade pour déboucher dans le Bas-Montreuil. Densément urbanisé dès le début du 20e siècle, le quartier se compose d'un entrelacs de maisonnettes, d'immeubles bas et de petites et moyennes usines ayant connu des destins variés. Il s'en dégage une atmosphère paisible et presque villageoise à deux pas de la ligne 9 du métro : pas étonnant que la gentrification se soit emparée de la ville !

DANS LE BAS-MONTREUIL, BOBOS ET ANCIENNES USINES

Occupant presque tout l'îlot entre le boulevard de Chanzy et la rue des Sorins, l'ancienne usine de machines-outils Dufour est d'une taille peu commune pour le quartier, et d'une belle unité architecturale malgré différentes périodes de construction. Ses volumes simples et fonctionnels hébergent désormais des entrepôts commerciaux, le fablab ICI Montreuil et... une mosquée. Au n° 140 rue de Paris, la cheminée et la carcasse de la halle métallique sont les seuls vestiges de l'usine à plâtre Morel et Letellier ; voilà plus de quinze ans qu'elles marquent fortement le paysage de cet axe majeur, dans l'attente d'un avenir meilleur.

BISTROS DE MONTREUIL

À Montreuil, l'offre est nombreuse et diversifiée, notamment autour de la place de la République et de la place Jean-Jaurès, face à la mairie. Petit faible pour Les Pianos, installés dans l'ancienne manufacture Klein. Rencontres-lectures, concerts et projections font vivre toute l'année ce lieu très chaleureux.
26, rue Robespierre, Montreuil, plats de saison à partir de 14€, lespianos.fr

À deux pas de là, la place de la République est au cœur du très agréable « village », où l'on s'arrête volontiers le temps d'un café en terrasse. Rue Diderot, impossible de manquer la façade jaune vif de l'ancien garage (n° 34-36) superbement restauré, tandis qu'au n° 14, l'ancienne usine de peintures L'Auréole, de 1930, présente une sobre architecture Art déco. Exemple typique des petites usines du Bas-Montreuil, elle a été reconvertie en lofts. Le crochet s'impose par la villa de la Tourelle, venelle au charme fou, parfaitement préservée.

On reconnaît encore le style Art déco aux balcons massifs et à la stricte volumétrie du bâtiment au n° 62 rue Kléber : construite en 1927 en meulière, béton et brique, l'ancienne manufacture des cycles Huet a l'aspect d'un immeuble résidentiel, mais l'imposante porte cochère révèle sa vocation

Dans le BAS-MONTREUIL, pas une rue qui ne possède sa petite usine ou même son garage, comme ici rue Diderot, reconvertis en lofts, bureaux ou ateliers.

industrielle originelle. Au n° 26 *bis* de la même rue, les anciens entrepôts de peausserie Hugon déploient une élégante structure en béton avec remplissage en briques polychromes – encore un exemple de volumes fonctionnels qui ont facilement été reconvertis en bureaux. Au croisement avec la rue Berthelot, l'imposante halle de l'ancienne peausserie Chapal vous offrira un dernier exemple de ces usines innombrables et souvent discrètes qui faisaient vivre le quartier.

L'HÔTEL DE VILLE

Riche en décors peints, l'hôtel de ville renferme surtout un grand (312 x 410 cm !) chef-d'œuvre accroché dans l'escalier d'honneur : *Au temps d'harmonie*, de Paul Signac, dont sa veuve fit don à la ville en 1938. Pour l'admirer, se présenter dans le hall le premier jeudi du mois à 18h (sauf en juillet, août et septembre).

1, place Jean-Jaurès, visite commentée d'une heure, gratuite et sans réservation. Renseignements au 01 71 89 27 98.

Le Goas, Raighasse, Nanquette : trois styles, trois époques

Place Duclos, fini le village ! Caché derrière le centre commercial de la Croix-de-Chavaux, le conservatoire (1976) est un véritable OVNI signé Claude Le Goas, urbaniste et architecte durant plus de trente ans d'une ville qu'il a profondément marquée de son empreinte. Ici, les coques métalliques accueillent les salles de cours qui sont comme en suspension, leur projection au-dessus du vide à des degrés variables conférant à l'édifice une silhouette à nulle autre pareille.

Le boulevard Rouget-de-Lisle a quelque chose d'assez parisien avec, côté pair, ce front de hauts immeubles post-haussmanniens. Ouvert en 1904 pour prolonger la rue de Paris vers la mairie, il débute avec un immeuble proue, couronné d'un dôme élancé, conçu par l'architecte Lucien-Gabriel Raighasse en 1912. On lui doit aussi les ondulants n° 60-62 de 1926, dont le style Art déco transparaît dans les motifs floraux stylisés.

Sur votre gauche se dresse bientôt l'immanquable hôtel de ville (1935). Avant-corps de plan carré en très forte saillie, symétrie accusée, campanile massif : sa silhouette presque intimidante est due à Florent Nanquette qui, en sa qualité d'architecte communal durant l'entre-deux-guerres, auteur notamment de la plupart des HBM montreuillois, est l'homme qui a le plus marqué le paysage local avec Claude Le Goas.

DROIT DANS LES MURS

Cap sur les murs à pêches : un quart d'heure de marche et vous voilà à l'orée du périmètre, au croisement des rues Saint-Just et Gaston-Monmousseau. Vous ne les voyez toujours pas ? Il faut dire qu'ils ne sont plus que l'ombre d'eux-mêmes... C'est là tout leur paradoxe : alors qu'ils sont un élément célèbre du patrimoine montreuillois, ils ont en fait largement disparu. Qui plus est, les segments ayant survécu sont peu visibles, souvent en mauvais état et mités par de petites installations industrielles, si bien qu'il est très facile de les manquer. Le mieux est de s'engager juste en face dans l'impasse Gobétue, où plusieurs murs restaurés vous attendent.

Faits de moellons, de terre et de plâtre, coiffés d'une mince protection de tuiles et orientés généralement nord-sud, les murs à pêches mesurent presque toujours 2,70 m de hauteur. Les pêchers étaient cultivés en palissage à la loque, c'est-à-dire en les forçant à pousser à plat le long de ces murs, grâce à des morceaux de tissu maintenant les branches contre la paroi. Le système facilite la cueillette des fruits, et surtout, le talochage de plâtre bien blanc augmente la réfraction de la chaleur, accélérant ainsi le mûrissement des pêches. Il était ainsi possible de produire en région parisienne des variétés de fruits théoriquement peu adaptées sous cette latitude. La proximité du marché parisien fournissait un débouché garanti... Et il se dit qu'on trouvait les « Montreuil » jusqu'à la table de plusieurs têtes couronnées !

VOIR LES MURS À PÊCHES

Privilégiez le dimanche pour visiter les jardins associatifs nichés parmi les anciens murs à pêches *(impasse Gobétue, les dim. de 14h à 17h30 en hiver et jusqu'à 18h30 en été)*. Sinon, le Jardin du Partage *(77, rue Pierre-de-Montreuil)*, géré par la Ville, ouvre ses portes les mercredis et le week-end.

Apparus dès le 18e siècle, les murs à pêches ont atteint leur apogée autour de 1870, couvrant 320 ha pour 300 km de murs, soit 600 km de linéaires exploités. Mais le développement du réseau ferré va leur porter un coup fatal : il était désormais facile d'acheminer à moindre coût les fruits du sud de la France, par ailleurs plus précoces. Vergers et murs ont alors été progressivement détruits ou laissés à en ruine. Il n'en resterait de nos jours qu'une petite vingtaine de kilomètres, répartis sur 35 ha de friches et de jardins alloués à des associations.

Un plan de réhabilitation et de mise en valeur est cependant à l'étude. Et le dimanche après-midi, l'association Murs à Pêches (MAP) ouvre au public, au fond de l'impasse Gobétue, quelques parcelles

Musée de l'Histoire vivante à Montreuil

dont elle assure la gestion, et qui ont d'ailleurs obtenu la labellisation Jardin remarquable en 2019. C'est de loin le meilleur moyen de s'immerger dans un terroir horticole exceptionnel, qui a bien failli totalement disparaître.

Un musée en son parc

La dernière étape est une vraie surprise. En lui-même, le parc Montreau est certes bien agréable, avec ses trois pièces d'eau, sa roseraie et ses arbres exotiques. Mais ce qui le rend unique, c'est cette superbe demeure vaguement italo-suisse qui trône sur ses hauteurs, totalement inattendue ! Construite en 1874 pour Théophile Sueur, industriel du cuir qui était aussi le maire d'alors, elle a été convertie en 1939 en musée de l'Histoire vivante, créé à l'initiative de figures politiques communistes locales. Lieu culturel méconnu, il traite de l'histoire ouvrière et sociale, de la décolonisation, mais aussi du patrimoine industriel montreuillois. Une visite très stimulante, avant d'attraper le bus 122 qui vous ramènera au métro Mairie de Montreuil ou Gallieni, à moins que vous ne préfériez vous laisser glisser jusqu'à la gare de Rosny-sous-Bois, à 15 minutes de là.

UNE CITÉ INDUSTRIELLE VERTICALE : MOZINOR

Il est possible de contourner le quadrilatère des murs à pêches par le nord pour passer jeter un œil à Mozinor (Claude Le Goas et Gilbert-Paul Bertrand, 1975). Contraction de Montreuil Zone industrielle Nord et fruit de la volonté municipale de lutter contre la désindustrialisation accélérée de la petite couronne, il s'agit d'un cas atypique, surtout pour l'époque, d'une cité industrielle verticale permettant de limiter la consommation foncière. Desservis par une rampe hélicoïdale intérieure, doté de terrasses végétalisées, ses hangars sont toujours utilisés par une cinquantaine d'entreprises sur 42 000 m^2. Mozinor est aussi célèbre pour avoir nuitamment accueilli les premières rave-parties françaises dans les années 1980-1990. Aujourd'hui, l'édifice ne se visite qu'à l'occasion des Journées du patrimoine ou de l'architecture, mais on peut toujours en prendre plein les yeux en l'observant de l'extérieur : son impressionnante silhouette crénelée déploie une vraie dentelle de béton moulé, ponctuée de toits d'usine rouges en dents de scie typiques !

VAL
DE
MARNE

94

07

DE VINCENNES À NOGENT-SUR-MARNE ET À NOISY-LE-GRAND

ENTRE BORDS DE MARNE ET ARCHITECTURES DYSTOPIQUES

Débutant aux portes de Paris, cette randonnée plutôt musclée vous entraînera toujours plus à l'est jusqu'à rallier la ville nouvelle de Marne-la-Vallée. Bourgeoise et verdoyante sur les deux-tiers du parcours – Vincennes, son bois, la méconnue Nogent puis les bords de Marne –, elle vous emmène ensuite en pleine postmodernité avec les audaces noiséennes signées Bofill et Yanowsky.

M1 Saint-Mandé
15,6 km
3h45
RER A Noisy-Le-Grand Mont-d'Est

Espaces d'Abraxas, Noisy-le-Grand

VINCENNES, UN ANCIEN DOMAINE ROYAL ET BIEN PLUS !

Du métro Saint-Mandé, vous êtes à deux pas de l'**église Saint-Louis**, remarquable et méconnue, dont la silhouette trapue contraste avec l'élégant campanile italianisant. Son parement de brique et de meulière dissimule une structure en béton armé, car l'édifice est plus récent qu'il n'en a l'air. Consacré en 1924, il dévoile un extraordinaire volume intérieur aux croisées d'ogives modernes et au décor mêlant céramiques et peintures à fresque signées par deux fervents chrétiens : Maurice Denis, l'ancien Nabi, et Henri Marret, auteur notamment du monumental chemin de croix. Même s'il est assez sombre, cet ensemble, classé aux Monuments historiques et précieux témoignage de l'art sacré du début du 20e siècle, vaut vraiment le coup d'œil !

Une des communes les plus cossues du Val-de-Marne

À deux pas, le **square Saint-Louis** et la **rue Clemenceau** alignent un beau panel d'immeubles Art déco, sortis de terre à l'emplacement d'anciens abattoirs. Bien que tous soient dus aux architectes Quarez et Lapostolle, on notera la différence stylistique entre le petit groupe d'HBM entourant le square et les immeubles plus élaborés, réalisés pour des privés, aux n° 14 et 17 rue Clemenceau et au n° 1 rue Blot.

Difficile de ne pas tomber sous le charme du cœur historique de Vincennes, avec ses immeubles faubouriens côtoyant des édifices élancés, au décor souvent raffiné, datant pour la plupart de la Belle Époque. Ces quelques rues toujours animées, commerçantes, bien entretenues, reflètent la douceur de vivre qu'offre cette commune parmi les plus cossues du Val-de-Marne. La trame orthogonale très rationnelle et les pans coupés aux intersections pour faciliter les virages des voitures à cheval gardent la mémoire du lotissement en bloc du quartier à la fin de l'Ancien Régime, pour densifier

Les baies en béton ajouré de l'église Saint-Louis sont typiques de l'architecture religieuse de l'entre-deux-guerres.

VINCENNES offre un splendide répertoire d'architectures Belle Époque et Art déco.

la basse-cour, ce secteur créé dès le 14e siècle pour loger les domestiques attachés à la cour du roi.

Car, qu'on se le dise, Vincennes fut domaine royal. Après avoir admiré le bel hôtel de ville néo-Renaissance, passons donc saluer le fameux château à l'histoire si complexe. Résidence royale occasionnelle dès le 12e siècle, elle doit une bonne part de son aspect actuel à Charles V qui, à la fin du 14e siècle, fait bâtir le fier donjon carré et la Sainte-Chapelle au superbe décor sculpté. Passée la Révolution, le château s'est mué en une place forte militaire et, bien qu'il soit désormais ouvert au public, il accueille toujours le service historique de la Défense. Pas sûr que vous ayez le temps de le visiter aujourd'hui...

CAP À L'EST, DIRECTION NOGENT ET LES RIVES DE LA MARNE…

Deux stations de RER ou 40 minutes à travers bois permettent de rallier la très agréable Nogent-sur-Marne. Centre-ville coquet, chemins tranquilles le long de la rivière, patrimoine de villas en meulière parmi les plus riches d'Île-de-France, tout donne envie de s'attarder. Commençons avec le pavillon Baltard, rescapé des célèbres halles centrales de Paris. Sur les dix pavillons qui les composaient, seul celui-ci, dévolu au marché aux œufs et aux volailles, a été préservé lors de leur démolition en 1971-1973, avant d'être remonté ici-même trois ans plus tard à titre de témoignage de ce qui fut un lieu phare de la vie économique parisienne. Accueillant désormais des événements divers – galas, soirées privées, émissions de télévision –, il permet de saisir toute la modernité de l'architecture de fer, de fonte et de verre qu'avait conçue Victor Baltard sous le Second Empire. À la fois élégante et fonctionnelle, elle devait inspirer un grand nombre de halles et de marchés couverts durant les décennies suivantes.

Les ravissantes villas Art nouveau d'un illustre inconnu

De là, partons sur les traces de Georges-Théodore Nachbaur. Qui ça ? Notre homme est l'archétype de ces architectes sans gloire et sans diplôme, qui ont pourtant laissé une empreinte indélébile dans leur commune de résidence et d'exercice. Seul puis associé à ses deux fils, il a fait carrière localement en concevant aussi bien des immeubles de rapport que des villas individuelles, tous marqués par un goût prononcé pour le raffinement et les courbes de l'Art nouveau.

UN SEUL DES DIX PAVILLONS
a survécu à la démolition au début des années 1970.

MAISONS EN MEULIÈRE

Ainsi nommée parce qu'elle a longtemps servi à fabriquer des meules à grain, la pierre meulière s'est imposée à la fin du 19e siècle comme un matériau de construction très apprécié, à la fois solide, imperméable et d'une porosité garantissant une certaine isolation phonique et thermique. La quantité des gisements franciliens explique sa fréquente utilisation en banlieue parisienne, aussi bien pour bâtir des villas cossues que de plus modestes pavillons pour classes moyennes. Ces pavillons partagent souvent des traits communs : un seul étage, une travée principale avec pignon sur rue, un perron protégé par une marquise. La meulière s'efface dans l'entre-deux-guerres au profit de matériaux moins coûteux.

Au n° 8 **rue Pontier**, on croise d'abord son confrère Georges Damotte, signataire pour son propre usage d'une villa d'angle où l'Art nouveau se niche dans les détails : tournesols sur les ferronneries du balcon, bas-relief de feuilles de marronnier sous la corniche, étonnant porche intérieur ouvert reposant sur une colonnette. Depuis la Grande-Rue-Charles-de-Gaulle, descendez la **rue Edmond-Vitry** puis remontez celle de l'Armistice pour admirer un superbe répertoire de villas en meulière. Vous tombez alors nez à nez avec l'étonnante façade du **Royal Palace**, cinéma en activité depuis 1921. C'est dans ce périmètre que se trouvent les plus belles réalisations des Nachbaur. **Rue Lemancel**, les petits immeubles des n°3 et 5 tirent nettement vers l'Art nouveau, le premier au niveau des linteaux des fenêtres, le second dans la ligne en coup de fouet des garde-corps et surtout dans l'étonnant traitement tout en rondeur de la porte et de son encadrement. Revenez légèrement sur vos pas pour descendre le **boulevard de la République**, en fait une modeste impasse. Au n° 3, la **villa La Détente**, bâtie en 1904 par le trio à l'usage du fils aîné, déploie plus que n'importe quelle autre les formes et la fantaisie orne-

Sur les rives de la Marne, le quai de l'Artois et le viaduc de Nogent

mentale du «style nouille» : jeu de décrochements de la façade et des toitures, baies en arc en plein cintre développées sur deux niveaux, arabesques de la clôture… Moins fantasques, les n° 4, 6, 8 et 11 portent aussi leur patte. Vous la retrouverez également, un peu plus au sud, au n° 5 rue José-Dupuis et, juste à côté, au n° 18 rue Albert-1er. Les Nachbaur ont bel et bien légué à Nogent une architecture domestique remarquable.

Au bord de la Marne, le souvenir des guinguettes

Laissez-vous glisser le long de l'impressionnant viaduc pour rejoindre la Marne. Flânez à votre rythme sur le **quai de l'Artois**, auquel les vues sur la rivière, les pavillons coquets et la végétation généreuse confèrent un charme indéniable. Les guinguettes qui faisaient sa renommée il y a un siècle ont largement disparu, mais quelques restaurants déploient encore leurs terrasses en surplomb de la rivière. Passé le **pont de Bry**, c'est l'ascension du coteau, au milieu d'un tissu pavillonnaire banal mais qui offre des points de vue dégagés sur l'est francilien. Un bref *no man's land* à la sortie de Bry-sur-Marne et c'est soudain un autre monde : oubliez la meulière, car voici Noisy-le-Grand !

LE BEL AIR

Parmi les restaurants de bords de Marne, on préférera Le Bel Air, dont la terrasse couverte donne directement sur la rivière.
127, quai d'Artois, Le Perreux-sur-Marne, tél. 01 43 24 11 73, menu de saison renouvelé tous les mois, entrée-plat ou plat-dessert 28€.

... PUIS NOISY-LE-GRAND, EN PLEINE VILLE NOUVELLE DE MARNE-LA-VALLÉE

Porte d'entrée de la ville nouvelle de Marne-la-Vallée dont elle est de loin la commune la plus peuplée, Noisy-le-Grand s'articule autour du quartier du Mont d'Est, qui affiche les grands principes d'aménagement propres aux villes nouvelles : urbanisme sur dalle permettant de séparer les flux piétons et automobiles, incontournable centre commercial au cœur de la dalle, architecture originale, voire débridée, créant un signal fort en cœur d'agglomération. Dans ce dernier domaine, Noisy propose à l'amateur d'architecture postmoderne deux ensembles inoubliables. Avec les **Espaces d'Abraxas**, un Ricardo Bofill sans limites a créé en 1983 un complexe de 600 logements grandiose et terrifiant, très prisé du cinéma (*Brazil*, *Hunger Games*) et des photographes, à admirer de préférence sous un ciel d'orage. Le Palacio de 18 étages, le Théâtre tout en reflets et l'Arche habitée poussent à son paroxysme la monumentalité néoclassique chère à cet architecte, que l'absence de couleurs et un état général très moyen rendent franchement dystopique, bien loin de l'utopie sociale rêvée par leur créateur. Rompre avec les barres HLM sans âme et fabriquer des palais pour le peuple suivant des procédés industriels : l'idée était belle, pourtant...

Un géant en hommage à Picasso

Remettez-vous de vos émotions en traversant le centre commercial pour terminer dans le quartier du Pavé Neuf, où l'Espagnol Manuel Núñez Yanowsky a livré en 1985 les **Arènes de Picasso**, presque aussi néoclassiques mais nettement moins oppressantes. Les étonnants « soleils », aussi surnommés « camemberts », ainsi que les contreforts de béton évoquant des arcs-boutants gothiques, sont eux aussi devenus des symboles de la ville. Revenez légèrement sur vos pas, franchissez la pièce d'eau et vous aurez rejoint la gare de Noisy-le-Grand-Mont-d'Est.

LES ARÈNES DE PICASSO,
dessinées par Manuel Núñez Yanowsky, tout comme les Espaces d'Abraxas de Ricardo Bofill, sont devenues les emblèmes de Marne-la-Vallée.

08 DE CRÉTEIL À SAINT-MAUR-DES-FOSSÉS

DU BÉTON EN FEUILLES DE CHOUX ET UN VIEUX VILLAGE DE CHARME

Attention, voyage dans le temps : en un coup de métro, vous voilà plongé en pleines années 1970 avec le Nouveau Créteil, une ville nouvelle qui ne dit pas son nom, où d'audacieuses architectures vous attendent à tous les coins de rue. Changement de décor dans le vieux Créteil, qui marque la transition vers les rives bucoliques de la Marne. La paisible Saint-Maur s'ouvre alors à vous, avec son joli centre ancien blotti autour des vestiges de son abbaye autrefois si puissante.

M8 Pointe du Lac

11 km

2h35

RER A Joinville-le-Pont

Les Choux à Créteil

LE NOUVEAU CRÉTEIL, CAP SUR LES SEVENTIES

Mise en service en 2011, la station de métro Pointe du Lac où vous débutez est, jusqu'à nouvel ordre, la plus éloignée de la capitale : vous êtes à plus de 8 km à vol d'oiseau du périphérique ! N'imaginez pas pour autant un paisible environnement résidentiel. Les quelque 93 000 Cristoliens font de la préfecture du Val-de-Marne l'une des villes les plus dynamiques de la région parisienne.

C'est en 1956 que son destin bascule, lorsque s'amorce sous la houlette de l'architecte Charles-Gustave Stoskopf la construction des 6 000 logements du Mont-Mesly, un grand ensemble sans beaucoup de saveur. Nettement plus remarquable est le quartier sorti de terre par la suite aux abords du lac, que vous rejoindrez facilement par l'agréable rue du Canal. Un petit doute

L'HÔTEL DE VILLE,
un archétype de la configuration « socle-bloc » en vogue dans les années 1970.

La préfecture a été le premier édifice à sortir de terre au Nouveau Créteil, tout comme celles d'Évry et de Cergy : tout un symbole !

quant au caractère naturel de ce lac de 42 ha ? Bien vu : il s'agit d'une ancienne carrière de graviers et de gypse mise en eau pour former le «poumon bleu» du Nouveau Créteil. Ainsi a-t-on nommé le centre-ville imaginé *ex nihilo* sur sa rive est, pour regrouper tous les équipements indispensables à une ville érigée en chef-lieu de département en 1965. Vous traverserez d'abord l'**esplanade des Abymes**, qui forme un arc de cercle autour du lac. Une fois la passerelle franchie, vous pouvez faire une pause sous la **Véranda**, petit kiosque perché sur son îlot, un poste d'observation toujours très apprécié. Vue d'ici, la rive ouest paraîtrait presque sauvage sans les lignes à haute tension striant l'horizon...

Poursuivez le long des berges jusqu'à atteindre le petit parc en bordure duquel trône la **Maison des Arts et de la Culture** (Jean Faugeron, 1977). Cet austère édifice de béton abritant le Centre chorégraphique national de Créteil se démarque depuis l'origine par l'exigence de sa programmation. Montez ensuite sur la dalle pour contourner la haute silhouette de l'**hôtel de ville** (1974), archétype de la configuration «socle-bloc» alors en vogue : une plate-forme (le socle) accueillant de vastes espaces modulables est surmontée d'une tour aux volumes plus contraints (le bloc), faisant office de signal urbain. Ici, la réussite de l'ensemble repose sur le décalage entre le socle et le bloc et la finesse du noyau qui soutient la tour cylindrique. Architecte en chef du Nouveau Créteil, le prolifique Pierre Dufau, qui avait défini le plan de reconstruction d'Amiens après-guerre, s'est personnellement chargé de la conception de cet édifice. Inauguré la même année, **Créteil Soleil**, immédiatement voisin, est un mastodonte d'environ 270 enseignes qui s'est hissé à la cinquième place des centres commerciaux les plus fréquentés de France. Dernier édifice majeur de cette balade au fil de l'eau, la **préfecture** (Daniel Badani, 1971) a aussi été le premier à sortir de terre – une décision très symbolique, également prise à Évry (p. 267) et à Cergy (p. 217).

Un livre et des choux

Une passerelle au-dessus de la départementale et vous voilà dans les Choux (1974) :dix tours de 14 étages et un immeuble annulaire dont les balcons en forme de feuille de chou continuent de frapper les esprits 50 ans plus tard, au point d'être devenus l'emblème de la commune. Adepte un peu oublié de l'architecture végétale, Gérard Grandval s'était sûrement souvenu que ce territoire était maraîcher encore peu de temps auparavant ; il aurait d'ailleurs ajouté des pieds de vigne vierge partant à l'assaut des tours depuis chaque pétale… s'il ne s'était pas heurté au veto des promoteurs.

L'incroyable répertoire d'architecture *seventies* n'est toujours pas terminé : se dresse à présent devant vous le palais de justice (1978). Son aspect est assez brutaliste, comme si sa fonction l'obligeait à être intimidant. Badani, car c'est à nouveau lui, a voulu lui donner l'apparence du livre ouvert de la loi. Pour achever votre découverte du Nouveau Créteil, la rue du Pasteur-Radot vous conduit au pied de la cathédrale Notre-Dame. L'étonnante silhouette ! En 1976, un Stoskopf vieillissant avait repris du service pour concevoir cet édifice que l'Église voulait résolument discret et sans aucune verticalité. Érigé en cathédrale onze ans plus tard, il a toutefois fini par être jugé trop modeste compte tenu de son importance hiérarchique. C'est dans ce contexte qu'Architecturestudio est intervenu en 2015 pour greffer ces deux coques en bois de

LE PALAIS DE JUSTICE
abrite un colossal hall des pas perdus.

La cathédrale Notre-Dame de Créteil

résineux symbolisant des mains jointes en prière. Leur jonction imparfaite laisse la place pour une mince bande vitrée colorée diffusant un subtil rai de lumière à l'intérieur, lequel se révèle exceptionnellement chaleureux pour une église. Quant au campanile de 40 m planté sur le parvis, abritant les cloches, il signale élégamment l'édifice dans le paysage cristolien. Cette métamorphose audacieuse a ainsi pleinement atteint ses objectifs : doubler la capacité d'accueil et réaffirmer sans ostentation la présence locale de l'Église catholique.

Vous avez dit ville nouvelle ?

Dressons le bilan. Ville bâtie *ex nihilo* sur des terres agricoles, équipements d'envergure pour faire honneur à son nouveau statut de préfecture, dalle centrale s'articulant autour d'un vaste centre commercial, plan d'eau artificiel pour offrir un espace « naturel »... Créteil n'aurait-elle pas toutes les caractéristiques d'une ville nouvelle ? À quelques critères près (distance à Paris, part de l'habitat individuel et du petit collectif), elle coche en effet toutes les cases. La différence aura en fait surtout été d'ordre administratif, la planification ayant, dans le cas présent, davantage été laissée entre les mains de la commune, qui s'est appropriée à son échelle les grands principes étatiques d'aménagement des villes nouvelles. La juxtaposition du Mont-Mesly et du Nouveau Créteil révèle en tout cas combien ce dernier a tenté de proposer une rupture avec la logique de production des grands ensembles.

PLACE HENRI-DUNANT

La place Henri-Dunant au cœur du vieux Créteil, avec ses terrasses généreuses, permet une agréable pause presque villageoise.

Rejoignez le mail des Mèches, agréable coulée verte serpentant jusqu'à la station de métro Créteil-Université. Passez sous les rails pour rejoindre la rue des Mèches, d'où vous pouvez faire un crochet par le parc Dupeyroux qui la borde. Il fut longtemps le jardin privatif de la belle villa qui y trône : construite sous le Second Empire dans un style italianisant, elle est désormais la résidence de Madame la préfète.

Le clocher élancé de l'église Saint-Christophe, dominant un carrefour animé, signale votre arrivée aux abords du vieux Créteil, dont l'étendue vous surprendra peut-être. La rue du Général-Leclerc, avec ses immeubles bas et ses commerces de proximité, en est l'axe principal ; elle conduit vos pas jusqu'à la place Henri-Dunant, authentique place de village sur laquelle s'ouvre la Maison du Combattant, belle demeure datée de 1760 qui fut la mairie jusqu'à l'inauguration de l'actuelle. Le Nouveau Créteil paraît soudain bien loin !

À la limite entre Créteil et Saint-Maur-des-Fossés,
LES BORDS DE MARNE
prennent un aspect franchement luxuriant.

DU VIEUX CRÉTEIL À SAINT-MAUR-DES-FOSSÉS, DOUCEUR DE VIVRE ET PRÉCIEUSES RELIQUES

La rue de la République puis le très pentu square Julien vous font une nouvelle fois changer d'univers. Vous venez de rejoindre les bords de la **Marne** dans l'une de ses sections les plus sauvages. La végétation est luxuriante et les bosquets de bambous confèrent une petite note presque asiatique... Si la rivière est si peu large, c'est parce que vous faites face non pas à la rive opposée mais à l'**île Sainte-Catherine**, bientôt relayée au nord par l'**île Brise-Pain**. Toutes deux habitées par quelques dizaines d'heureux Cristoliens, elles isolent le bras du Chapitre que vous allez longer jusqu'au pont de Créteil.

Traversez la départementale pour retrouver au plus vite les berges par la **rue du Port** (superbe villa à l'angle avec la rue Chéret). Voici alors sur votre droite la passerelle marquant l'arrivée à Saint-Maur-des-Fossés, où de paisibles rues résidentielles vous conduisent en douceur jusqu'au centre historique. Ne manquez pas la charmante **église Saint-Nicolas**, ni surtout les vestiges qui parsèment le **parc de l'Abbaye**, où le temps semble s'être arrêté. Fondée au 7e siècle, la puissante abbaye bénédictine en question voit sa notoriété grandir 200 ans plus tard lorsqu'elle récupère les reliques de saint Maur, invoqué contre les rhumatismes, la goutte et l'épilepsie. Elle devient ainsi un important centre de pèlerinage sur la route de Rome jusqu'à sa décadence au 18e siècle. Ses ruines mélancoliques incluent la tour Rabelais, témoin de l'enceinte du 14e siècle, les murs de la chapelle Notre-Dame des Miracles ainsi que la villa Bourières, du nom d'un propriétaire des lieux qui, vers 1860, transforma les écuries des chanoines en cette étonnante demeure néo-Renaissance. Un havre de paix romantique à souhait !

PLACE D'ARMES ET PLACE DE L'ÉGLISE

C'est autour de la place d'Armes et de la place de l'Église, par exemple chez Frère & Sœur (*agréable bistrot de famille, plat du jour à 17,90€ le midi, www.frere-et-soeur-restaurant.fr*), que vous pourrez déjeuner en vous sentant bien loin de Paris.

En fin de parcours, faites le crochet par le débouché amont du **canal de Saint-Maur**. Désormais bicentenaire, à moitié à l'air libre et à moitié en tunnel, il a été creusé pour épargner aux bateaux les 13 km de la boucle de Saint-Maur. Toujours en service, il est utilisé à la descente comme à la remonte, par les péniches de commerce et par les plaisanciers. Il ne vous reste plus qu'à gagner la gare de Joinville-le-Pont par les rues de l'Église et de Paris.

Sur la place d'Armes, le lycée Teilhard-de-Chardin édifié au 17e siècle a d'abord abrité une fabrique de tissus de velours « ras » brodé d'or.

D'IVRY-SUR-SEINE À VITRY-SUR-SEINE

09

VIRÉE EN BANLIEUE ROUGE

Ivry et Vitry sont deux des derniers bastions de la fameuse banlieue rouge qui ceinturait Paris, et le paysage qu'elles dévoilent porte la marque d'un siècle de gestion communiste. À Ivry, d'importants besoins en logements pour la population ouvrière et les petites classes moyennes ont suscité des aventures architecturales aussi diverses que remarquables, à commencer par les fameuses Étoiles. À Vitry, l'art s'empare de la ville jusque dans la mairie…

RER C Ivry-sur-Seine

9 km

2h10

T7 Moulin Vert

Les Etoiles d'Ivry

ÉTOILES ET CHEVALLIER À IVRY

Trois hommes vous attendent de pied ferme à la sortie de la gare d'Ivry. Nom : Chevallier. Prénoms : Louis (le père), Robert et Henri (les deux fils). Profession : architectes. Signe distinctif : auteurs de l'essentiel de ce que vous allez voir dans un premier temps. Le prolifique cabinet Chevallier, actif du début du siècle aux années 1960, a en effet conçu à peu près tout ce que la commune a vu surgir durant cette période en termes d'habitations à loyer modéré. Commençons modestement : rue Guignois, on leur doit la **cité des Cheminots** (1949, 144 logements), composée de six immeubles identiques en brique claire, typiques de l'immédiat après-guerre. Au bout de la rue, vous arrivez trop tard pour lever les yeux vers la mythique **cité Gagarine**. Construite par les deux fils en 1961, inaugurée deux ans plus tard par le cosmonaute soviétique en personne, cette immense barre en T aux presque 400 logements a été déconstruite en 2019-20 et laisse peu à peu la place à un écoquartier. Le duo de rap PNL a tout juste eu le temps d'y tourner le clip de « Deux frères ».

Par la rue Descartes, qui présente une plaisante alternance de modestes maisons de ville, de petites villas et d'immeubles parfois en meulière, vous tombez nez à nez avec un mastodonte : la **cité Maurice-Thorez** et ses 400 logements (Chevallier fils, 1953), dont le parement en brique et la disposition en T annonçaient déjà la cité Gagarine. L'étagement en gradins, l'alternance des pleins et des vides grâce aux loggias et le clocheton en béton ajouré au sommet atténuent l'effet de masse de cet édifice labellisé « Architecture contemporaine remarquable ». Pour en avoir une vision d'ensemble impressionnante, le mieux est de prendre du recul depuis le parc départemental des Cormailles, aménagé dans les années 2000 à l'emplacement de terrains en friche.

Des icônes signées Jean Renaudie et Renée Gailhoustet

À deux pas de là se dresse l'ensemble architectural le plus célèbre d'Ivry, qui n'a rien perdu de son originalité ni de sa puissance d'évocation. Disséminés aux abords de la rue Esquirol, de la place Voltaire et des avenues Gosnat et Casanova, ces immeubles de béton brut hérissés d'angles aigus et percés de fenêtres biscornues sont venus remplacer dans les années 1970 une partie du centre ancien, jugé vétuste, voire insalubre. On continue de les appeler les **Étoiles** de Renaudie, occultant ainsi le rôle clé joué par Renée Gailhoustet aux côtés de Jean Renaudie. De même qu'à Aubervilliers (p. 52), Saint-Denis, Villetaneuse et Givors (Rhône) où ils sont également l'un ou l'autre intervenus, ces deux architectes ont cherché à rompre avec la logique de production normative des grands ensembles,

VERT-VERRE

Donnant sur les agréables jardins du MAC VAL, le bien nommé Vert-Verre est une bulle de sérénité qui propose une carte resserrée attestant de la fraîcheur des produits.
MAC-VAL 18, avenue Eugène-Pelletan, Vitry-sur-Seine
restaurant-chezalain.fr,
entrée-plat ou plat-dessert 26€.

La cité Maurice-Thorez à Ivry

LA CEINTURE ROUGE
Thorez, Gagarine… Aucun doute, on est bien en pleine « ceinture (ou banlieue) rouge », expression consacrée qui désigne les communes ouvrières encerclant Paris, longtemps bastions du Parti communiste. Et si celui-ci est aujourd'hui en net recul, il tient sans discontinuer la mairie d'Ivry depuis 1925. Quant à Maurice Thorez qui en fut l'inamovible secrétaire général, il était aussi député de la circonscription : cela vaut bien une cité à son nom, sans doute.

encore récents mais déjà vertement critiqués. La silhouette singulière des Étoiles est là pour singulariser les habitants eux-mêmes, d'ailleurs les appartements sont organisés suivant au moins quarante plans différents, avec comme seule constante la présence d'au moins un angle aigu ; les terrasses privatives généreuses font bénéficier le plus grand nombre d'un extérieur, certaines étant aujourd'hui franchement luxuriantes ; l'imbrication fine des logements, des commerces et des équipements vise la mixité optimale des fonctions, à l'image de l'école au cœur de l'opération Albert-Schweitzer (rue du Docteur-Esquirol) ou du centre commercial au rez-de-chaussée de l'ensemble Jeanne-Hachette. Ce dernier demeure le plus emblématique, avec sa passerelle au-dessus de l'avenue Gosnat, imaginée dans la tradition des ponts habités façon Ponte Vecchio. La copropriété – car il ne s'agit pas de logements sociaux –, après avoir longtemps accueilli des petites classes moyennes, connaît aujourd'hui une certaine gentrification, à l'image d'autres ensembles iconiques de l'architecture moderne et postmoderne. Il n'empêche que le centre commercial fait grise mine et que le béton commence à accuser son demi-siècle. Les Étoiles mériteraient bien un lifting mais aussi, peut-être, une meilleure mise en valeur de leur intérêt patrimonial.

Même si l'hôtel de ville de 1896 a un air de déjà-vu, approchez-vous-en pour observer les six sculptures allégoriques en façade : figurant la Terre cuite, l'Électricité, le Fer, le Bois, la Pierre et l'Eau, elles exaltent le monde du travail et rendent hommage à la diversité des industries locales.

Les Étoiles d'Ivry, une étonnante construction en béton, tout en décrochements et en angles aigus.

Le retour des Chevallier

Rue Raspail, les Chevallier sont de retour : Louis signe les n° 8 et 10 peu avant la Grande Guerre, tandis que ses fils conçoivent vingt ans plus tard le bel immeuble Art déco, élancé et tout en courbes, à l'angle avec la **rue Blanqui**. À peine plus loin, voici la **Manufacture des œillets**, dont l'architecture de brique aux larges surfaces vitrées est moins homogène qu'il n'y paraît, reflet d'une construction échelonnée entre 1890 et 1924. Ce fleuron de l'industrie ivrienne employait durant l'entre-deux-guerres jusqu'à 600 ouvriers chargés de fabriquer les fameux œillets. En activité jusqu'à la fin du siècle, elle accueille désormais, dans des locaux impeccablement réhabilités, l'École professionnelle supérieure d'arts graphiques de la Ville de Paris, un centre d'art contemporain (Crédac) et le Théâtre des Quartiers d'Ivry, créé en 1972 par Antoine Vitez.

Par la rue du Colombier, vous arrivez au pied de la **cité Marat-Robespierre** (1936-1948) signée… Chevallier fils, bien sûr. Ils ont ici joué de la déclivité du coteau en répartissant les quelque 600 logements en 13 immeubles bâtis en suivant le sens de la pente. Brique, fenêtres-hublots, balconnets en courbe, cages d'escalier soulignées par de grandes verticales vitrées : sa fière allure Art déco ne laisse pas présager le confort minimal qu'elle offrait à l'origine, sans salles de bains ni eau chaude…

LA CITÉ MARAT-ROBESPIERRE,

une belle architecture Art déco pour un confort à l'origine minimal.

À VITRY, SCIENCES, ART CONTEMPORAIN ET LILAS : CULTURE TOUJOURS !

Cap au sud toujours : contournez par l'ouest le fort d'Ivry, toujours propriété du ministère de la Défense, jusqu'à atteindre la place de la Liberté. Vous êtes désormais à Vitry, elle aussi gérée depuis un siècle par le Parti communiste. Une zone résidentielle sans grand charme vous conduit jusqu'à l'avenue Barbusse, où se côtoient deux sites culturels un peu différents. Repérable à sa façade striée de couleurs vives, l'**Exploradôme** est un musée associatif des Sciences et du Numérique, dont la forte dimension interactive séduit facilement le jeune public. Quant au musée d'Art contemporain du Val-de-Marne inauguré en 2005 – le fameux **MAC VAL** –, il abrite une collection de plus de 2 500 œuvres et organise plusieurs expositions temporaires par an : un lieu à ne pas manquer pour tout amateur de l'art des années 1950 à nos jours. Au centre du rond-point voisin trône la *Chaufferie avec cheminée* (1996), où se reconnaît le style unique de Jean Dubuffet.

L'**hôtel de ville** est votre prochaine étape et c'est une vraie curiosité. Conçu en 1985 par le méconnu François Girard, il se compose de quatre octogones coiffés de toitures bombées communiquant avec un espace central dédié à l'accueil du public. Thème unificateur, l'octogone (que le pan coupé imposé à l'angle des rues par un règlement d'urbanisme inspira à l'architecte) se retrouve dans la forme des lampadaires, celle du bassin de la fontaine sur le parvis et jusque dans le motif des plafonds à caissons. L'impression d'unité provient aussi du recours à un binôme très simple de matériaux, la brique et le zinc, assez original au sein de la production architecturale des années 1980. Soucieux de faire la part belle à l'art dans l'espace public, suivant la tradition vitriote bien ancrée, Girard s'est entouré de Valerio Adami, qui a dessiné les vitraux aux intenses couleurs, et d'Ernest Pignon-Ernest, qui a imaginé deux immenses mains en métal qui s'unissent pour

L'HÔTEL DE VILLE DE VITRY,
curiosité des années 1980, est aussi surprenant à l'extérieur qu'à l'intérieur.

Le parc des Lilas à Vitry

La cité-jardin du Moulin-Vert à Vitry

la salle des mariages. Il ne faut pas hésiter à entrer pour jeter un œil !

Havre de paix sur le plateau

Par le parc des Blondeaux, grimpez ensuite à l'assaut du plateau de Vitry, resté miraculeusement préservé de l'urbanisation. Il est en effet largement occupé par l'étonnant parc des Lilas, sans entrées ni contours bien définis, par endroits très aménagé et à d'autres presque sauvage. Des routes secondaires le traversent, sinuant entre hautes herbes, vergers, mini-ferme et jardins familiaux. Zigzags recommandés ! Ce lieu atypique, plus grand parc du département, est l'héritier du vaste plateau agricole de Vitry, où une plante fut longtemps à l'honneur : le lilas (quelle surprise !), qui y subissait le forçage, technique de culture sous serre visant à le faire fleurir jusqu'à six mois par an. Encore aujourd'hui, les Fêtes du lilas font vibrer Vitry au début de l'été.

La cité-jardin du Moulin-Vert (Jacques Gréber et Henri Viollet, 1926-1933), avec ses faux pans de bois, sa belle variété de modèles de pavillons et ses noms de rue tirés des contes de Perrault, fera une agréable transition jusqu'au tramway T7, point d'arrivée de votre randonnée.

10
DE MALAKOFF À MONTROUGE ET À GENTILLY

DOUCE TRANSVERSALE AUX PORTES DE PARIS

Malakoff, Montrouge et Gentilly… Peut-être certaines images vous viennent-elles ? La faculté de droit pour la première, le beffroi en brique rouge pour la deuxième et les anges vert-de-gris, vigiles du périphérique, pour la troisième ? Il règne une quiétude inattendue dans ces communes pourtant si proches de la capitale, à sillonner pour leur très riche patrimoine civil et religieux emblématique des années 1920 à 1950.

M13 Malakoff-Plateau de Vanves
6,5 km
1h30
RER B Gentilly

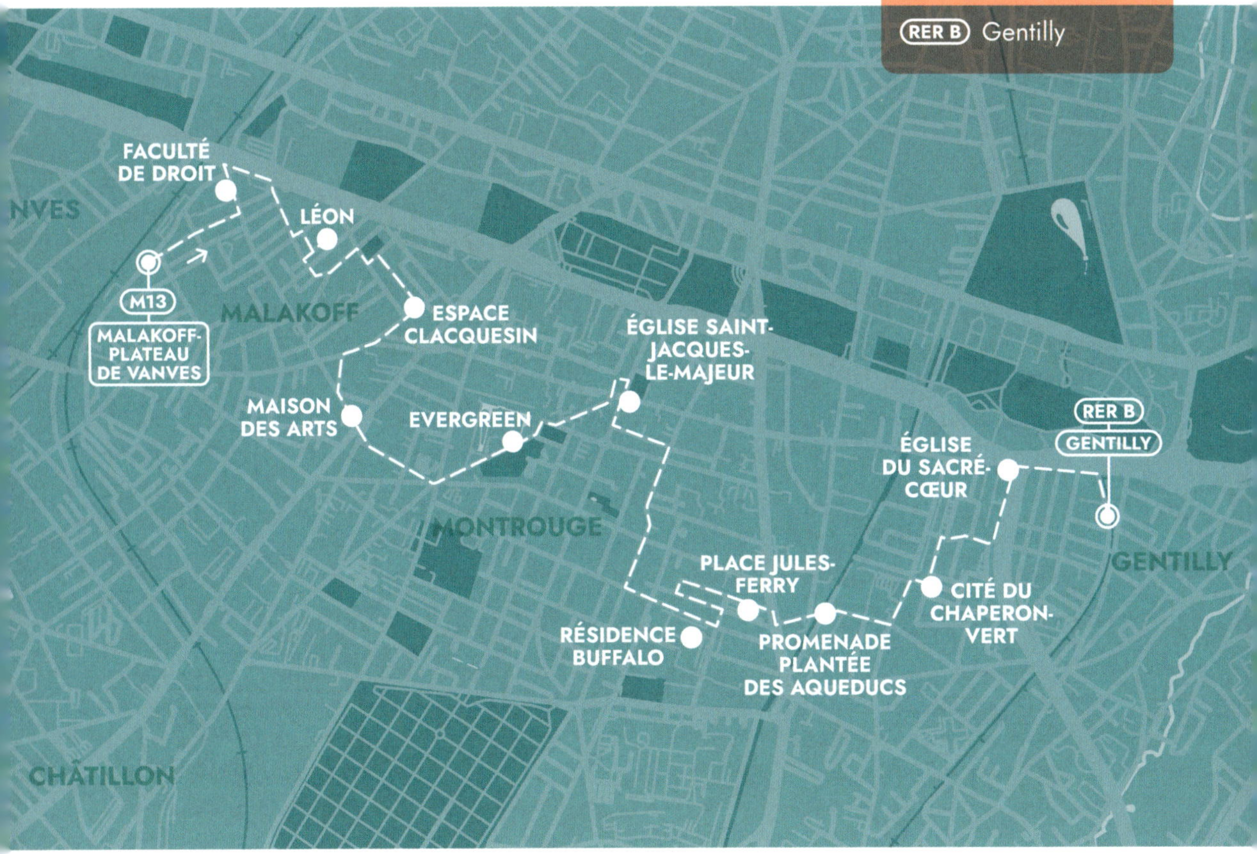

La cité du Chaperon-Vert à Gentilly

MALAKOFF, LE CALME ET LE PITTORESQUE

Dès la sortie du métro Malakoff-Plateau de Vanves, la **rue Edgar-Quinet**, avec ses petites maisons de ville et ses immeubles faubouriens, vous transportent d'emblée bien loin de Paris. Tout au bout, rupture d'échelle garantie avec le mastodonte que constitue la **faculté de droit de Paris-V**, installée dans les anciens locaux de l'École supérieure d'électricité. « Supélec », désormais sur le plateau de Saclay, s'est fait construire en 1927 cet édifice typiquement Art déco : solennité géométrique, bas-reliefs où l'antique se marie à la modernité, frise en céramique portant les noms de grands scientifiques. Retournez-vous : la tour INSEE, tripode massif et peu engageant de 50 m de haut (Denis Honegger et Serge Lana, 1974) qui accueillit l'Institut de la statistique jusqu'à son déménagement à Montrouge en 2018, est en cours de démolition pour faire place à un site regroupant des personnels de différents ministères. La commune a défendu bec et ongles, mais sans succès, la voie de la réhabilitation, qu'elle tenait pour plus écologique. Encore un bâtiment des années 1970 qui n'aura pas fêté son demi-siècle !

À deux pas, passez saluer **Léon**. Pour le différencier de ses congénères, deux indices : il est tout au fond du sentier du Tir, et arbore fièrement son prénom sur sa lanterne de verre. Léon est le dernier réverbère au gaz de France, amoureusement veillé par l'association Les Amis de Léon pour qu'il continue de brûler jour et nuit. Sur une autre des vitres protégeant sa modeste flamme orangée, le nom de trois scientifiques ayant contribué à cette belle invention : le Français Lebon, l'Anglais Murdoch, l'Allemand Auer von Welsbach. Installé dans les années 1920, il doit à la mobilisation obstinée des riverains de ne pas être passé à l'électricité dans les années 1970, lorsqu'on acheva de moderniser le réseau d'éclairage public de la région parisienne.

Commune peu industrielle, Malakoff possède cependant un petit bijou en la matière : l'ancienne distillerie Clacquesin, dont vous pourrez admirer depuis la rue les beaux bâtiments de brique polychrome, verre et métal, répartis autour d'une cour pavée et dominés par une haute cheminée. En 1880, le pharmacien herboriste Paul Clacquesin se mue en fabricant de liqueurs et invente l'apéritif qui porte son nom, par distillation de bourgeons de pin et de 29 plantes aromatiques dans de l'alcool. Très à la mode à la Belle Époque, il est toujours produit mais sur un autre site et dans des quantités beaucoup plus confidentielles. Quant à cette usine construite à partir de 1903, elle est devenue l'**Espace Clacquesin**, aménagé pour accueillir des événements privés autour de sa grande halle, de ses alambics et de son ancienne salle des cuves.

L'ancienne usine Clacquesin à Malakoff

L'hôtel de ville ? Non :
LE BEFFROI
et ses superbes bas-reliefs, avec un toit-terrasse qui s'ouvre à l'apéro aux beaux jours !

MONTROUGE, LES ANNÉES 1930 À L'HONNEUR

Jetez un coup d'œil en passant au plus vieil édifice de Malakoff, l'élégante **Maison des Arts**, bâtiment néoclassique des années 1830 converti en centre culturel – notez les statues réparties sur les deux façades, allégories des quatre saisons – et passez à **Montrouge**. Sur la route du centre-ville, vous ne pourrez manquer **Evergreen**, le campus du Crédit agricole qui occupe un périmètre considérable de part et d'autre de l'avenue Jean-Jaurès. Organisé autour d'un vaste espace paysager, il se déploie à la fois dans des bâtiments récents signés Jean-Michel Wilmotte et dans des locaux historiques auparavant occupés par l'entreprise Schlumberger. Le groupe a réuni ici toutes ses filiales pour un total de 9 000 salariés… avec les retombées économiques qu'on imagine pour la commune !

De la place Émile-Cresp, vous pourrez embrasser du regard trois monuments phares. L'**hôtel de ville** (1883) marie élégamment pierre, brique et ardoise mais demeure conforme aux standards de l'époque. Plus atypique est le **beffroi** (Henri Decaux, 1933), monumental et fonctionnel, voulu pour être un centre administratif et désormais centre culturel et de congrès. Ses lignes épurées et ses volumes géométriques n'excluent pas une dissymétrie accusée, grâce au beffroi culminant à 43 m. Approchez-vous pour détailler les bas-reliefs sculptés par Louis Sajous, évoquant le Montrouge de l'époque dans un style typique des années 1930 – mention spéciale, à gauche et à droite, à ceux évoquant deux industries conquérantes, l'automobile et l'aéronautique. Et s'il vous faudra attendre les Journées européennes du patri-

ÉGLISE SAINT-JACQUES-LE-MAJEUR

Comme tant d'autres en région parisienne, l'église Saint-Jacques de Montrouge est l'œuvre des **Chantiers du Cardinal**. C'est en 1931 que le très dynamique cardinal Jean Verdier, nommé deux ans plus tôt archevêque de Paris, décide de créer une association dont l'objet sera la construction d'églises dans la capitale et, surtout, en banlieue, pour accompagner son développement accéléré et en christianiser les habitants ; c'est aussi un moyen de donner du travail à la population ouvrière. Toujours actifs aujourd'hui, les Chantiers peuvent se targuer d'avoir financé ou cofinancé la construction de plus de 300 églises en Île-de-France, et ce uniquement grâce à la générosité des donateurs et des testateurs. Plusieurs dizaines sont labellisées « Architecture contemporaine remarquable ».

moine pour grimper jusqu'au-dessus de l'horloge, sachez que le toit-terrasse accueille les mois d'été La Canopée, un rooftop végétalisé plus qu'agréable !

Lui faisant quasiment face, l'**église Saint-Jacques-le-Majeur** est sa parfaite contemporaine. Disons-le, ce monolithe gris-brun de béton peut sembler un peu rebutant, et sa silhouette aurait beaucoup gagné en élégance si la guerre n'avait pas empêché la construction du clocher prévu par l'architecte Éric Bagge. Mais son austère intérieur vous surprendra sûrement : un simplissime plan basilical – Notre-Dame-de-la-Consolation, au Raincy (p. 57) n'aurait-elle pas été une source d'inspiration ? – accueille un vaste ensemble de fresques relatant la vie de saint Jacques, celui des chemins de Compostelle. Les coquilles sont d'ailleurs elles aussi omniprésentes...

Festival d'architecture

Cap sur le sud-est de la commune, qui vous offrira un remarquable panorama de l'architecture du 20e siècle. Commençons par la **résidence Buffalo**, édifiée par Fernand Pouillon entre 1957 et 1958. Vous ne pourrez pas entrer dans cette copropriété privée de 466 logements, mais ce n'est pas nécessaire pour identifier le style simple et reconnaissable de l'architecte, avec ce parement en pierre de Fontvieille qu'il appréciait tant. Les trois niveaux supérieurs ne sont pas une surélévation ultérieure, mais bien une rupture de style voulue, destinée à atténuer l'impression de hauteur et de densité, le balcon filant du cinquième étage assurant le raccord visuel.

Largement aménagée dans l'entre-deux-guerres, la **place Jules-Ferry** constituait le pivot de ce nouveau quartier alors en formation entre le vieux bourg et la D920 : grand parc central, bains-douches (1934) d'un côté, bureau de poste (1937) de l'autre, et sur sa

RÉSIDENCE BUFFALO

Suivant son habitude, Pouillon a revêtu les immeubles de pierre de Fontvieille et d'un placage de marbre rose. On en oublie que l'ossature est en béton !

rive nord un superbe enchaînement architectural. Du n° 40 au n° 46, admirez ces très beaux immeubles de rapport (1930) signés Gonnot et Albenque, les concepteurs de la cité-jardin de Stains (p. 20) – on y retrouve leur goût pour les oriels anguleux se terminant en loggias soutenues par des colonnettes. C'est là que le photographe Robert Doisneau vécut l'essentiel de sa vie. Le vaste immeuble qui couvre les n° 28 à 34 est l'œuvre d'un important architecte moderne, Jean Ginsberg, et croyez-le ou non, il date de 1954 ! Notez les jeux de volumes induits par la disposition complexe des balcons, ainsi que la luminosité joyeuse apportée par les trois couleurs primaires subtilement réparties. Terminez par le petit lotissement de maisons individuelles (n° 4 à 22) lui aussi signé Gonnot et Albenque, réalisé dans un esprit assez proche des cités-jardins et où Eugène Gonnot lui-même s'installa.

TITI TOUAREG

Parmi de multiples options, on aime bien s'arrêter au Titi Touareg, où les grands classiques côtoient des spécialités méditerranéennes (couscous, tajines) qui permettent de varier les plaisirs. Service agréable et efficace dans ce qui est clairement une des cantines des salariés du quartier.
92, avenue Henri-Ginoux, Montrouge, tél. 09 50 73 74 98, plats à partir de 13€.

LES ANGES GARDIENS DE GENTILLY

Franchissez la départementale puis la **promenade plantée des Aqueducs**, aménagée au-dessus de l'aqueduc de la Vanne, créé sous le Second Empire par l'ingénieur Belgrand pour acheminer jusqu'à Paris l'eau de cette rivière bourguignonne. Vous voici désormais à Gentilly où vous tombez presque aussitôt sur l'impressionnante **cité du Chaperon-Vert** (Lucien Métrich et Charles Malaurent) et ses presque 1 600 logements. Mise en chantier dès 1953 à l'emplacement d'anciens bidonvilles, elle était à ce titre très symbolique de ce nouveau confort qu'allaient offrir au plus grand nombre les grands ensembles. L'ossature en béton y est très lisible et le remplissage de brique assez atypique pour ce genre d'opérations, tandis que l'orientation nord-sud de la majorité des barres d'immeubles favorise l'ensoleillement des logements. L'abondance des balcons mérite d'être notée pour un grand ensemble aussi précoce, bien que leur grande simplicité contribue à donner à l'ensemble un je-ne-sais-quoi de peu qualitatif.

Votre dernière étape sera un édifice que tant de Franciliens connaissent sans le connaître, pour apercevoir sa silhouette singulière depuis le périphérique : c'est l'**église du Sacré-Cœur** de Gentilly (Pierre Paquet, 1936), aussi conçue pour être celle de la Cité internationale universitaire toute proche, à laquelle elle est connectée par une passerelle. Dommage qu'on ne puisse pas y entrer en dehors des messes… Cependant son extérieur (la pierre de Saint-Maximin n'est qu'un placage sur une structure en béton) est impressionnant, avec son colossal tympan en arc plein cintre et son clocher néo-byzantin au sommet duquel sont perchés quatre anges de bronze en prière, toutes ailes déployées, l'un comme les autres dus au talent du sculpteur Georges Saupique. De là, l'élégante gare Art déco de Gentilly n'est plus qu'à deux pas.

Le clocher de
L'ÉGLISE DU SACRÉ-CŒUR,
connu de tous les usagers du périphérique, est inoubliable avec ses quatre anges de bronze signés Georges Saupique.

SIGNER OU NE PAS SIGNER ?

ARCHITECTES ET ENTREPRENEURS (1850-1950)

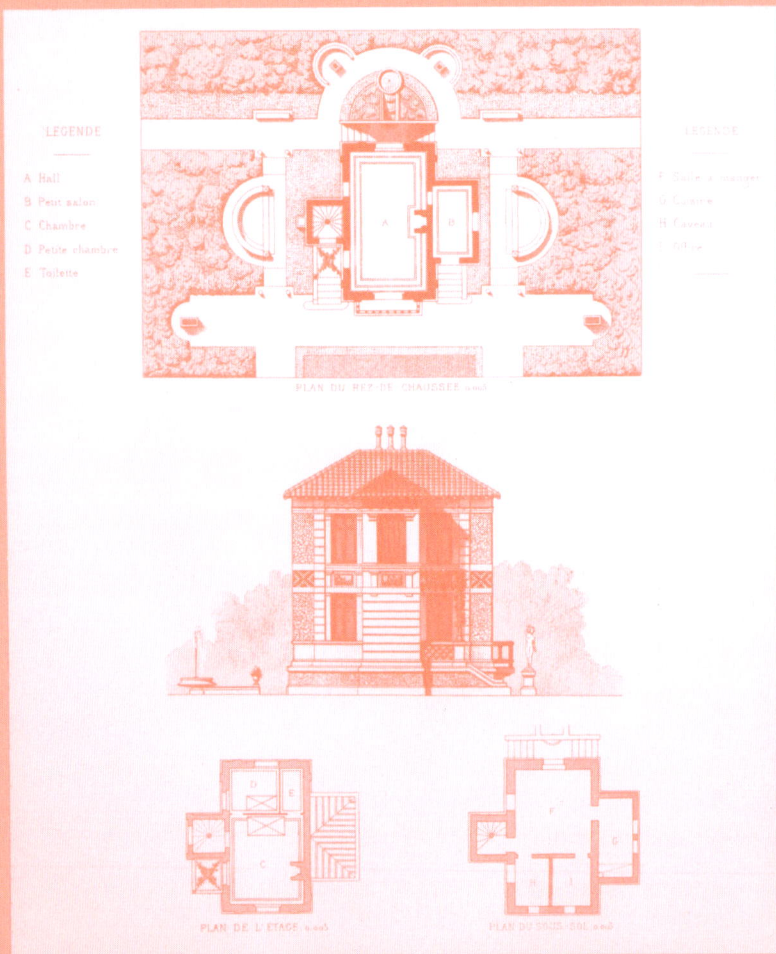

Au fil des balades, il suffit de lever les yeux vers l'architecture domestique d'après 1850 pour déceler, inscrits sur une plaque ou directement gravés dans la pierre des façades, un nombre considérable de noms : ceux des architectes et des entrepreneurs auteurs des immeubles en question. À quoi leur servait-il de signer et à quelle époque le faisaient-ils le plus ? Voici quelques clés pour mieux comprendre les conditions d'exercice de ces professionnels qui ont façonné le visage des villes de la région parisienne.

150 ANS DE SIGNATURES

Dans leur immense majorité, les professionnels qui ont bâti Paris et sa banlieue sont de parfaits inconnus. Éclipsée par une poignée de grands noms, faisant écran parce qu'ils ont su innover ou du moins prendre de bonne heure le train de la modernité, une véritable armée de l'ombre a pris en charge la production courante, qui n'en reste pas moins souvent digne d'intérêt et parfois remarquable.

Pour beaucoup de ces oubliés, ce n'est pourtant pas faute d'avoir tâché de laisser une trace. Quiconque lève les yeux vers les façades s'apercevra en effet de la densité des signatures qui y sont gravées ou apposées ; vous les trouverez généralement au niveau du premier étage – pour être visibles du piéton mais inaccessibles aux dégradations comme au recouvrement –, souvent près de la porte du hall. Elles comportent un nom, un prénom complet ou réduit à son initiale, une fonction et bien souvent une année.

On peut y voir l'expression de la fierté d'un bâtisseur qui, heureux d'avoir réalisé un bel ouvrage, le signe comme un peintre signe son tableau. L'objectif demeure cependant surtout promotionnel : face à l'intense activité de construction que connut la région parisienne à compter de la révolution industrielle et de l'exode rural, une profusion d'architectes en quête de commandes, donc de visibilité, durent se distinguer dans un contexte ultra-concurrentiel. Une signature en façade devenait dès lors une publicité peu coûteuse, dont certains tirèrent d'ailleurs le parti maximal en faisant figurer en sus de leur nom leur ville d'exercice, voire leur adresse exacte.

UNE QUESTION D'ÉPOQUE

Sans surprise, un lien s'établit donc entre la période considérée et la fréquence des signatures. Pendant deux décennies, les architectes au service de l'haussmannisation de Paris n'avaient eu d'autre choix que de produire dans les meilleurs délais des immeubles répondant à un cahier des charges assez strict, ne laissant guère de place à la créativité. À l'inverse, la génération suivante, celle à laquelle on doit la ville post-haussmannienne, a pu profiter du desserrement progressif de l'étau réglementaire pour se forger un style, quoique sa clientèle bourgeoise ait souvent été en demande de confort et d'apparat plus que d'originalité. L'architecte s'est ainsi retrouvé à la fois dans une posture de créateur ayant son style et dans la position du professionnel tenu de se faire connaître pour tirer son épingle du jeu : signer devenait alors aussi utile que légitime.

S'amorçant doucement au mitan du 19e siècle, l'habitude de signer se diffuse peu à peu jusqu'à connaître son apogée à la veille de la Grande Guerre, qui brisera net cet élan. La pratique reprend plus mollement entre les deux conflits mondiaux, jusqu'à devenir franchement rare après 1945. Une loi de 2016, dite LCAP, a théoriquement renversé la tendance en inscrivant cette pratique dans les textes. L'âge d'or de la signature en façade est donc censé être devant nous, quoique cette disposition ne semble pas appliquée avec une grande rigueur.

LE CAS PARTICULIER DE LA BANLIEUE

Les signatures sont le plus souvent celles des architectes, mais les entrepreneurs – ceux qui assurent l'édification de l'immeuble en coordonnant les différents corps de métier – ne sont pas en reste, car eux aussi ont besoin de se faire connaître. Or, s'il est rare dans Paris que la signature de l'entrepreneur figure seule, il n'en va pas de même dans le contexte de la banlieue, où abonde un bâti de moindre prestige pour lequel les maîtres d'ouvrage se sont bien souvent dispensés du recours à un architecte. Se retrouvant *de facto* maîtresses à bord, non plus simples exécutantes mais responsables du projet, les entreprises générales ont alors montré une plus grande propension à signer leurs réalisations.

Il faut prendre en compte que les conditions d'exercice étaient à l'époque pour le moins libérales. D'une part, jusqu'à la création tardive de l'ordre des architectes en 1940, il était tout à fait possible d'exercer comme architecte en se formant sur le tas et sans posséder le moindre diplôme, à la seule condition de s'acquitter d'une patente. D'autre part, le recours à un architecte n'avait rien d'obligatoire même pour des édifices conséquents, si bien que les entrepreneurs se retrouvaient souvent contrôler l'ensemble de la chaîne de production, de la conception des plans à la livraison du bâtiment. Particulièrement en banlieue, ils étaient donc en mesure de marcher sur les plates-bandes des architectes. Outre Paris, c'est dans les communes résidentielles cossues que ces derniers ont le mieux conservé leur mainmise, car leurs habitants avaient à cœur de solliciter des « créateurs ». Certains ont réussi de la sorte à se bâtir une solide réputation, au point de laisser une marque indélébile dans le paysage de leur commune d'exercice : que serait Le Raincy sans Henri Guimonneau, Enghien sans Henri Moreels, Nogent-sur-Marne sans les Nachbaur ou le lotissement de Sceaux sans René Loiseau ?

Les signatures des architectes et des entrepreneurs livrent toujours à peu près les mêmes informations, mais dans les styles les plus divers.

VERS UN RECENSEMENT ?

Le conseil départemental de Seine-Saint-Denis a lancé en 2020 une plateforme collaborative de recensement des immeubles signés (*enquete-depatrimoine.seinesaintdenis.fr*) qui, quoique lacunaire par essence, atteste bien de la surreprésentation des signatures dans l'ouest bourgeois, mais aussi de la visibilité très supérieure des entrepreneurs une fois passé le périphérique. Certes un peu sèche, cette base de données est un formidable point de départ si l'on est intéressé par tel ou tel professionnel en raison de son style ou de sa productivité. À partir de là peut s'amorcer une quête parfois fastidieuse pour retracer ce que furent sa vie et son œuvre, en se plongeant dans les annuaires professionnels, les revues spécialisées et les sites de généalogie. Cette démarche d'historien relève de ce qu'on appelle la prosopographie, c'est-à-dire l'étude d'un milieu professionnel à une époque donnée. Avis aux amateurs !

HAUTS-DE-SEINE

92

DE BOURG-LA-REINE À SCEAUX ET À CHÂTENAY-MALABRY

11

RÊVES D'ARCHITECTES

L'attrait ancestral de ces lieux de villégiature (Colbert, Chateaubriand ou encore l'ingénieur Hennebique y ont vécu) leur vaut de posséder, outre de nobles domaines, un patrimoine domestique d'une richesse sans équivalent en Île-de-France. Dans un tout autre style, la moderniste cité-jardin de la Butte-Rouge est un bijou à ne pas manquer… tant qu'il en est encore temps !

RER B Bourg-la-Reine
13,6 km
3h30
RER B Robinson

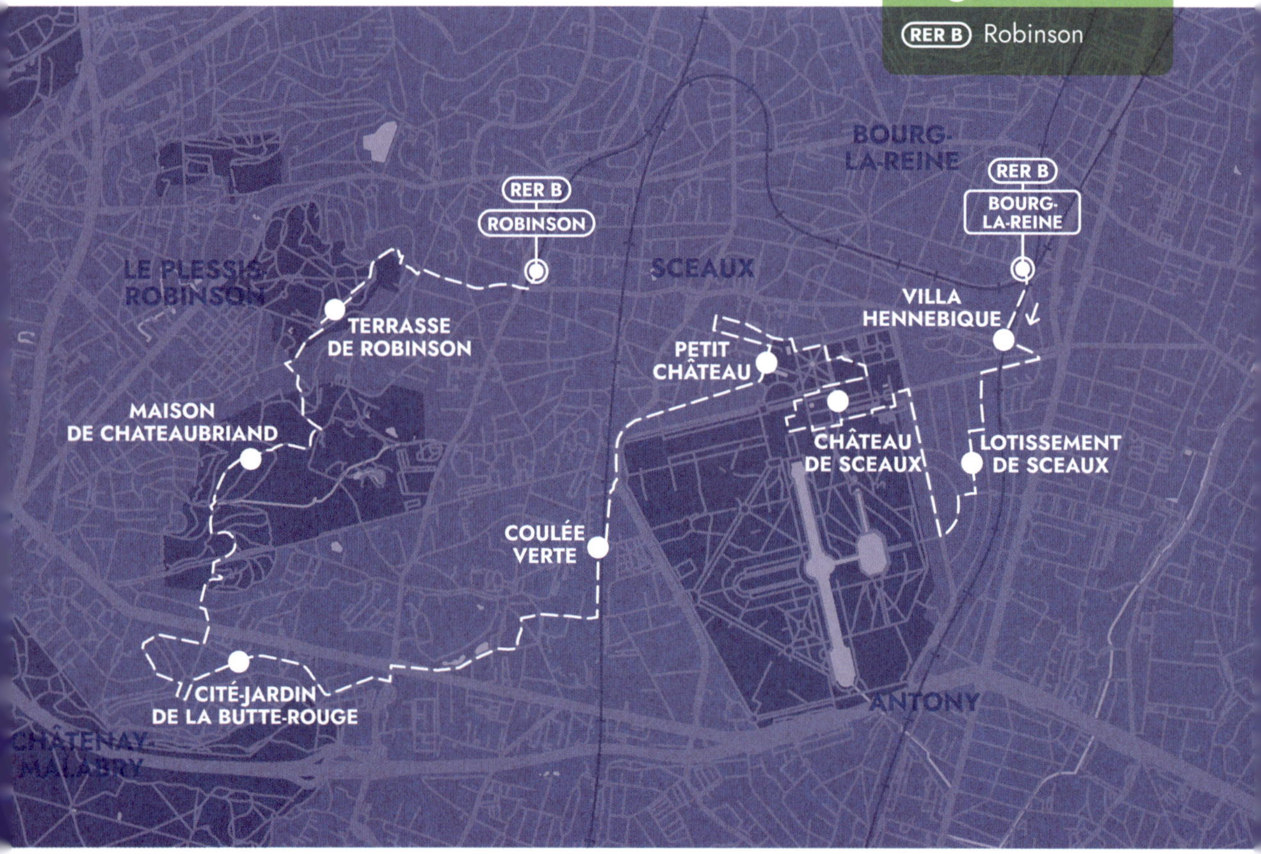

Cité-jardin de la Butte-Rouge à Châtenay-Malabry

PLUTÔT COLBERT OU PLUTÔT HENNEBIQUE ?

À l'arrivée en gare de Bourg-la-Reine, sortez rue des Blagis puis prenez à gauche sous les voies ferrées et grimpez l'escalier tout de suite à droite pour rejoindre l'avenue du Lycée-Lakanal. Tout au bout, la première étape est une vraie curiosité. La **villa Hennebique** (1903) doit son nom à l'ingénieur-entrepreneur François Hennebique, pionnier de l'usage du béton armé, désireux d'édifier une résidence personnelle qui soit une vitrine des possibilités techniques et esthétiques de ce matériau alors méconnu, autour duquel il développa plusieurs brevets. Encorbellements, porte-à-faux, saillies diverses et façade où le vide des baies l'emporte sur le plein des murs illustrent son élasticité, tandis que la tour-minaret de 40 m, dont le garde-corps supérieur est orné d'étonnants dragons, ne sert pas seulement de signal : elle fait aussi office de réservoir destiné à l'arrosage du jardin suspendu de la villa. Aujourd'hui divisée en appartements, cette demeure hors du commun offre un contraste assez renversant avec l'architecture pavillonnaire de son temps.

Par l'allée d'honneur, faites un crochet par le **lotissement de Sceaux**. Le tracé harmonieux des avenues et la taille homogène des parcelles

Avec sa tourelle de béton, à la fois mirador et réserve d'eau, **LA VILLA HENNEBIQUE** marque de sa silhouette singulière les abords de la gare de Bourg-la-Reine.

Ci-contre, la maison Granet par Pol Abraham ; ci-dessous, une villa de l'avenue Lulli dans le lotissement de Sceaux

révèlent l'opération concertée. Vous y verrez bien peu de pierre meulière, encore moins de fantaisies Art nouveau : après décision de lotir une partie du parc de Sceaux en 1927, la construction des maisons s'est doucement échelonnée sur trois décennies. Ainsi est né ce musée en plein air de l'architecture domestique des années 1930 à 1960, où le style pittoresque régionalisant est bien représenté (**n° 10 et 28 avenue Jean-Racine, n° 26 et 31 avenue Lulli**). L'observateur attentif repérera sur maintes façades la signature d'Edmond et de Gabriel Petit, et plus encore celle de René Loiseau : leurs réalisations pour le moins éclectiques en font des archétypes de ces professionnels prolifiques ayant renoncé à toute « patte » pour se conformer aux désirs très variables de leur clientèle bourgeoise. L'**avenue Le-Nôtre** fait quant à elle la part belle à l'architecture moderne, avec des villas moins tape-à-l'œil mais bien plus innovantes dans leur plan et dans leurs matériaux (villa Trappenard par Mallet-Stevens au **n° 5**, maison Granet par Pol Abraham au **n° 35**).

L'ANTRE-POTES

Les restaurants de Sceaux sont alignés sur le profil de la commune, donc un peu chers. Pour rester raisonnable tout en mangeant bien, L'Antre-Potes, adresse bistronomique de centre-ville, est un bon choix. Cuisine maison, salle moderne et terrasse aux beaux jours, dans une rue calme.
30, rue des Écoles, Sceaux, www.lantre-pote.com, plats à partir de 20€.

L'histoire tourmentée d'un domaine grandiose

Parvenus à hauteur du célèbre lycée Lakanal, piquez à gauche pour entrer dans le parc : vous voici dans le **domaine départemental de Sceaux**, un des plus admirables jardins d'Île-de-France. Il faut dire qu'il a été imaginé par un orfèvre en la matière, André Le Nôtre, pour le compte de Colbert, puissant ministre de Louis XIV qui avait acheté la terre de Sceaux en 1670 pour y établir sa maison de campagne. Il en

Le domaine de Sceaux est un merveilleux poumon vert pour les habitants des environs… et les élèves du prestigieux lycée Lakanal tout proche.

profita pour y faire installer une statuaire signée des plus grands noms de son temps (Coysevox, Puget, Girardon) et pour remanier et agrandir le château préexistant. De cet édifice il ne reste rien, car il fut détruit au début du 19e siècle pour en revendre les matériaux – de l'époque du ministre subsistent toutefois les grilles que vous avez passées, ainsi que le coquet **pavillon de l'Aurore**, dans l'angle nord du parc, qui lui servait de cabinet de travail. C'est en 1860 qu'est achevé le **château** actuel, dans un style néo-Louis XIII en brique et pierre. Sa dernière propriétaire vend le domaine en 1923 au département de la Seine, qui finance alors cet achat coûteux en lotissant le périmètre que vous venez de traverser… et installe un peu plus tard dans le château le **musée du Domaine départemental de Sceaux**, qui évoque l'art de vivre en Île-de-France, du Roi-Soleil à Napoléon III. Promenez-vous à l'envi dans cette merveille de parc : son relief, ses jeux de terrasses, ses parterres, ses pièces d'eau et son grand canal n'ont (presque) rien à envier à Versailles !

Une coquette banlieue

Sortez côté avenue Président-Franklin-Roosevelt et saluez au passage les **halles** de style Baltard, qui ne font pas leurs 130 ans, et l'**ancien hôtel de ville** (Claude Naissant, 1843) également en très bon état, avant de faire un tour en centre-ville. Le charme discret de la bourgeoisie opère à plein **rue Houdan**, où s'alignent les devantures soignées de la boucherie, de la mercerie, du caviste et de la fromagerie… En descendant la rue du Docteur-Berger, ne manquez pas le **Petit château**, bijou typique du Grand Siècle : construit dans les années 1660 pour un conseiller du roi, intégré peu après au domaine de Colbert qui en fit la résidence de ses invités, il est désormais une annexe du musée du Domaine de Sceaux.

Le côté impair de la **rue Paul-Couderc** offre un bel éventail de villas d'après-guerre signées par des références en la matière. Jean Willerval conçut pour lui-même le **n° 9** (1965), qui exploite fidèlement les codes du mouvement moderne (lignes épurées, fenêtres-bandeaux, toit-terrasse) tout en développant une silhouette horizontale imprégnée de la Prairie School américaine (pensez à certaines réalisations de Frank Lloyd Wright). Au **n° 21**, André Lurçat construisit pour lui-même en 1951 cette maison-atelier où il vécut jusqu'à sa mort, avec des murs porteurs en pierre et des planchers et terrasses en béton armé, et dont l'intérieur doit son état de conservation exceptionnel au fait d'avoir été habitée jusqu'à peu par ses descendants. Récemment préemptée par la Ville, elle ouvre occasionnellement ses portes à la visite. Enfin, au **n° 31**, la maison Badin (1954) est due à Paul Nelson qui, dans une démarche assez similaire, a imaginé des murs latéraux en pierre supportant de grands portiques métalliques qui dispensent l'intérieur de toute cloison porteuse. Très graphique, largement vitrée, la façade a été mise en couleurs par le peintre Fernand Léger.

GARE PIONNIÈRE

Sur le flanc du marché couvert, glissez-vous dans l'impasse du Marché pour jeter un œil au bâtiment à droite. Corps central avec baies plein cintre au rez-de-chaussée, ailes latérales plus basses : il s'agit en fait de l'ancienne gare de la commune, finalement assez peu transformée. Promue par l'ingénieur Arnoux, la ligne de Sceaux est ouverte aux voyageurs dès 1846 – on est alors au tout début du chemin de fer. Amorcée à Denfert-Rochereau, elle filait jusqu'à Bourg-la-Reine puis, moyennant des courbes sévères due à la déclivité, rejoignait le terminus scéen où une boucle permettait de repartir vers la capitale sans manœuvrer. Le prolongement de la ligne vers Robinson en 1893 marqua la fin de l'exploitation des derniers hectomètres. Le parcours Bourg-la-Reine–Robinson est aujourd'hui une discrète antenne du RER B.

LA BUTTE-ROUGE, UN CHEF-D'ŒUVRE EN PÉRIL

Empruntez sur 800 m la promenade des vallons de la Bièvre, agréable coulée verte aménagée au-dessus de la ligne à grande vitesse Atlantique, puis traversez Châtenay-Malabry pour rallier l'incontournable **cité-jardin de la Butte-Rouge**. Vous serez surpris par son étendue : 70 ha sur lesquels sont répartis environ 3700 logements abritant le quart des habitants de la commune. Débutée en 1931, sa construction s'est étalée sur plus de trente ans, l'église copte au nord-ouest et les tours de quatre étages bordant l'avenue Paul-de-Rutté ne datant que des années 1960. À vrai dire, on est tenté de croire que toute la cité date de cette décennie-là. Ne vous y trompez pas : les voies rayonnant depuis la place François-Simiand, la place Jean-Allemane et ses abords, les rues courbes à flanc de colline sont bel et bien bordées d'immeubles des années 1930. Les architectes Bassompierre, Sirvin et de Rutté ont ici poussé bien loin le modernisme, livrant un ensemble sans aucune recherche de pittoresque ni de fantaisie, sans aucun penchant régionaliste ou ornemental. Ces petits immeubles en béton aux toitures plates, unifiés par un enduit rose pâle, sont étonnamment intemporels ; les verticales vitrées soulignant les cages d'escalier et les pignons en rotonde de quelques immeubles sont bien les seules réminiscences Art déco. La Butte-Rouge n'en fait pas moins honneur à son statut de cité-jardin : le paysagiste André Riousse a pensé la disposition des bâtiments en fonction du relief et de la végétation, suggérant des agencements permettant de préserver les arbres remarquables du site.

Blottie à l'orée de la forêt de Verrières, cette petite merveille est aujourd'hui en péril. Arguant d'un taux de pauvreté élevé et d'un état sanitaire très moyen, la municipalité porte en effet un projet de « rénovation » prévoyant sa démolition à… 80 %. Ses détracteurs l'accusent surtout de dérouler le tapis rouge à des promoteurs dont l'arrivée du tramway T10 en 2023 a aiguisé l'appétit. Architectes, urbanistes, défenseurs du patrimoine et habitants se mobilisent contre le projet depuis plusieurs années, ne recevant de l'État qu'un soutien ambigu. Le bras de fer juridique n'est pas terminé, mais vous remarquerez peut-être que quelques immeubles sont déjà murés…

LA CITÉ DE LA BUTTE-ROUGE
est d'une telle modernité architecturale que ses immeubles des années 1930 paraissent avoir trente ans de moins.

LE HAVRE DE PAIX D'UN RECLUS

Vous n'avez qu'à traverser l'avenue de la Division-Leclerc pour plonger dans le domaine départemental de la Vallée-aux-Loups, touffu, vallonné, dépaysant, parfait pour oublier la ville. Nichée au cœur du parc, la propriété du même nom, havre de paix absolu, garde la mémoire de son plus illustre propriétaire. C'est en 1807 que Chateaubriand fait l'acquisition de cette demeure construite trente ans plus tôt ; son isolement convient à ses projets d'écriture comme à son vœu de se tenir à bonne distance d'un certain Napoléon, avec lequel il entretient des rapports pour le moins tendus. C'est lui qui fait orner la façade – greffe un peu curieuse – d'un péristyle à fronton, soutenu par deux colonnes et deux caryatides. Mais des difficultés financières le contraignent à revendre le domaine dix ans plus tard. Passé par bien des mains, il est finalement vendu au département de la Seine en 1967 et accueille aujourd'hui un paisible musée dédié au grand homme. Pour les amateurs, l'arboretum voisin est aussi une vraie merveille.

Il y a deux siècles, la Vallée-aux-Loups a su offrir au grand Chateaubriand la quiétude et l'isolement auxquels il aspirait.

Quittant les lieux par le nord, faites le crochet par le parc Henri-Sellier et, de la terrasse, admirez le panorama sur le val de Bièvre et le château de Sceaux noyé dans son océan de verdure. La gare de Robinson n'est plus qu'à un quart d'heure de marche.

LES CITÉS-JARDINS

Vous en croiserez plus d'une, au fil de vos balades outre-périphérique. Certaines forment un quartier entier quand d'autres sont l'affaire d'une rue ; certaines ne sont qu'immeubles, certaines pavillons, beaucoup un peu des deux. Elles attirent l'œil, toujours, par leur homogénéité et leur pittoresque discret : ce sont les cités-jardins. Mais qu'ont-elles toutes en commun, qui les a voulues et à quel modèle se réfèrent-elles ? Remontons le temps...

LE RÊVE DE L'URBANISTE

Il est un nom invariablement cité dès qu'on évoque les cités-jardins, c'est celui de l'urbaniste britannique Ebenezer Howard. On lui doit en effet d'avoir théorisé dès 1898 cette forme urbaine si particulière qui n'est ni vraiment la ville, ni vraiment la campagne, et qui relèverait le défi de ne conserver que les qualités de l'une et de l'autre.

De la campagne, le théoricien retient l'idée d'une densité limitée, d'un air pur, d'un cadre verdoyant grâce à des jardins individuels et des espaces verts publics. Le relatif éloignement au centre-ville garantit calme et proximité de la nature. Sa réflexion procède du contexte de l'époque : Howard cherche une solution aux excès d'un demi-siècle de révolution industrielle, qui a causé un développement urbain incontrôlé et l'entassement des classes populaires dans des masures souvent sordides, mal ventilées, privées de soleil. La dimension sociale est bien au cœur de son projet.

De la ville, il retient une connexion efficace aux réseaux de transport et la présence d'un bon niveau d'équipements sur place. Aux commerces de base sont donc censés s'ajouter école, dispensaire, centre culturel, église, épicerie coopérative... La cité-jardin n'est pas autarcique mais elle est autonome.

De ces principes directeurs découle le projet type : une cité circulaire d'un kilomètre de rayon pour environ 30 000 habitants, cernée par une ceinture agricole sanctuarisée, apte à l'approvisionner. En son centre sont regroupés les commerces et services, implantés dans un vaste parc. Comment ne pas souscrire à une telle vision ? Mais l'équilibre en est précaire, comme le résume si bien la formule prêtée à l'écrivain Alphonse Allais : « On devrait construire les villes à la campagne... L'air y est tellement plus pur ! »

« On devrait construire les villes à la campagne... L'air y est tellement plus pur ! »

CITÉS-JARDINS, CITÉS OUVRIÈRES

En dépit de certains points communs, la cité-jardin rêvée par Howard se distingue de la cité ouvrière à plus d'un titre : sa population est celle d'une ville moyenne, ses logements plus grands et bâtis avec plus de soin, dans un cadre plus verdoyant. L'idée originelle n'est d'ailleurs pas de l'accoler à une usine pour en loger les travailleurs, mais d'en faire bénéficier le plus grand nombre, toutes professions confondues. Il n'en reste pas moins que la pensée de Howard a pu être influencée par les initiatives de certains industriels paternalistes et philanthropes, qui avaient eu l'ambition de proposer à leurs employés des logements décents et relativement confortables.

Surtout, Howard ajoute à sa vision une dimension essen-

tielle, qui la différencie radicalement des cités ouvrières : les pouvoirs publics doivent selon lui rester maîtres du foncier, afin de bloquer toute spéculation mais aussi toute densification ultérieure qui dénaturerait le projet.

LA BANLIEUE PARISIENNE, TERRAIN PROPICE

En région parisienne comme dans les autres métropoles européennes, les idées de Howard feront florès, mais sans jamais reprendre le concept dans son intégralité. Si l'importance d'une densité mesurée, d'un environnement verdoyant et d'un bon niveau d'équipements a globalement été prise en considération, d'autres aspects essentiels comme la masse critique de 30 000 habitants, la ceinture agricole ou la nécessité d'une approche systémique (un réseau de cités-jardins articulées autour d'un pôle) ont rapidement été évacuées. C'est surtout dans l'entre-deux-guerres qu'on assistera au dévoiement de la vision howardienne, car tout ensemble de logements sociaux individuels ou collectifs, construit en bloc dans un style architectural homogène et bénéficiant d'un aménagement paysager, se retrouvera qualifié de cité-jardin. C'est large !

À l'aune de cette définition malléable, ce qu'on qualifie encore de nos jours de cités-jardins correspond en fait peu ou prou aux ensembles d'habitations à bon marché édifiés par les offices publics d'HBM de la Seine et de la Seine-et-Oise, pour l'essentiel dans les années 1930. Ces deux organismes en érigeront des dizaines, des plus minuscules (6 pavillons jumelés à La Ferté-Alais) aux plus étendues. Parmi ces dernières, celles de Suresnes, de Stains et de Châtenay-Malabry se sont imposées comme des cas d'école. Espaces verts en quantité correcte et équipements plutôt nombreux – du moins à l'origine – y sont les principales réminiscences de la vision de Howard. Quant à la densité, elle ira toujours croissante, à l'image des enjeux démographiques – de là la por-

Les cités-jardins de Suresnes, de Stains et de Châtenay-Malabry se sont imposées comme des cas d'école.

En dépit de budgets serrés, ces spécialistes sont généralement parvenus non seulement à tenir compte des contraintes des sites, mais aussi à faire preuve d'inventivité voire d'une franche originalité !

tion toujours plus congrue réservée aux pavillons individuels, ou même jumelés, au sein des programmes.

Nombre de ces cités-jardins n'en demeurent pas moins remarquables par le confort inédit qu'elles apportaient aux classes populaires et, il faut bien le dire, par leur extrême photogénie. On est aussi frappé de leur diversité architecturale, d'autant moins acquise que les architectes sollicités étaient à peu près toujours les mêmes ; Caignart de Mailly, les Gutton père et fils, le duo Gonnot et Albenque, le trio Bassompierre, Sirvin et de Rutté. En dépit de budgets serrés, ces spécialistes sont généralement parvenus non seulement à tenir compte des contraintes des sites, mais aussi à faire preuve d'inventivité voire d'une franche originalité, comme pour les Dents de Scie à Trappes. Fondée en 2015, l'Association régionale des cités-jardins d'Île-de-France en a recensé pas moins de 80 et s'investit au quotidien dans leur valorisation et leur préservation.

LA FORTUNE DES CITÉS-JARDINS

À bien y regarder, toutes les grandes tendances urbanistiques qui suivront continueront de lorgner du côté de ce modèle, aussi irréalisable soit-il devenu au fil du temps. Aux HBM succéderont les HLM et les grands ensembles, qui proposeront de monter en hauteur pour répondre aux besoins en logements tout en préservant la place du végétal. L'aventure des villes nouvelles, à la même époque, conserve de Howard le principe de décentralisation : faire émerger des polarités secondaires au service d'une

agglomération mieux distribuée, plus fonctionnelle. Quant à une figure de proue comme Le Corbusier, aussi terrifiants que nous paraissent nombre de ses projets, ils tournaient généralement autour d'une même idée directrice, celle de la ville-parc. De nos jours, et comme le foncier doit être rentabilisé à tout prix, on renverse le paradigme en imaginant des immeubles « à végétation embarquée », quoique l'idée ne fasse pas réellement consensus.

Au fond, Howard aura ainsi été l'un des premiers à avoir précisément théorisé ce qui sera l'un des grands combats, et l'un des mieux partagés, de tous les urbanistes et architectes après lui : le rêve inaccessible d'une symbiose entre ville et nature.

POUR EN SAVOIR PLUS

L'Association régionale des cités-jardins d'Ile-de-France organise chaque année le Printemps des cités-jardins qui propose sur 3 week-ends plus de 60 évènements en France. Visites guidées également lors des Journées du patrimoine et de l'architecture. Sur le site Internet, consultez l'agenda ainsi que toute la documentation approfondie sur le sujet.

www.citesjardins-idf.fr

12 D'ISSY-LES-MOULINEAUX À MEUDON

DU PÉRIPH' À LA FORÊT DE MEUDON, À L'ASSAUT DU COTEAU

Cette balade dans les Hauts-de-Seine vous semblera moins cossue que prévu. Car Issy a longtemps été un bastion industriel, tandis que Meudon, avec son hangar à dirigeables et son grand ensemble signé Pouillon, est plus hétérogène qu'il n'y paraît. Cependant, la villa de Rodin et les vestiges du château du Grand Dauphin témoignent d'un temps où ce territoire attirait nobles et puissants...

M12 Porte de Versailles
13,8 km
3h25
T6 Meudon-la-Forêt

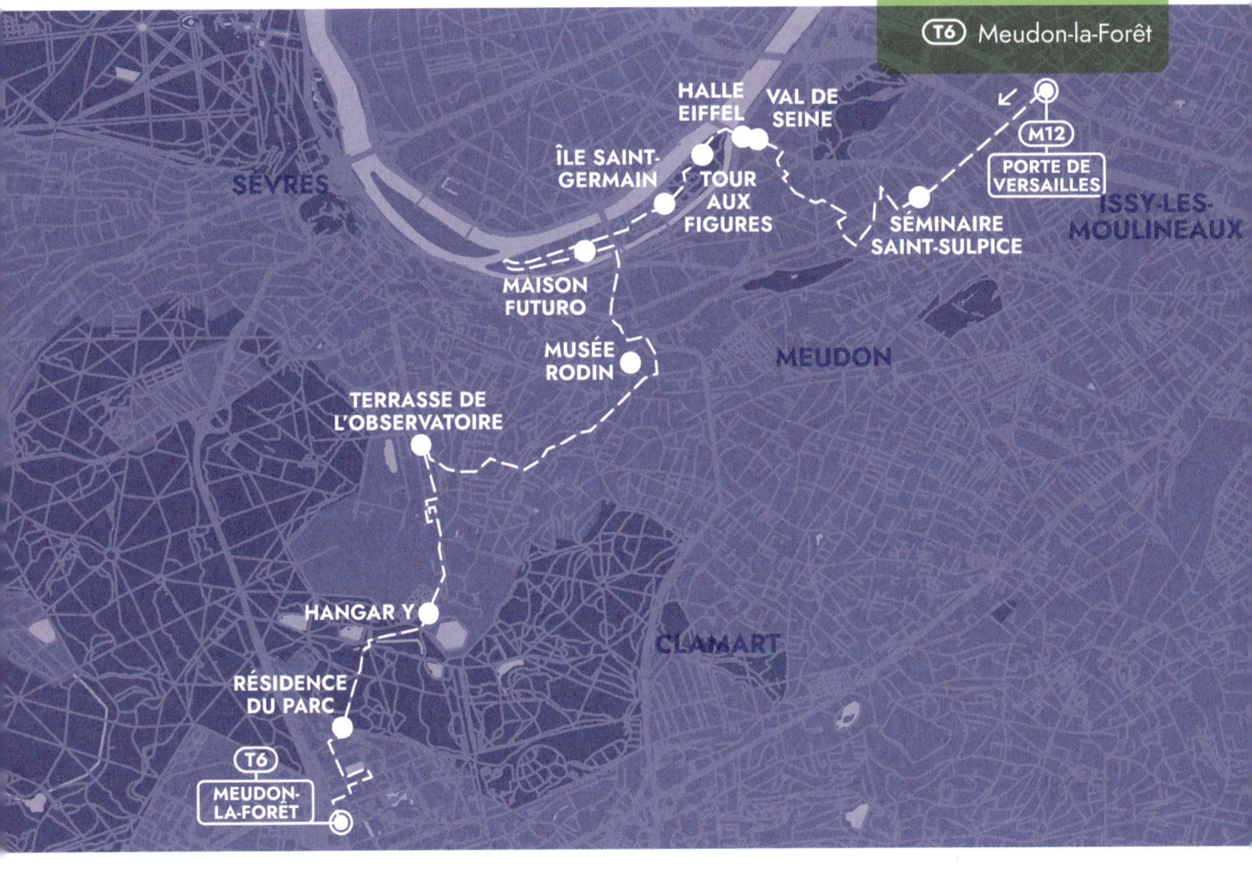

La rue Édouard Branly à Issy

QUAND ISSY ÉTAIT TERRE D'INDUSTRIES

Depuis le métro Porte de Versailles, la grande ligne droite vers la mairie est jalonnée de deux mastodontes qui méritent un arrêt. Voici d'abord la vaste emprise de l'ancienne **manufacture de tabacs,** inaugurée en 1904. Derrière les grilles en fer forgé (repérez-vous les M et les T entrelacés ?), le bâtiment de la direction, qui a presque des allures d'hôtel de ville avec sa pierre apparente et ses lucarnes mansardées, occupe le centre de cette composition austère et affirme clairement l'autorité de l'État, qui avait le monopole de la fabrication des cigares et cigarettes. Nécessitant 1300 employés à ses débuts, elle en comptait nettement moins à sa fermeture en 1978, après laquelle on opta pour une transformation en logements et bureaux.

Tout aussi imposant est le **séminaire Saint-Sulpice**, où la Compagnie du même nom accueille et forme de futurs prêtres. Si le site lui appartient depuis le 17e siècle, les bâtiments Renaissance qui s'y dressaient à l'origine ont cédé la place à ce grand vaisseau de la fin du 19e siècle, plus massif qu'élégant ; sur l'imposte de la double porte en bois bleu clair, les initiales entrelacées sont cette fois A et M pour *Ave Maria*, reflet de la forte dévotion mariale des Sulpiciens.

Autour de la mairie, deux immeubles attirent l'œil : le **n° 31 rue Kléber** (Durandaud et Avril, 1904) et son incroyable façade Art nouveau aux décors de faune et de flore, où s'entremêlent feuilles de chêne et de marronniers, poires, grappes de raisins, chiens soutenant les balcons du quatrième étage et haut-relief illustrant la fable « Le Renard et les Raisins » et l'immeuble d'angle du **n° 1 rue Auguste-Gervais** (Delaire et Sage, 1932), avec son Art déco monumental tout en arrondis qui semble avoir inspiré le nom de la brasserie au rez-de-

UNE MAIN-D'ŒUVRE FÉMININE

Dans toutes les manufactures de tabac françaises, la main-d'œuvre était essentiellement féminine (aux deux-tiers à Issy et jusqu'à 90 % sur certains sites), les femmes étant considérées comme plus agiles et soigneuses pour accomplir ce travail de précision… et rémunérées jusqu'à deux fois moins que les hommes. La région parisienne en comptait deux autres, à Pantin et dans le 12e arrondissement. En 1976, la fin du monopole de fabrication du tabac dont jouissait la Seita a entraîné une forte restructuration du secteur et la fermeture de l'essentiel des manufactures historiques.

L'immeuble-fable, rue Kléber à Issy

chaussée, *Les Colonnes*. Art déco toujours dans la très homogène rue Édouard-Branly : il ne s'agit pas d'une opération de prestige mais sa belle brique orangée, les jeux de saillies et de retraits, et la numérotation des immeubles en carreaux de céramique lui donnent un cachet certain.

En direction du fleuve, changement d'ambiance garanti avec le **Val de Seine** : ce quartier d'affaires spécialisé dans le secteur de la communication, à l'architecture pas toujours remarquable, a supplanté à compter des années 1990 le dense tissu d'usines qui a fait d'Issy une commune à très forte orientation industrielle durant les deux premiers tiers du 20e siècle. L'aéronautique y était bien représentée, qui faisait grand usage du champ d'aviation devenu l'héliport de Paris-Issy (un avion à hélices figure même sur le blason de la commune), mais on y trouvait aussi la fameuse blanchisserie de Grenelle, dont les halles de verre et de métal ont disparu du paysage de la rue Rouget-de-Lisle en 1989. Un des rares vestiges de ce passé est, au débouché du pont, la **halle Eiffel** (1885) qui accueillit successivement une usine d'ampoules, une usine métallurgique, une agence de communication, puis un site d'Yves Rocher. À l'origine 100 m plus au nord, elle a été démontée, rénovée et remontée en 2020 à son emplacement actuel pour une meilleure visibilité : elle abrite désormais commerces et restaurants.

LES HALLES D'ISSY

À Issy, la halle Eiffel récemment rénovée accueille désormais une vingtaine de commerces, parmi lesquels une demi-douzaine de traiteurs proposant des saveurs du monde entier. Parfait pour une pause rapide dans un cadre historique !
Halles Biltoki, 1, rue Rouget-de-Lisle, Issy-les-Moulineaux, biltoki.com

Dans le quartier du
VAL DE SEINE,
les halles industrielles ont cédé la place à des immeubles de bureaux… sauf une !

L'île aux figures et au double visage

Vous êtes à un saut de puce de l'île Saint-Germain. Sa moitié est est, elle aussi, un ancien site industriel réaménagé en parc dans les années 1980. Le regard est bien sûr attiré par la fameuse Tour aux figures (1988), trônant sur sa butte telle un phare. S'en tenant à ses couleurs de prédilection (bleu, blanc, rouge, noir), l'artiste Jean Dubuffet a imaginé ici un grand totem cabossé à la surface duquel, à force de scruter les hachures et les aplats colorés, on finit en effet par distinguer quelques silhouettes humanoïdes. L'intérieur de cette structure en béton et métal recouverte de plaques de résine est accessible en visite guidée (le week-end de mars à octobre) : on pénètre alors dans ce que l'artiste avait baptisé le *Gastrovolve*, où un escalier sinueux conduit à une salle située au sommet. Une œuvre ludique et poétique.

Secteur d'habitat, la moitié ouest de l'île a d'abord accueilli des populations ouvrières, avant que des classes plus aisées ne tombent sous le charme de sa quiétude aux portes de Paris. Ne manquez pas l'étonnante maison d'architecte bleue au n° 101 rue Pierre-Poli, le sombre vaisseau conçu par Jean Nouvel en 1992 pour une agence de publicité (n° 2 allée des Moulineaux), avec ses coursives et sa proue arrondie, la villa austère et futuriste conçue par Philippe Starck pour le dirigeant de ladite agence (n° 29 rue Pierre-Poli) et juste en face, une maison Futuro (p. 156) posée sur son étroit terrain depuis 2019.

DE RODIN AU DAUPHIN, L'ASCENSION DU COTEAU DE MEUDON

Partez à l'assaut du coteau ! Au sommet, la villa des Brillants vous attend au bout de son allée de marronniers. C'est en 1893 qu'Auguste Rodin s'installa avec sa compagne Rose Beuret dans cette demeure bourgeoise où il vécut, travailla et reçut sur ses vieux jours tant et tant de personnalités. Il ne la délaissa jamais, même lorsqu'il loua en parallèle, en 1908, le beaucoup plus vaste hôtel parisien de Biron. Si, de ces deux sites qui forment aujourd'hui le musée Rodin, celui de Paris est le plus célèbre, celui de Meudon est à coup sûr plus intime : c'est ici que Rodin épousa Rose, que l'un et l'autre moururent peu de temps après et qu'ils furent tous deux enterrés. Servant d'arrière-plan à sa tombe surmontée du *Penseur*, vous admirerez une partie de la façade du château d'Issy, que le sculpteur sauva de la démolition et fit remonter au fond de sa propriété. Entre l'agréable parc jalonné de bronzes originaux, la fabuleuse galerie des plâtres, l'atelier des antiques et la villa elle-même, il y a de quoi y passer l'après-midi.

25 min de marche et voici la grande terrasse de l'Observatoire, d'où se dévoile un très beau panorama vers le nord-ouest. L'endroit a beau être majestueux, on sent bien qu'il manque quelque chose : un château. Dans l'axe de l'allée magistrale bordée de platanes se dressait en effet le Château-Vieux, bâti au 16e siècle suivant un plan en U. Il connut nombre d'illustres propriétaires, dont les Guise, le marquis de Louvois, ministre de la Guerre de Louis XIV, et surtout le fils de ce dernier, le Grand Dauphin, qui le trouva un peu petit pour loger ses courtisans et engagea en 1705 la construction du Château-Neuf juste à côté. De ces deux chefs-d'œuvre, il ne reste que la moitié d'un : le Château-Vieux ne survécut pas à la Révolution, tandis que le Château-Neuf sortit en piteux état de son incendie lors de la Commune de Paris. Astronome imaginatif ayant perçu les atouts de ce site en hauteur, Jules Janssen estima que ses ruines pourraient servir de base à une annexe de l'Observatoire de Paris : ainsi en est-on arrivé à cet improbable édifice dont l'architecture toute classique est couronnée d'une grande coupole (1896) revêtue de plaques de cuivre, qui abrite la grande lunette, une des plus puissantes lunettes astronomiques au monde.

Infos pratiques

Chouette, **le musée Rodin de Meudon** est gratuit pour toutes et tous ! Mais s'il vous intéresse, choisissez votre moment : il n'est ouvert que du printemps à début octobre, et uniquement le week-end.

Paris vue de la terrasse de l'Observatoire à Meudon

DU HANGAR AU GRAND ENSEMBLE, L'AUTRE MEUDON

Contournez l'orangerie et rejoignez la rampe de Trivaux qui débouche sur la départementale. 500 m plus loin se dresse une petite pépite, que sa restauration récente a mis sous le feu des projecteurs : le **hangar Y**. Construit pour être la galerie des Machines de l'Exposition universelle de 1878 et remonté ici l'année suivante pour servir de hangar à dirigeables, ce merveilleux endroit s'est retrouvé désaffecté dès la fin de la Grande Guerre. Il vivota en tant que réserve du musée de l'Air, avant de faire brièvement office d'atelier à Chagall qui y travailla sur les panneaux du plafond de l'opéra Garnier. Son état s'est par la suite dégradé, jusqu'à ce qu'une restauration largement confiée au secteur privé, qui a d'ailleurs pris quelques libertés par rapport à l'aspect d'origine, permette son ouverture au public en 2023. Accueillant concerts, expositions, soirées, événements privés, le site mérite absolument la visite à un double titre : d'abord pour le hangar lui-même, dont la silhouette de brique, verre et métal est d'une élégance folle, et le volume intérieur d'un seul tenant très impressionnant ; ensuite pour la promenade autour de l'étang de Chalais, dont les berges sont agrémentées d'œuvres d'art contemporain – il a d'ailleurs à peu près conservé sa forme hexagonale depuis l'époque où il était un jalon de la perspective monumentale tracée dans l'axe du Château-Vieux...

Par la forêt, vous atteignez le grand ensemble de Meudon-la-Forêt, qui vit le jour pour loger notamment les ouvriers de l'usine Renault de Billancourt et les rapatriés d'Algérie : entre 1959 et 1968, ce plateau agricole se mua en un quartier d'environ 7 000 logements pour le double d'habitants. S'il est attaché au nom de Fernand Pouillon (p. 136), les scandales financiers qui entachèrent sa carrière ne lui permirent pas de mener à terme le projet,

Le hangar Y est une merveille architecturale qui revient de très loin.

qui fut achevé par plusieurs confrères. Il eut toutefois le temps de concevoir le plan d'ensemble et de réaliser la première tranche, celle au nord-ouest : la Résidence du Parc (1961), comprenant 2 635 logements en copropriété ou sociaux. Vous y retrouverez tout ce qui fait sa marque : pierre calcaire de Fontvieille pour conférer un aspect noble et homogène, agencement savamment étudié d'immeubles de largeur, de hauteur et d'orientation diverses, rapports d'échelle parfaitement maîtrisés entre bâti et non bâti, avec un jeu d'espaces verts et de bassins qui occulte une densité pourtant élevée. Il parvient même à nous rendre acceptable son « Mille Fenêtres », l'immeuble de 10 étages et de 250 m de long qui ferme le quartier à l'ouest. « Beauté pour tous », « apporter Versailles à la banlieue », « traiter les humbles en rois » : l'homme ne manquait pas de formules pour évoquer sa quête d'un logement qualitatif et esthétique pour tous. Le tramway T6 est à deux pas.

LA RÉSIDENCE DU PARC

à Meudon porte nettement la marque de Fernand Pouillon.

13 DE BOULOGNE-BILLANCOURT À SAINT-CLOUD

UN HYMNE AU MODERNISME

Deuxième ville d'Île-de-France après Paris, Boulogne est un incroyable musée d'architecture moderne et contemporaine à ciel ouvert ! Pour faire une pause nature sur cet itinéraire sans temps mort, vous pourrez compter sur le sublime jardin Albert-Kahn et sur l'immense domaine de Saint-Cloud, où vous terminerez par une vue plongeante sur le chemin parcouru.

M9 Porte de Saint-Cloud

14,1km

3h20

L Garches—Marnes-la-Coquette

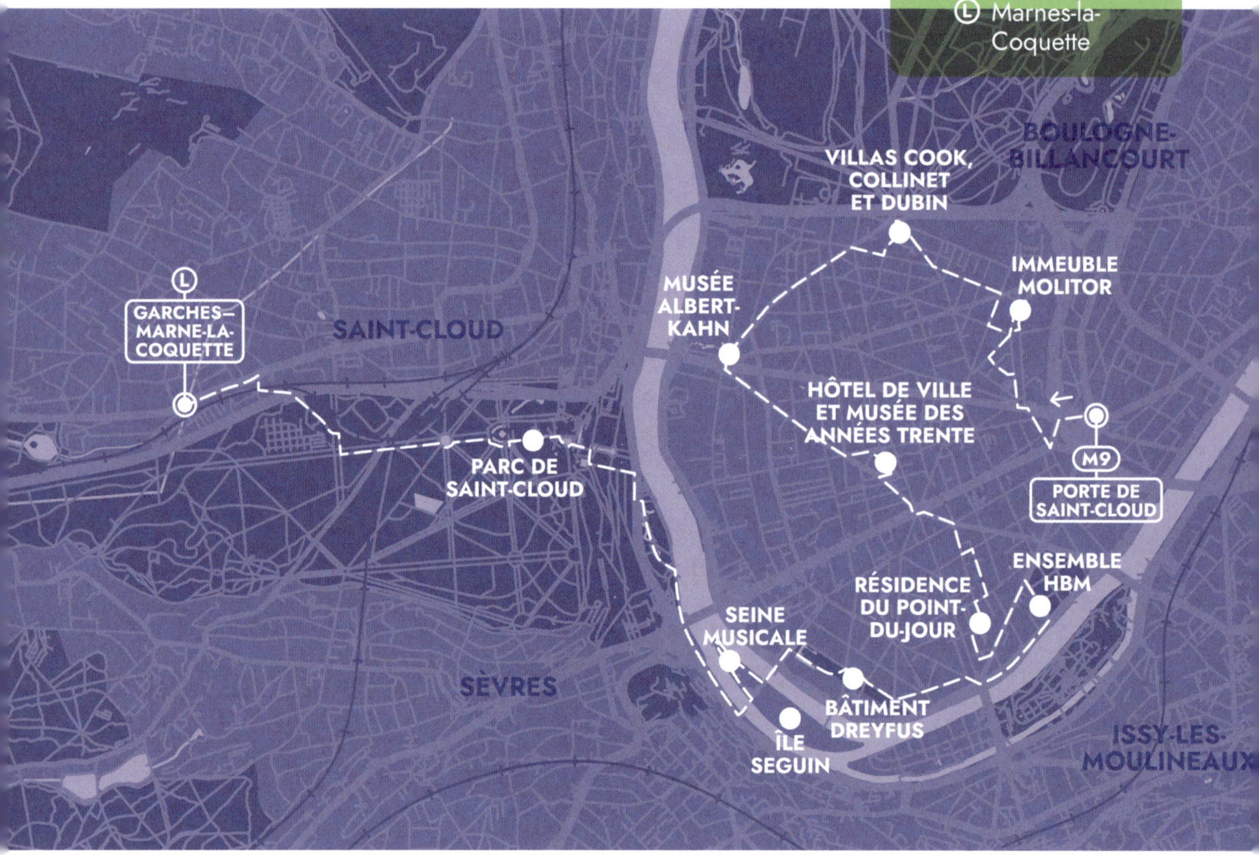

Le pont japonais dans le jardin Albert-Kahn

À BOULOGNE, DES TRÉSORS MODERNISTES À TOUS LES COINS DE RUE

Prolongement naturel du chic 16e arrondissement, Boulogne a vu son urbanisation s'accélérer après la Grande Guerre, lorsque la place vint à manquer intra-muros. Artistes et intellectuels, plus rarement industriels et hommes d'affaires jetèrent leur dévolu sur ce territoire entre fleuve et bois, limitrophe de la capitale, et affichèrent leur avant-gardisme en sollicitant des architectes modernistes pour leur bâtir des villas ou des maisons-ateliers aux lignes épurées. De là une impressionnante concentration de réalisations des années 1930, cantonnées pour l'essentiel dans le cossu « quartier des Princes ».

Rue du Belvédère, l'hôtel Godfray (n° 4, 1928) signé Raymond Fischer, avec sa façade lisse et courbe d'un blanc éclatant, ses baies tripartites et son toit-terrasse, côtoie les petits hôtels particuliers anglicisants de Jean Hillard (n° 6 à 12, 1935). Juste en face, la villa-atelier Froriep de Salis (n° 9, 1927), d'une orthogonalité rigoureuse, est signée André Lurçat, et la maison Dury (n° 11, 1928) à nouveau Fischer. C'est encore à lui qu'on doit le n° 23, encadré par deux austères réalisations des frères Perret en 1929, les ateliers Gordine (n° 21) et Huré (n° 25), eux aussi orientés nord pour offrir une lumière indirecte : l'ossature en béton, très lisible, autorise des baies plus que généreuses. Quelle densité de merveilles !

L'œuvre où vécut le Grand Maître

La rue Nungesser-et-Coli est le lieu d'un alignement fort pédagogique. Au n° 26, un immeuble agréable, mais relativement classique, conçu par Léon Schneider en 1931 ; le n° 22, dont l'attribution à Michel Roux-Spitz est débattue, a beau être plus moderne, il n'égale pas l'avant-gardisme du n° 24, le fameux immeuble Molitor (1934) signé Le Corbusier et Pierre Jeanneret. La mise en application du plan et de la façade libres (p. 207) permet de moduler à l'envi l'agencement des appartements, tout en autorisant une façade presque entièrement vitrée, animée par une alternance de balcons et de bow-windows. L'architecte avait réservé aux chambres des domestiques le rez-de-chaussée et à lui-même le duplex des 7e et 8e étages, où il vécut jusqu'à la fin de sa vie. Réalisation plutôt méconnue de l'architecte, elle n'en fait pas moins partie de ses 17 édifices classés à l'Unesco depuis 2016.

L'IMMEUBLE MOLITOR affiche avec insolence sa modernité, au milieu d'autres réalisations années 1930, élégantes mais plus classiques.

Très raffiné, l'hôtel Renard signé Jean-Léon Courrèges revendique un style presque régionaliste.

Plus aérée, l'avenue Robert-Schuman réserve aussi son lot de surprises. Au n° 19bis, l'hôtel particulier de la famille Renard (1929) conçu par Jean-Léon Courrèges, dont l'étage fut habité après-guerre par Malraux, adopte un style traditionnel presque néorural là aussi un peu anglicisant, avec combles pentues, mur pignon, grande baie tripartite et couleurs chaudes grâce au binôme brique-tuile : à Boulogne, la modernité triomphante cohabite avec la tradition. La période contemporaine n'est pas en reste, avec l'étonnante « Maison S » (2016) au n° 17 et sa double peau tout en facettes, construite par Jakob + MacFarlane pour une grande fortune française.

Rues Denfert et Gambetta : le triangle d'or

Au n° 5 de la rue Denfert-Rochereau, la villa Ternisien est célèbre pour sa silhouette comme pour son histoire. Sur cette parcelle triangulaire malcommode, Le Corbusier et Pierre Jeanneret avaient conçu en 1927 une maison minimale pour le musicien Paul Ternisien qui, par manque de budget, fit appel à un entrepreneur peu familier de la construction en béton. À force de malfaçons et de problèmes sur le chantier, l'affaire est portée devant la justice ; l'artiste finit par revendre la maison qui est détruite en 1935, sauf le rez-de-chaussée. Georges-Henri Pingusson élève alors

À gauche, la villa Collinet ; à droite, la villa Ternisien

Dans la rue Denfert-Rochereau vous attendent à la fois Fischer, Pingusson, Mallet-Stevens et Le Corbusier.

sur ce dernier le formidable immeuble paquebot visible aujourd'hui, dont le soubassement hérité de « Corbu » évoque à merveille la proue…

L'alignement des n°4, 6 et 8 est à juste titre célèbre pour son unité, malgré trois auteurs différents. Première bâtie, la villa Collinet (n° 8, 1926) de Mallet-Stevens a induit le gabarit des deux autres. Sa structure très lisible se compose de deux blocs accolés, l'escalier à gauche, dont le volume est souligné par une fenêtre-bandeau verticale, desservant les deux étages et le toit-terrasse. Avec la Villa Cook (n° 6, 1927), Le Corbusier propose une façade encore plus simple, tout en horizontales, avec un rez-de-chaussée partiellement sur pilotis. On retrouve Raymond Fischer pour la villa Dubin (n° 4, 1928), où les baies curieusement réparties mettent à l'honneur le béton lisse, d'un blanc lumineux.

La rue Gambetta est puissamment signalée par la villa du peintre Alfred Lombard (n° 2, 1928), imaginée par Pierre Patout. Bien que son style soit souvent influencé par son travail sur l'aménagement des paquebots, il a proposé ici un angle traité non en proue de navire, mais en pan coupé mis en scène par la vaste baie vitrée de l'atelier de l'artiste au troisième étage. La suite est un défilé sous le signe de la blancheur. Au n° 4, l'architecte André Gutton a construit en deux temps sa propre demeure, les deux premiers étages de 1928 étant d'une modernité moins pure que la surélévation ajoutée deux ans plus tard ; le n° 3, qui peut évoquer la villa Collinet par sa manière de souligner le volume décentré de l'escalier, est l'hôtel particulier que l'architecte Jean Niermans bâtit pour lui-même en 1935 ; le n° 5, bien que daté de 1931, est une fantaisie néoclassique signée Emilio Terry, forcément rétrograde dans un tel environnement ; enfin, les n° 8 à 12, d'un modernisme « intermédiaire » sont dus à Marcel Julien et Louis Duhayon, également auteurs au n° 14 d'un immeuble HBM sans audace. Même si l'on est plutôt amateur d'une esthétique traditionnelle de l'ornement et du pittoresque, il faut se rendre compte de l'innovation radicale dont ces réalisations étaient porteuses il y a un siècle.

KAHN, GARNIER, POUILLON : L'HÉRITAGE VARIÉ D'UN FAMEUX TRIO

Cap au sud-ouest et changement de registre avec le musée Albert-Kahn, dont le point de départ est en fait le jardin. À la fin du 19e siècle, Albert Kahn, riche banquier philanthrope, acquiert une demeure proche des quais puis, patiemment, l'ensemble des parcelles attenantes, jusqu'à obtenir un terrain de 4 ha. Là, il aménage un extraordinaire jardin reflétant son souci de dialogue entre les peuples et les cultures. Ravissants jardins à l'anglaise, à la française, japonais, forêt vosgienne, forêt « bleue » avec ses cèdres de l'Atlas : les scènes paysagères se succèdent sans que jamais leur éclectisme ne heurte le regard. Quant au musée, il abrite les exceptionnelles Archives de la Planète, fonds de photographies et de films constitué par le banquier en envoyant des opérateurs aux quatre coins du monde immortaliser les contrées exotiques et leurs habitants.

YE'S BISTROT

Boulogne est vraiment un repaire de bonnes adresses. On aime particulièrement Ye's Bistrot, ouvert en 2022 à deux pas du métro Marcel Sembat, avec sa carte aux couleurs d'Asie qui change régulièrement.
Réservation conseillée.
108, rue du Vieux-Pont-de-Sèvres, Boulogne, yes-bistrot.fr, formule midi entrée-plat ou plat-dessert 24€.

L'hôtel de ville de Boulogne

Maire de la ville durant l'entre-deux-guerres, André Morizet était animé du souci de la rendre moderne, salubre et fonctionnelle. L'hôtel de ville (1934) qu'il commanda au grand architecte lyonnais Tony Garnier, et dont il parlait comme d'une « usine municipale », en offre le parfait exemple. L'édifice consiste en deux parallélépipèdes accolés de tailles légèrement différentes. Celui donnant au sud, revêtu de calcaire de Comblanchien choisi pour son aspect proche du marbre, abrite les salons d'honneur et la salle du conseil municipal. Le bloc nord, dévolu aux services municipaux, est plus modestement traité en béton armé bouchardé.

Son intérieur est éblouissant : tout s'organise autour d'un immense et superbe hall délimité par trois niveaux de coursives distribuant les bureaux qui, tous, bénéficient d'un jour naturel, tandis que l'éclairage zénithal garantit une luminosité exceptionnelle. Géométrie, fonctionnalité, lumière : tout Garnier est présent dans sa dernière grande œuvre, et sa seule intervention francilienne. Sur le flanc de

L'HÔTEL DE VILLE DE BOULOGNE,
à l'architecture aussi déconcertante qu'inoubliable, est le dernier chef-d'œuvre de Tony Garnier.

La qualité paysagère de

LA RÉSIDENCE DU POINT-DU-JOUR,

œuvre-phare de Fernand Pouillon, frappe d'emblée le visiteur.

l'édifice, le **musée des Années Trente** permet d'approfondir la découverte de cette période charnière dans l'histoire de la commune.

Tout près, la **résidence du Point-du-Jour** (1958-1963) est une des plus remarquables réalisations de Fernand Pouillon (p. 128). Cette énorme copropriété de près de 2300 logements, étirée en longueur, joue d'une subtile alternance de barres et de tours, orientées tantôt nord-sud et tantôt est-ouest. Les façades largement vitrées se détachant sur un fond sombre contrastent avec d'autres presque blanches, quadrillées de lames de béton. La pierre de taille est là aussi, comme toujours avec Pouillon. En cœurs d'îlot, espaces paysagers aux essences variées, bassins ornés de sculptures, coursives sous de hautes arcades agrémentent la promenade. C'est grandiloquent, sans être écrasant. À deux pas, l'imposant **ensemble HBM** (squares de l'Avre et des Moulineaux, 1932) réalisé par Bassompierre, Sirvin et de Rutté, des spécialistes du genre, a connu une étonnante surélévation contemporaine.

À BILLANCOURT, L'USINE ET LE CHÂTEAU DISPARUS

À la pointe sud, Billancourt est désormais un vaste secteur contemporain sorti de terre à l'emplacement du « Trapèze », l'énorme emprise de l'usine Renault fermée en 1992. De ce mythique site industriel ne subsiste que le **bâtiment Dreyfus** (1919), qui fut durant plus d'un demi-siècle le siège de la Régie, toujours propriétaire des lieux. Juste à côté a d'ailleurs démarré le chantier de son nouveau siège social, attendu pour 2026 – une sorte de retour aux sources.

Quant à l'**île Seguin**, qu'occupait également l'usine, sa partie amont voit actuellement émerger la Pointe des Arts, associant un centre d'art, un grand cinéma et un parc jalonné de sculptures, tandis qu'à sa pointe aval trône depuis 2017 la **Seine musicale**, signée Shigeru Ban et Jean de Gastines.

Terminez en allant prendre l'air sur les hauteurs de l'immense **parc de Saint-Cloud**. Le château dont il était l'écrin n'a pas survécu à la guerre de 1870, mais les bassins, les sculptures, les allées majestueuses et les panoramas sur Paris se suffisent largement à eux-mêmes. La gare de Garches vous attend à l'issue de sa traversée.

SOUS LE SOLEIL EXACTEMENT

En forme de nid, l'auditorium de la Seine musicale est partiellement protégé par une voile de panneaux solaires qui se déplace pour suivre la course du soleil, tout en renforçant la dimension maritime de ce site cerné par le fleuve. Autour se déploie tout un ensemble de salles de répétitions, et d'enregistrement, d'espaces de réception, mais aussi l'Académie musicale Philippe Jaroussky. Du mercredi au dimanche, ne manquez pas le jardin Bellini sur le toit, d'où la vue est superbe…

DE SURESNES À RUEIL-MALMAISON

14

HENRI ET JOSÉPHINE, UN MAIRE ET UNE IMPÉRATRICE À L'ŒUVRE

Suresnes et Rueil partagent ce point commun, d'être à jamais associées à des personnalités qui, si elles s'étaient connues, n'auraient pas eu grand-chose à se dire. En sillonnant la première, vous découvrirez l'héritage exceptionnel du maire Henri Sellier, qui fit de sa commune le laboratoire d'une vision sociale et hygiéniste. Autre ville, autre style : à Rueil vous attend l'impératrice Joséphine dans son château hors du temps.

T2 Suresnes–Longchamp
10,2 km
2h25
B258 Albert-1er–Rueil-Ville

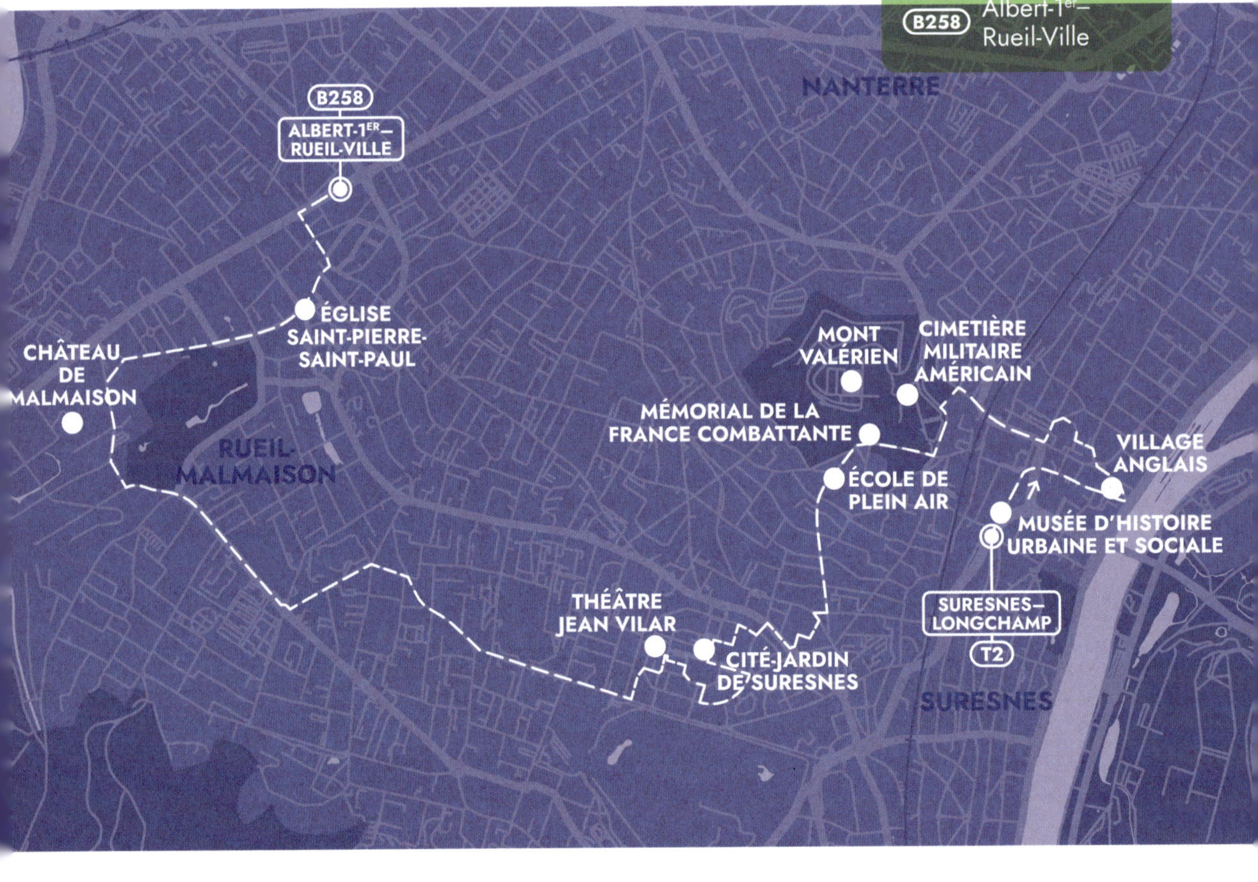

Théâtre Jean Vilar à Suresnes

À SURESNES, L'HÉRITAGE UNIQUE D'UN MAIRE HUMANISTE

Votre première étape n'aura jamais été aussi proche du point de départ, puisque le **musée d'Histoire urbaine et sociale (MUS)** est installé directement dans la gare de Longchamp et son extension contemporaine. Créé dès 1928 comme un musée classique présentant des collections ethnographiques et l'histoire locale, il a fait progressivement évoluer son projet scientifique pour mettre à l'honneur la politique d'urbanisme social développée par la commune dans l'entre-deux-guerres, sous la houlette du charismatique Henri Sellier. L'héritage de ce maire bâtisseur, pétri de préoccupations hygiénistes, sera le fil rouge de ce parcours. Rue Merlin-de-Thionville, au n° 21, vous passerez d'ailleurs devant la maison qu'il habita jusqu'à sa mort.

Laissez-vous glisser jusqu'aux bords de Seine pour parcourir le **Village anglais**, qui doit ce surnom à son style vaguement anglo-normand. Si vous le pensiez de la Belle Époque, la présence systématique d'un garage révèle qu'il est plus tardif. C'est en effet en 1923 que sortent de terre sur l'emplacement d'une ancienne usine ces quelques dizaines de charmants pavillons mitoyens. Le plan des logements est toujours identique, mais quelques variations esthétiques en façade en atténuent l'uniformité : notez les nuances dans les couleurs des briques et des enduits, mais aussi dans le traitement du sommet des pignons et des auvents proté-

GANIA

Un petit restaurant de quartier pour une cuisine méditerranéenne de bowls et de sandwichs, qui fait aussi épicerie fine. À emporter ou sur place. Simple, bon et efficace ! *1, rue du Mont-Valérien, Suresnes, www.gania.fr, formule 14,90€.*

LE VILLAGE ANGLAIS aligne ses maisons coquettes à deux pas du centre-ville de Suresnes.

HENRI SELLIER
Maire de la ville durant 22 ans, le socialiste Henri Sellier (1883-1943) a profondément marqué Suresnes de son empreinte en en faisant le laboratoire d'une politique hygiéniste ambitieuse et visionnaire qui, du dispensaire à l'école de plein air en passant par la cité-jardin caractéristique, se lit encore très bien dans le tissu urbain actuel. Mais ses fonctions ne furent pas que locales : en sa qualité d'administrateur de l'Office public d'HBM de la Seine de 1914 à 1942, il initia la construction d'une quinzaine de cités-jardins à travers la banlieue. Sa nomination comme ministre de la Santé publique et du Logement dans le gouvernement du Front Populaire marqua le couronnement d'une carrière humaniste et exemplaire.

geant les portes, dans une recherche constante de pittoresque. *Charming, isn't it ?*

Si Sellier ne pouvait que soutenir ce projet d'initiative privée, il est directement à l'initiative du dispensaire et du centre de puériculture (1931) devant lesquels vous passerez ensuite et qui remplissent toujours leurs usages premiers. Façades carrelées, larges baies vitrées : l'architecture de ces instruments clés de sa politique hygiéniste et sociale s'accorde bien à leur fonction.

Lieux de mémoire des deux guerres

Passez sous les voies ferrées et grimpez la rue du Fécheray puis, à gauche, l'escalier qui vous conduit à la terrasse du même nom : la vue y est superbe sur l'ouest parisien et les tours de La Défense. Retournez-vous pour gagner le cimetière militaire américain, avec son alignement de 1 500 croix de marbre blanc se détachant d'une pelouse impeccable et sa chapelle à colonnade fermant la perspective de l'allée centrale. Plutôt inattendu si loin des champs de bataille... C'est que les États-Unis avaient pris les devants dès septembre 1917, anticipant leur entrée en guerre et le fait que leurs soldats morts dans les hôpitaux parisiens auraient besoin d'un lieu de sépulture. Sollicitée, Suresnes avait accepté de céder à perpétuité un terrain sur les pentes du mont Valérien.

Vous n'êtes plus qu'à deux pas du mémorial de la France combattante. Que fait-il là ? Culminant à 161 m, le mont Valérien avait vu s'ériger dans les années 1840 l'un des 13 forts détachés de l'enceinte de Thiers, qui devint durant la dernière guerre le lieu d'exécution de plus d'un millier de résistants et d'otages. Dès l'armistice, le général de Gaulle souhaita ériger un mémorial qui ne vit le jour qu'en 1960. Ce monument en grès rose des Vosges de plus

Le cimetière militaire américain à Suresnes

Panorama du haut du mont Valérien

de 100 m de long, centré sur une massive croix de Lorraine, est ponctué de seize hauts-reliefs confiés à autant de sculpteurs différents, qui évoquent des moments ou des lieux clés du conflit. Devant la croix brûle en permanence la flamme du souvenir, tandis que sous sa branche basse, deux portes livrent accès à la crypte abritant dix-sept sépultures : celles de combattants de l'armée régulière mais aussi de « l'armée des ombres », pour que soient représentés aussi bien les résistants et les déportés que les Forces françaises libres et les combattants de la France d'outre-mer.

Infos pratiques

Mont Valérien Gratuites, les visites du site ont lieu à heures fixes au départ du centre d'information, un peu en hauteur sur la gauche du mémorial : 9h, 10h30, 15h et 16h30 (mars-juin et septembre-novembre), 10h et 15h (juillet-août et décembre-février). Elles permettent d'entrer dans l'enceinte du fort et de découvrir le monument aux fusillés, l'ancienne chapelle et l'exposition permanente consacrée aux politiques de répression en France pendant la guerre.

DEUX CHEFS-D'ŒUVRE VOULUS PAR SELLIER

À peine en contrebas, l'école de plein air (1935) est un site étonnant dont on ne voit malheureusement pas grand-chose de l'extérieur. Autre élément majeur de l'ambition hygiéniste de Sellier, elle visait à offrir aux enfants les plus chétifs un enseignement dispensé autant que possible à l'air et à la lumière, pour prévenir les maladies, notamment la tuberculose si redoutée. Si la première école de ce type voit le jour en 1906 près de Lyon, le modèle se diffuse bientôt en région parisienne et, sans surprise, Sellier en fera construire une. Le tandem Beaudouin et Lods a imaginé un bâtiment à la façade nord austère et hermétique pour couper des vents froids, mais à la façade sud largement vitrée, où les jeunes élèves se douchent et se brossent les dents tous les jours et passent régulièrement une visite médicale, eux qui vivent très souvent sans confort moderne. Quant aux classes, elles sont installées dans huit pavillons intégrés au jardin et reliés par une galerie couverte ; non seulement ils sont vitrés sur trois côtés, mais les parois peuvent se replier en accordéon pour faire cours en plein air. Aux beaux jours, la sieste a lieu sous les arbres du jardin ou sur le toit des classes, aménagé en solarium. Ouverte après-guerre aux enfants souffrant de handicaps divers, elle a fermé ses portes en 1995. Vous pourrez au moins voir l'énorme mappemonde qui servait de support à la leçon de géographie, et autour de laquelle on pouvait à l'origine tourner grâce à une rampe d'accès en spirale, et entrapercevoir le jardin et ses pavillons par le portail vert de la rue du Passage-Saint-Maurice.

L'extraordinaire cité-jardin de Suresnes est l'œuvre maîtresse d'Henri Sellier.

Vous n'êtes plus qu'à dix minutes du projet phare de Sellier : la fameuse cité-jardin de Suresnes, installée à dessein sur un plateau aéré dominant de 60 m la vallée de la Seine. Qu'importe votre cheminement, prenez le temps d'y déambuler. Vous serez surpris par sa taille considérable : 3 297 logements à l'origine (un peu moins aujourd'hui) dont 170 dans des pavillons jumelés, pour un total de plus de 8 000 habitants – une véritable ville dans la ville, dont la construction s'est échelonnée de 1921 à 1956, sous la supervision des architectes Maistrasse puis Dumail. Le corollaire est un haut niveau d'équipements et de commerces. Ne manquez ni les deux groupes scolaires (Édouard-Vaillant et Henri-Sellier), incluant à l'origine solariums, terrains de jardinage, gymnase, piscine, et où les

Il faut entrer dans l'église Notre-Dame-de-la-Paix pour découvrir son décor orientalisant tout en mosaïques et vitraux multicolores.

L'église Notre-Dame-de-la-Paix, cité-jardin de Suresnes

élèves bénéficiaient de visites médicales régulières ; ni l'église Notre-Dame-de-la-Paix consacrée en 1934 sans avoir été terminée (le projet prévoyait un clocher de près de 50 m), dont les trois nefs orientalisantes sont éclatantes, avec leurs vitraux, céramiques et briques composant des motifs géométriques multicolores ; ni enfin le théâtre Jean Vilar (1938) agrémenté de bas-reliefs aux figures allégoriques à l'antique, et monumentalisé par ses trois baies verticales pourvues d'élégantes ferronneries. Enfin, la cité-jardin est remarquable par la diversité de ses formes, matériaux et couleurs, et par la variété de l'organisation interne de ses îlots : pavillons traditionnels allée des Platanes mais d'un style beaucoup plus moderne avenue de Fouilleuse, immeubles en T, en U, en L, enduits ocres ou rosés, briques claires et sombres, oriels plus ou moins saillants, arches en plein cintre à voussures de part et d'autre du théâtre… Quant à la nature, elle est très présente via les alignements d'arbres, les jardins privatifs et partagés, le verdissement des cœurs d'îlots ou encore le grand square Léon-Bourgeois.

VIE ET MORT D'UNE IMPÉRATRICE

À pied, le château de Malmaison est un peu loin, mais le bus 144 (montez place de la Paix et descendez place Richelieu) vous en rapprochera. L'extérieur de cet édifice du 17e siècle n'est pas très impressionnant, mais sa décoration et son mobilier sont exceptionnels et, surtout, il est baigné du souvenir de ses plus illustres propriétaires : Napoléon Bonaparte et sa première épouse, Joséphine de Beauharnais. C'est en 1799, trois ans après leur mariage, qu'ils achètent cette demeure délabrée qui les séduit, lui pour la proximité de Paris, elle pour l'immense parc (6 ha aujourd'hui mais 70 à l'époque), où elle laissera libre cours à sa passion pour la botanique. Architectes presque officiels du régime, Percier et Fontaine en feront une villa confortable aménagée dans le goût antique. Ne manquez pas le salon doré, où un portrait de famille montre Joséphine en compagnie d'Eugène et Hortense, les deux enfants de son union précédente, ni le salon de musique, où elle organisait des concerts toutes les semaines. De l'autre côté, la salle du conseil et la bibliothèque perpétuent le souvenir de son illustre époux. À l'étage, vous verrez la chambre où elle mourut en 1814, loin de l'empereur exilé sur l'île d'Elbe. Ils étaient alors divorcés, car elle ne lui avait pas donné l'héritier tant attendu. Malgré tout très attaché à elle, Napoléon lui avait laissé la jouissance de son château bien-aimé et maintenu son titre d'impératrice.

Dans le centre-ville de Rueil, entrez dans l'église Saint-Pierre-Saint-Paul aux très belles orgues pour admirer, dans une chapelle latérale du chœur, le tombeau en marbre de Carrare de Joséphine : elle est représentée en orante, dans la posture qui est la sienne dans le tableau du sacre de Jacques-Louis David. En face, le mausolée d'Hortense, la représentant à genoux accompagnée d'un ange, a été voulu par son propre fils, l'empereur Napoléon III. Traversez l'agréable centre historique de Rueil, au caractère villageois, pour attraper le bus 258 pour La Défense.

Joséphine conserva sa chère MALMAISON après son divorce d'avec l'empereur et y termina ses jours en 1814.

LA DÉFENSE ET NANTERRE

15

PLUS D'UNE TOUR DANS VOTRE SAC

Chaque Francilien traverse la dalle de La Défense un jour ou l'autre, mais peut-être sans avoir pris le temps de mesurer l'évolution de ses tours selon leur génération, ou de regarder d'un peu plus près ces deux prodiges que sont le CNIT et la Grande Arche. Passée cette dernière, la balade se poursuit à Nanterre, révélant un patchwork d'édifices décapants, des tours Nuages à l'hôtel de ville.

M1 Esplanade de La Défense

7,2 km

1h40

RER A Nanterre-Ville

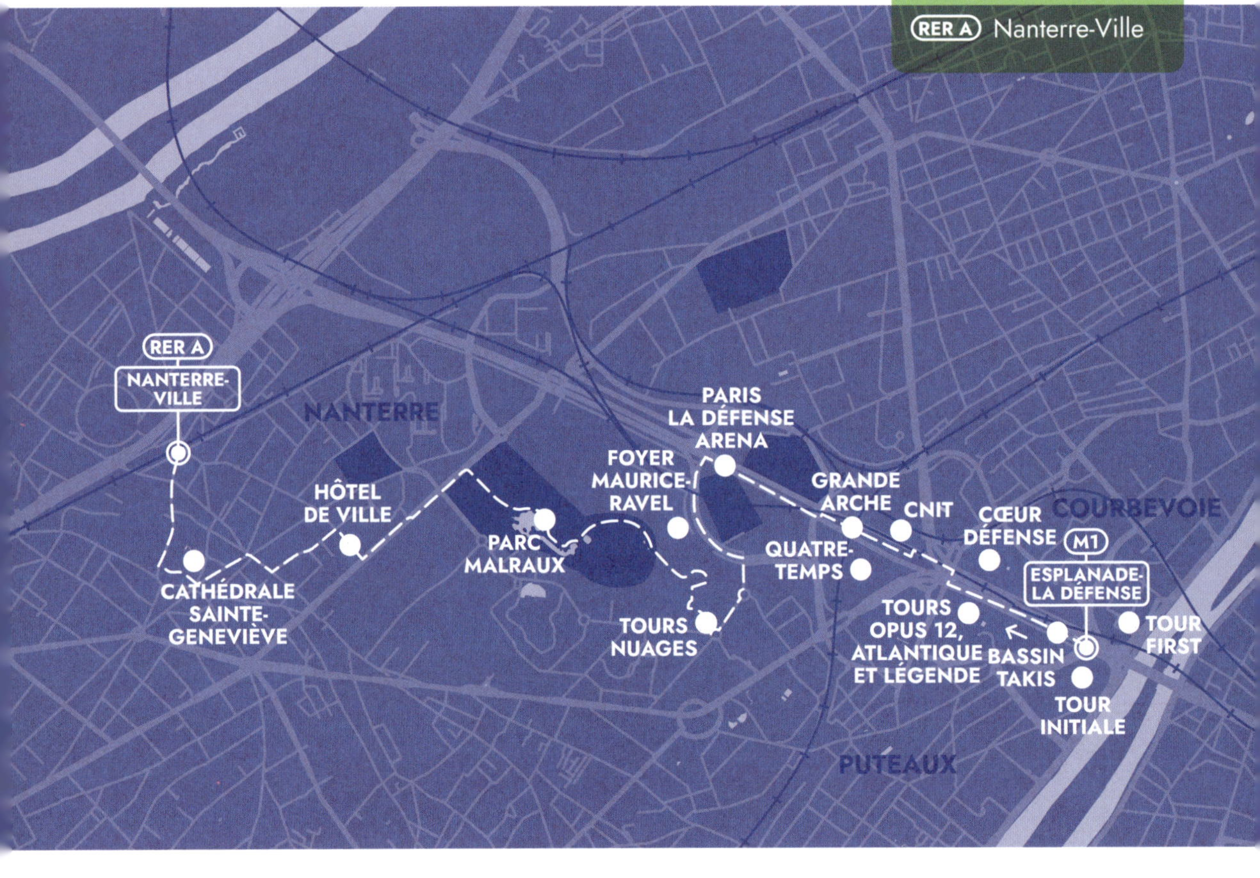

Les tours CB21 et First à La Défense

TOURS D'HORIZON À LA DÉFENSE

Selon le jour et l'heure, vous trouverez l'esplanade de La Défense presque déserte ou grouillant de monde, car son animation dépend largement de ses quelque 180 000 salariés. Une génération après l'autre, les tours de bureaux y ont connu de nettes évolutions stylistiques, celles qui ont été réhabilitées ayant tendance à brouiller les pistes. Il faut dire que les plus anciennes ont largement fêté leur demi-siècle puisque l'aménagement du site a débuté à la fin des années 1950, sur un territoire alors industriel. L'objectif : créer aux portes de Paris un quartier d'affaires digne des grands *business districts* internationaux. Le moyen : prolonger l'axe historique parisien, dont la perspective court du Louvre à la porte Maillot en passant par les Champs-Élysées, en alignant les gratte-ciel de part et d'autre d'une dalle séparant les flux piétons et automobiles.

À la sortie du métro Esplanade de la Défense, voici le **Bassin Takis**, du nom de l'artiste grec qui l'a conçu : émergent de l'eau une cinquantaine de sentinelles métalliques sommées de formes géométriques colorées qui, à la nuit tombée, clignotent de manière aléatoire. Cette œuvre n'en est qu'une parmi les 70 qui donnent couleur et mouvement au parvis, suivant une politique initiée dès l'origine : au gré de la promenade, on croise ainsi des sculptures d'artistes aussi notoires que César, Miró ou Calder.

Depuis les abords du bassin, votre regard accrochera, est-sud-est, la bien nommée **tour Initiale** (de Mailly *et alii*, 1966), qui fut une des premières à sortir de terre. Elle est caractéristique des tours de première génération par sa simplicité formelle, mais aussi par son respect des dimensions imposées à l'époque : un parallélépipède de 42 x 24 m, culminant autour de 100 m. De l'autre côté du parvis, la **tour First** (Dufau *et alii*, 1974), tout en biseaux et en décrochements, semble son exact contraire. Elle est en réalité le résultat d'une profonde restructuration de la bien grise tour Axa originelle, parfait exemple de la seconde vie dont

LE BASSIN TAKIS est une des quelque 70 œuvres d'art qui émaillent le parcours jusqu'à la Grande Arche.

Avec sa silhouette singulière, Cœur Défense, signé Jean-Paul Viguier, est un puissant repère dans la forêt des tours du quartier.

bénéficient certaines de ces géantes. Avec ses 231 m, elle est le plus haut gratte-ciel de France en attendant la livraison de The Link à horizon 2025. Un peu plus loin sur la droite, la tour CB21 (Harrison & Abramovitz, 1974) a elle aussi été restructurée plus récemment, mais sans altérer son plan en croix grecque, légère fantaisie typique des tours de deuxième génération.

En poursuivant vers l'Arche

Continuez jusqu'à l'étonnant Cœur Défense (Viguier, 2001), gigantesque complexe immobilier composé de trois immeubles bas et de deux tours, unifiés sur le plan formel par les arrondis de leurs extrémités qui leur confèrent un look original. Juste en face, quel bel alignement de tours et d'époques ! À gauche, la tour Ariane (de Mailly et Zammit, 1975) fait honneur à sa génération, la deuxième, avec un style pas franchement débridé mais un traitement intéressant des baies ; sa voisine est la tour Opus 12 (Dubuisson et Jausserand, 1973), qu'une restructuration a modernisée tout en conservant sa silhouette seventies ; puis vient la tristounette tour Atlantique (Delb *et alii*, 1970), une des rares cinquantenaires à être restée dans son jus ; voici enfin, bien plus moderne, la tour Légende (Pei Cobb Freed & Partners *et alii*, 2001), remarquable par la forme conique creusée dans sa partie inférieure et son impressionnant auvent circulaire en porte-à-faux.

C'est à ce niveau, presque dans l'axe du parvis, que trône un monument bien plus ancien. *La Défense de Paris* (1883), sculptée par Louis-Ernest Barrias, commémore le terrible siège de Paris par les Prussiens durant la guerre de 1870. Installée à l'origine au milieu d'un rond-point de Courbevoie, plusieurs fois déplacée au fil de l'aménagement du

quartier, elle reste un élément-clé de son histoire puisqu'elle lui a laissé son nom...

Le Centre des nouvelles industries et technologies (CNIT) est une célébrité pour au moins trois raisons : c'est à la fois le premier édifice inauguré à La Défense (1958), un singulier vaisseau de verre et de béton qui tranche radicalement avec son environnement et une prouesse technique due à l'ingénieur Esquillan, qui a imaginé une voûte autoportante rigidifiée par des câbles en acier et reposant sur trois culées de béton. Entrez admirer cette formidable voûte cannelée en béton brut, dont la portée de plus de 200 m a constitué à l'époque un record mondial. Après une première vie consacrée à l'accueil de grandes expositions, il abrite désormais des bureaux, commerces, centre des congrès et un hôtel de standing. Juste en face, les Quatre-Temps (1981) est tout simplement le centre commercial le plus fréquenté de France !

Le rêve brisé du Danois inconnu

Derrière se dresse parmi d'autres la tour T1 (Valode et Pistre, 2008), d'une élégante forme biseautée qui lui confère l'aspect d'une proue de navire, la résille métallique au sommet mimant le bastingage. Surtout, vous voilà parvenu au pied du monstre sacré. La Grande Arche, dont les plaques de granit blanc, qui ont remplacé celles en marbre de Carrare d'origine, étincellent au soleil, est aussi singulière par sa silhouette que par son histoire. Elle a été inaugurée en 1989 pour répondre à une obsession déjà ancienne : fermer la voie royale par un geste architectural puissant – tel fut le sens du projet « Tête Défense », qui vit germer quantité de propositions loufoques. C'est finalement le Danois von Spreckelsen qui remportera le concours lancé par François Mitterrand, et qui bâtira ce presque-cube (111 x 112 x 107 m) évidé dont on n'a jamais très bien su quoi faire. Le pilier sud accueille de nos jours le ministère de la Transition écologique, le nord diverses entreprises.

L'ARCHE DE LA DISCORDE

Parce qu'ils sont anonymes, les grands concours publics d'architecture réservent parfois quelques surprises... Ainsi en est-il allé du concours « Tête Défense », car parmi les 424 projets soumis, celui retenu s'avéra être signé Johann Otto von Spreckelsen, obscur architecte danois n'ayant rien construit d'autre qu'une église et sa propre maison. On demandait aux participants de fermer la voie royale ? Spreckelsen a eu l'intuition qu'on serait au contraire susceptible de vouloir la prolonger – et les faits lui ont donné raison. Alors, pour fermer sans fermer, il a proposé une arche. Mitterrand et ses proches conseillers seront séduits par la simplicité de l'évidence. La suite est presque tragique : le Danois se battra, mais seul et à distance, pour que sa vision soit respectée à la lettre, tandis que l'architecte Paul Andreu, présent au quotidien pour gérer le chantier, s'échinera à lui faire entendre raison sur les impossibilités techniques et les contraintes de temps et de budget. Après avoir carrément démissionné en 1986, von Spreckelsen mourra un an plus tard, amer et déçu, sans avoir vu l'achèvement de son grand œuvre.

EN ROUTE VERS NANTERRE… ET LES NUAGES

Naviguant entre les cimetières de Neuilly et de Puteaux, qui forment des respirations inattendues, vous atteignez la **Paris La Défense Arena** (Portzamparc, 2017), à la fois salle de concerts et enceinte sportive, site des épreuves de natation et de water-polo des JO 2024. Voilà le genre d'infrastructures de gros calibre à même de faire vivre un peu le quartier le soir…

LA CABANE

Si vous avez envie d'un déjeuner simple et efficace, le centre de Nanterre ne manque pas de brasseries avec terrasse. Si vous êtes partant pour une petite folie, réservez à La Cabane de Jean-François Bury, passé par « Top Chef », pour une expérience raffinée dans un cadre simple et chaleureux. *10, rue du Docteur-Foucault, Nanterre, www.cabanerestaurant.com, formule midi entrée-plat ou plat-dessert 35€.*

Le boulevard de Pesaro est bordé par l'étonnant **foyer Maurice-Ravel**, hélas en bien piteux état. L'architecte Jacques Kalisz a imaginé en 1978 cet empilement de 100 cubes répartis sur trois à cinq niveaux, dont l'agencement semble reprendre la logique des jeux de construction. Conçu pour héberger des étudiants en musique du monde entier, il allie studios à vivre et studios de musique, bibliothèque, salle de répétitions et auditorium. La patte de l'auteur du CND pantinois (p. 49) se reconnaît dans l'alternance des pleins et des vides, des saillies et des porte-à-faux.

L'étape suivante est un classique : les iconiques **tours Nuages** de la cité Picasso sont un ensemble unique de 18 tours d'habitation de hauteur variable, achevées en 1981. Au total, 1 600 logements pour, dit-on, un nombre équivalent d'arbres. C'est l'œuvre testamentaire d'un Émile Aillaud vieillissant, qui a poussé au plus loin son éternel rêve de poésie et de couleurs au pays du logement social, d'abord en donnant à ses tours cette forme de trêfle ou de nuage, ensuite en les ouvrant sur le monde par un agencement irrégulier de fenêtres rondes, carrées ou en gouttes d'eau, enfin en recouvrant la structure en béton de petits carreaux de pâte de verre colorée. Le sol est à l'avenant : les cheminements tout en bosses et en collines dallées, dissimulant

La soucoupe volante qui sert **D'HÔTEL DE VILLE** à Nanterre a atterri à mi-chemin du parc Malraux et du centre historique.

« Toutes ces tours seront différentes de façon que l'enfant sache, d'en bas, qu'il habite dans ce morceau de nuage ou dans ce bout de branche », Émile Aillaud, à propos des

TOURS NUAGES.

le parking enterré, créent de la fantaisie tout en annonçant le relief du parc Malraux voisin. Évoquée de longue date, leur nécessaire rénovation se fait attendre... Espérons qu'elle sera respectueuse de l'esprit d'Aillaud.

Que vous les appréciiez ou non, vous en aurez une très belle vue du haut des buttes du **parc Malraux**, aménagé à l'emplacement d'un vaste bidonville en utilisant les déblais issus de la construction de La Défense pour lui donner du modelé. Si une pause s'impose, les bords du lac vous tendent leurs bancs !

PETITE VISITE À LA SAINTE PATRONNE

En rejoignant le vieux Nanterre, vous saluerez le vaisseau spatial qui fait office d'hôtel de ville (Bedon et Darras, 1973), reprenant la formule de la pyramide, assez à la mode à l'époque, pour en proposer une version tronquée, avec des fenêtres-bandeaux accentuant son horizontalité. Dans le centre ancien, la tradition a fait du puits à l'entrée de la rue de l'Église celui de la maison natale de sainte Geneviève (5e siècle). Sur la mosaïque contemporaine juste à côté, elle est figurée aux côtés du Christ, portant... la tour Eiffel. Logique, pour la protectrice de Paris ! Quant à la cathédrale, son intérieur est une petite merveille. Dans l'entre-deux-guerres, le curé local voulut tirer parti de la notoriété de la sainte en remplaçant la vieille église Saint-Maurice par une grande église de pèlerinage, dont ne seront finalement bâtis, entre 1925 et 1937, que le chœur, le transept et la crypte, la nef et la façade antérieures étant finalement détruites en 1972 pour faire place à la façade actuelle. Admirez les voûtes ornées d'un spectaculaire ensemble de fresques, dont le hiératisme illustre le style Art déco appliqué à l'art religieux. Retiennent surtout l'attention le Christ montrant son Sacré-Cœur sur la coupole du chœur, neuf séraphins (trois paires d'ailes) entourant une grande croix irradiante sur celle de la croisée du transept et, dans le bras gauche du transept, une sainte Geneviève en majesté, tenant une nef, devant l'église où vous êtes, ainsi qu'une série de monuments parisiens. Non loin, une châsse couverte de plaques de cuivre doré conserve des reliques de la sainte. La rue Maurice-Thorez vous conduit à la gare de Nanterre-Ville.

Le vaste ensemble de fresques Art déco ornant **LA CATHÉDRALE DE NANTERRE** est unique en son genre.

16 DE SAINT-OUEN-SUR-SEINE À CLICHY-LA-GARENNE PAR SAINT-DENIS ET ASNIÈRES-SUR-SEINE

LA GRANDE MUTATION

Quatre communes traversées et autant d'atmosphères ! Dans ces villes au passé industriel, vous croiserez une cité-jardin et un château du 18e siècle, un village olympique, un théâtre Art déco et une centrale électrique réhabilitée, un des plus grands marchés aux puces du monde et un cimetière pas comme les autres... Quel inventaire à la Prévert !

M4 Porte de Clignancourt

14,5 km

3h20

M13 M14 Porte de Clichy T3B

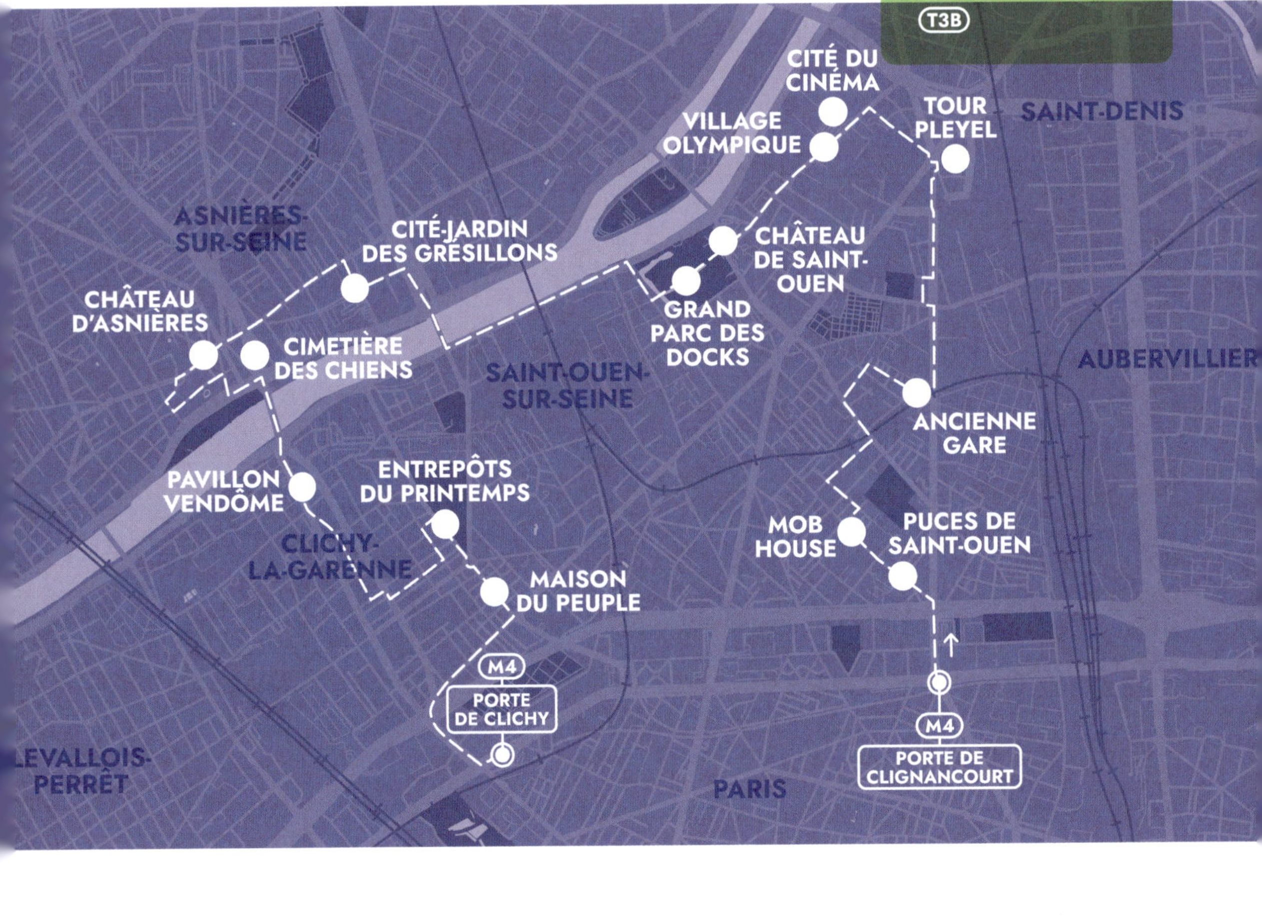

Rue Gisèle-Halimi, quartier des Docks à Saint-Ouen

SAINT-OUEN ET SAINT-DENIS : LES PUCES, LES DOCKS ET LE VILLAGE DES ATHLÈTES

Tout commence avec un grand classique : se revendiquant le plus grand marché d'antiquaires et de brocanteurs au monde avec 5 millions de visiteurs par an, les **puces de Saint-Ouen** composent un dédale de marchés où les friperies côtoient les magasins d'antiquités d'un tout autre standing – mais l'ambiance demeure populaire grâce à la foule curieuse des simples flâneurs. Le plus simple est de remonter la **rue des Rosiers**, sur laquelle s'ouvrent entre autres les marchés Biron – n° 85, l'un des plus haut de gamme, où l'on dit que Picasso et Breton venaient chiner – et Dauphine – n° 138, où trône une maison Futuro, du nom de cette soucoupe volante habitable conçue par le Finlandais Suuronen dans les années 1960.

Au n° 70, l'œil est attiré par l'immeuble d'angle « indus chic » inauguré en 2022 et accueillant le **MOB House**, un hôtel quatre étoiles où le design est une religion. Saint-Ouen change... Mais conserve à deux pas de là, rue Charles-Garnier, un bel alignement de **pavillons jumelés** construits en 1910 pour loger des cheminots.

BONNE AVENTURE

Juste en face du marché Paul-Bert, Bonne Aventure est une petite institution locale qui a su se faire une place au soleil. Il faut dire qu'on y déguste à prix doux une excellente cuisine qui sublime des produits de saison dans une ambiance très conviviale.
59, rue des Rosiers, Saint-Ouen, www.bonneaventure.fr, entrée-plat à partir de 18€.

Un slalom par les petites rues vous confronte au tissu urbain si particulier de Saint-Ouen, où pavillons, immeubles faubouriens, entrepôts, petites usines, opérations neuves s'entremêlent très finement ; **rue Claude-Monet** vous attendent trois impressionnants ensembles HBM des années 1930, tous revêtus de brique mais de factures différentes – les n° 2 et 4 offrent un jeu étonnant de retraits et de saillies triangulaires à pan coupé. Dans la continuité, la rue Alphonse-

Parmi les curiosités qu'on peut croiser
AUX PUCES DE SAINT-OUEN,
il en est une qui n'est pas à vendre : la maison Futuro !

L'architecture sobre et géométrique du château de Saint-Ouen est caractéristique de la Restauration.

Helbronner vous amène sur le parvis de l'ancienne gare de Saint-Ouen, superbement restaurée par son propriétaire privé, d'où la peu engageante D14 permet de filer jusqu'au carrefour Pleyel moyennant un crochet par la rue Sorin, à Saint-Denis, qui aligne de charmantes maisonnettes ouvrières édifiées par le Coin du feu, cette même coopérative à l'origine de la rue Loubet à Saint-Denis (p. 18).

L'empreinte des Jeux olympiques

Le carrefour Saint-Denis-Pleyel a bien changé depuis l'époque où s'y trouvait la célèbre manufacture de pianos du même nom. Il est dominé depuis 1973 par la tour Pleyel, point de repère au nord de Paris grâce à ses 144 m de hauteur et son enseigne lumineuse rotative, qui fit successivement la publicité de plusieurs entreprises. Si sa silhouette est basique, son profil se rétrécit à mesure que l'on monte dans les étages. 2024 a vu s'achever sa mue en un gigantesque hôtel quatre étoiles de 700 chambres, avec un revêtement en aluminium blanc lui offrant un look plus lumineux, complété par un bâtiment en U l'enveloppant et une tour de bureaux de 25 étages juste derrière, nommée Maestro.

Ce renouveau est bien sûr lié aux JO, qui ont métamorphosé ce quartier comme aucun autre. La Cité du cinéma, elle, est déjà là depuis 2012. Regroupant studios de tournage, sociétés de production et écoles de formation aux métiers du cinéma, ce grand projet porté par le réalisateur Luc Besson a permis de réhabiliter la grande halle d'une ancienne centrale électrique. Quant à la vaste zone d'activités qui cernait la Cité, elle a été rayée de la carte pour faire place au Village olympique. Sous la supervision du starchitecte Dominique Perrault, ces immeubles flambant neufs ont été conçus pour héberger les quelque 24 000 athlètes participant aux Jeux olympiques puis paralympiques, avant de se muer, après certains travaux d'adaptations, en un quartier résidentiel et de bureaux classique.

Sans transition, voici juste au sud le méconnu château de Saint-Ouen (1823), dont l'architecture sans fioritures est typique de la Restauration : élégance discrète de son plan carré et des joints très visibles entre les pierres, entrée mise en valeur

LE PARC DES DOCKS est un très agréable poumon vert ponctué de potagers au milieu des immeubles flambant neufs du quartier.

par un porche à colonnes soutenant le balcon. Hébergeant de nos jours le conservatoire municipal, il fut à l'origine la résidence de la favorite du roi Louis XVIII, madame du Cayla, qui y fit installer un mobilier exceptionnel. Dispersé par la suite, il a récemment été racheté par l'État qui semble préparer son retour à Saint-Ouen, après restauration.

Le château est désormais à l'orée du Grand Parc des Docks, poumon vert d'un quartier qui s'est métamorphosé en une décennie. À l'emplacement d'entrepôts, de friches, d'infrastructures sportives vieillissantes, a vu le jour cet écoquartier de 100 ha, qui a néanmoins dû composer avec le maintien de l'usine d'incinération et du site de la Compagnie parisienne de chauffage urbain. Mêlant logements, commerces et bureaux, il déploie une architecture monumentale plus ou moins inspirée selon les secteurs. Ces monolithes un peu écrasants sont en tout cas représentatifs des nouvelles façons de faire la ville.

Infos pratiques

Pour cette balade, privilégiez un samedi, un dimanche ou un lundi, sans quoi vous ne trouverez que des rideaux baissés aux puces de Saint-Ouen. Le premier dimanche du mois est par ailleurs la seule option pour découvrir l'intérieur du château d'Asnières.

ASNIÈRES : UN CHÂTEAU MIRACULÉ ET UN CIMETIÈRE PAS COMME LES AUTRES

Par le quai de Seine et le pont de Gennevilliers, vous rejoignez vite la cité-jardin des Grésillons, composée de 720 logements collectifs construits en 1934 par un infatigable bâtisseur, Louis-Clovis Heckly. Leur sobre silhouette fait l'objet d'un traitement plus soigné sur le versant sud, avec ces bow-windows en béton enduit qui se détachent puissamment sur les façades de brique. Une rénovation qui se fait attendre vise notamment à en améliorer l'isolation, point faible chronique de ces cités construites à l'économie.

Comment ignorer, à peine plus loin, la façade du centre national dramatique de Gennevilliers T2G (Louis Brossard, 1938) ? Quelle pureté des lignes, quelle harmonie en rouge et blanc ! Conçu pour être une halle de marché et une salle des fêtes, ce bâtiment moderniste a peu à peu été entièrement investi par le théâtre, dont les toits-terrasses accueillent un jardin d'agrément et un potager.

Dans le centre, on est un peu surpris de tomber sur ce charmant château en parfait état, là où tant de grands domaines des bords de Seine ne sont pas parvenus jusqu'à nous. Cette ravissante maison de plaisance, dont l'avant-corps central est un petit chef-d'œuvre d'élégance rocaille, a été construit en 1752 pour le puissant marquis de Voyer d'Argenson. Désormais propriété municipale, il se découvre en visite libre ou guidée chaque premier dimanche après-midi du mois.

Rejoignez les quais de Seine, en surplomb desquels se blottit un petit cimetière tout en longueur d'un genre particulier, inauguré en 1899. Si ses petites tombes et leurs épitaphes sont un peu inhabituelles, c'est parce que vous êtes dans le cimetière des Chiens, où sont aussi enterrés chats, chevaux, vaches, moutons, cochons et même un singe. On dit qu'un chien errant venu mourir à sa porte en 1958 aurait été le 40 000e animal enterré là...

Ci-contre, le château d'Asnières ; ci-dessus, le cimetière des Chiens

À CLICHY, UNE MAISON DE VERRE EN PASSE D'ÊTRE SAUVÉE

Dernière commune traversée : Clichy. Fronton sculpté à l'antique, symétrie parfaite, hautes fenêtres à petits carreaux révèlent le classicisme : c'est en effet à la fin du 17e siècle qu'a été édifié le **Pavillon Vendôme**, élégante demeure aujourd'hui centre d'art et office de tourisme. La rue Dagobert vous conduit jusqu'à l'**allée Gambetta** qui, avec son terre-plein central arboré et ses hauts immeubles Belle Époque et Art déco, dégage une atmosphère assez parisienne. Au bout, crochet conseillé à gauche pour découvrir la superbe façade des **entrepôts du Printemps** (Papinot et Simonet, 1910), conçu pour stocker les marchandises et abriter les ateliers de confection du grand magasin parisien. Quelle petite perle ! Une structure métallique rivetée pleinement assumée y est associée à de larges surfaces vitrées, de la brique ocre et de la céramique d'Alexandre Bigot, utilisée notam-

ment pour la grande inscription en arc de cercle qui couronne l'édifice. Cette superbe association d'une architecture industrielle monumentale et du raffinement tout en courbes de l'Art nouveau a reçu en 1923 l'extension visible à gauche, où la prédominance de l'angle droit et l'absence de tout ornement traduit le complet virage architectural opéré après la Grande Guerre.

Descendez l'élégant boulevard Général-Leclerc pour terminer avec une merveille d'architecture, dont il est difficile de saisir l'importance depuis l'extérieur : c'est la **Maison du Peuple** (1939). Cette boîte de verre et de métal est le fruit de la collaboration d'un quatuor avant-gardiste (les architectes Beaudouin et Lods, l'ingénieur Bodiansky et le designer Prouvé) qui ira très au-delà du cahier des charges initial (un marché couvert) en ajoutant un étage qui puisse être à la fois salle des fêtes, salle de conférences et cinéma, grâce à un système complexe – et fragile – de cloisons coulissantes, de planchers amovibles et de toit ouvrant lui conférant une modularité inouïe. Cette machinerie géniale, ainsi que les murs-rideaux (donc non porteurs) de la façade, ont grandement contribué à son classement au titre des monuments historiques dès 1983.

Spécialistes et connaisseurs s'alarmaient de longue date de la dégradation de l'édifice, dont le premier étage n'est même plus utilisé. Après une succession de rebondissements, son salut semble devoir passer par le groupe Alain Ducasse, qui l'a racheté en 2022. Maintes fois retouché pour apaiser des défenseurs du patrimoine préoccupés de voir ce bijou cédé au privé, le programme prévoit une manufacture de chocolat, deux restaurants et le siège social de l'entreprise, pour une livraison en 2025. Les fragiles mécanismes seraient rénovés et conservés, mais non exploités. Affaire à suivre ! Vous êtes à moins d'un quart d'heure du métro Porte de Clichy.

ALEXANDRE BIGOT

Figure majeure de l'ornementation des immeubles Belle Époque, le céramiste Alexandre Bigot (1862-1927) a collaboré avec tous les grands architectes Art nouveau de la place parisienne : couvrant parfois une bonne partie des façades, les décors de grès et de céramique fabriqués dans son usine de Mer (Loir-et-Cher), sa ville natale, ornent les grands magasins de la Samaritaine (Frantz Jourdain, 1910), le Castel Béranger (Hector Guimard, 1898), la plupart des réalisations de Jules Lavirotte, notamment le bien nommé Céramic Hôtel (1904), ou encore l'immeuble signé par Auguste Perret rue Franklin (1905) qui, lui, annonce déjà l'Art déco. En banlieue, l'héritage de Bigot est beaucoup plus rare, ce qui contribue à l'exceptionnalité des entrepôts clichois du Printemps.

78

Yvelines

LA BOUCLE DE LOUVECIENNES PAR MARLY-LE-ROI

17

LA VOIE ROYALE

Ce petit territoire en surplomb de la Seine, proche de grandes forêts et guère éloigné de Paris, a eu les faveurs des grands de ce monde dès le 17e siècle. Vous y croiserez tout à la fois Jules Hardouin-Mansart et Marcel Lods, Madame du Barry et Alexandre Dumas... Et aussi un aqueduc tricentenaire et l'ombre de la machine de Marly, manifeste de la folie des grandeurs du Roi-Soleil...

Louveciennes

11,9 km

3h15

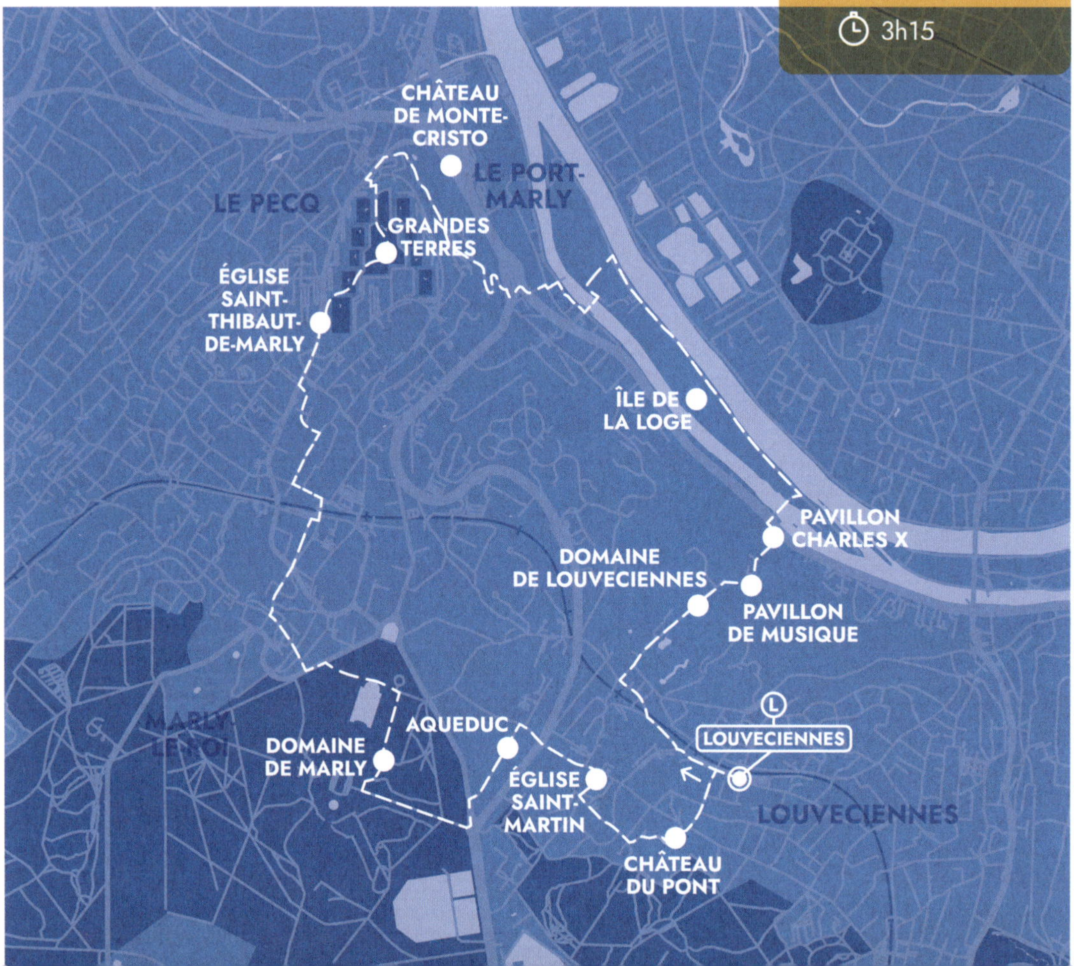

L'aqueduc de Louveciennes

À LOUVECIENNES, LES SOUVENIRS D'UNE COMTESSE ET D'UNE INCROYABLE MACHINE

Depuis la gare de Louveciennes, laissez-vous descendre sur la droite puis prenez la troisième à droite pour passer sous les voies ferrées. À peine plus loin, vous êtes en vue des bâtiments hétéroclites qui composent le vaste domaine de Louveciennes, scindé en deux sous le Second Empire. Ils ne se visitent pas, mais on en a de beaux aperçus depuis la rue de la Machine.

Vous découvrez d'abord la moitié sud du domaine, acquise au 19e siècle par le banquier Goldschmidt et formé de trois ensembles : d'abord, les somptueuses écuries en brique et pierre, en forme de U, que ses héritiers firent construire en 1898 par Henri Goury ; ensuite, l'hôtel particulier original bâti la même année par le même architecte dans le style Louis XV (notez les pierres taillées pour imiter la paroi d'une grotte, dans la pure tradition rocaille), avec ses deux pavillons que relie une terrasse à arcades ; enfin, en remontant l'agréable allée bordée de tilleuls, le château proprement dit, beaucoup plus ancien. Louis XV l'avait offert en 1769 à sa favorite, la comtesse du Barry, laquelle s'y sentit un peu à l'étroit et demanda aussitôt à l'architecte Claude-Nicolas Ledoux d'y adjoindre un pavillon de musique. Il servit à accueillir réceptions et festivités en tous genres mais aussi à abriter loin des regards importuns ses amours avec le roi. Modeste par sa taille, cette petite merveille malheureusement invisible depuis la rue vaut pour son décor intérieur grandiose, son péristyle en hémicycle annonçant le néoclassicisme, et la vue ébouriffante sur le méandre de la Seine depuis ses arrières. Constituant, avec son pavillon d'entrée à tourelles perpendiculaire à la rue, la seconde propriété issue de l'ancien domaine, il est à vendre depuis plusieurs années pour la bagatelle de 44 millions d'euros.

Quant au château lui-même, il avait déjà près d'un siècle d'existence lorsqu'il fut investi par la du Barry, car c'est Louis XIV qui en avait ordonné la construction en 1684 pour loger Arnold de Ville, maître d'œuvre d'une prodigieuse infrastructure, la machine de Marly. Bien qu'il n'en reste à peu près rien, le meilleur moyen de se la figurer est de descendre le raide chemin de mi-côte, voie de service

Les abords du fleuve dévoilent plusieurs vestiges de l'incroyable machine de Marly, dont les électropompes actuelles sont les lointaines descendantes.

qui en reliait les différentes installations établies sur le coteau. Vous verrez d'ailleurs différents panneaux explicatifs, ainsi que plusieurs reproductions de tableaux d'Alfred Sisley, qui peignit beaucoup les environs de Bougival où il s'était fixé.

C'est pour alimenter en eau ses domaines de Versailles et de Marly, aux innombrables bassins et fontaines, que le Roi-Soleil avait décidé de faire bâtir un gigantesque dispositif de pompage destiné à y acheminer l'eau de la Seine, malgré le double obstacle que constituaient la distance – près de 10 km – et le dénivelé – 150 m. Artisans et ingénieurs venus de Wallonie parvinrent à donner vie à ce projet aux difficultés techniques innombrables et au coût faramineux. À son inauguration en 1684, cette machinerie colossale au vacarme assourdissant, équipée de 14 roues à aube de 12 m de diamètre et entretenue nuit et jour par une soixantaine d'ouvriers, fit très vive impression auprès des contemporains. Elle devait fonctionner plus de 130 ans mais sans jamais fournir le débit désiré, si bien qu'elle fut presque aussitôt dédiée à l'alimentation du seul château de Marly, plus proche et moins gourmand. Pour Versailles, Louis XIV s'empressa alors de lancer un nouveau chantier dispendieux, celui du canal de Maintenon visant à amener l'eau de l'Eure, qui ne fut jamais achevé.

Même si son rendement ne fit que décroître tout au long du 18e siècle, faute d'un entretien suffisant, ce chef-d'œuvre d'ingénierie ne fut détruit qu'en 1817 et remplacé par plusieurs systèmes successifs, jusqu'à l'installation en 1968 d'électropompes toujours en service. En atteignant les bords de Seine, vous verrez les vestiges de ces différents systèmes, notamment le petit édicule au milieu du fleuve et le pavillon Charles-X avec son tympan sculpté, qui abritait la machine à vapeur qui prit le relais au 19e siècle.

EN VISITE CHEZ MONSIEUR DUMAS AU PORT-MARLY

Pour vous épargner la nationale, passez le pont et remontez la seule route de l'**île de la Loge** en restant prudent car, si la circulation est limitée, il n'y a pas vraiment de trottoir ; après les installations sportives, une passerelle piétonne récente vous ramène sur la terre ferme. Grimpez vers l'hôpital et voici soudain, au détour d'un virage, l'entrée d'un trésor méconnu, le **château de Monte-Cristo**. Difficile de ne pas tomber sous le charme de ce ravissant édifice néo-Renaissance au décor de façade plus que fourni, dont l'heureux propriétaire fit entrelacer ses initiales sur les clochetons couronnant les tourelles qui flanquent l'entrée : A et D… pour Alexandre Dumas, bien sûr. L'homme de lettres put se faire bâtir cette demeure en 1847 grâce au succès de son premier grand roman-feuilleton historique, *Les Trois Mousquetaires*. Il la nomma cependant d'après son best-seller suivant, *Le Comte de Monte-Cristo*, après qu'un cocher cherchant le castel l'eut ainsi naturellement désigné, une confusion entre fiction et réalité qui combla l'écrivain de fierté ! À ne pas manquer, l'incroyable salon mauresque voulu au retour d'un voyage en Tunisie, le parc à l'anglaise qui se joue du relief de la colline et le château d'If, annexe néogothique en brique et pierre que l'écrivain utilisa comme cabinet de travail et dont il fit orner l'extérieur de plaques portant le nom de ses œuvres.

À gauche, le château de Monte-Cristo ; à droite, le château d'If, où Alexandre Dumas avait installé son cabinet de travail.

Totalement méconnue, **L'ÉGLISE SAINT-THIBAUT** est une merveille d'architecture moderne et contemporaine.

Le grand homme profita peu des lieux, car un revers de fortune le contraignit à s'en séparer dès 1849. Après être passé par de nombreuses mains, le château et son parc ont été ouverts au public en 1994.

Le superbe site des Grandes Terres

Enchaînez sans transition avec les Grandes Terres, dont le plan d'ensemble vous attend à l'entrée sur une plaque émaillée restée dans son jus, tandis que le mur de soutènement à gauche porte en grosses lettres le nom des auteurs : c'est un Marcel Lods vieillissant, épaulé du Suisse Jean-Jacques Honegger, qui a imaginé cet ensemble de 1 500 logements sorti de terre entre 1956 et 1961 sur un site admirable en surplomb du fleuve, et où il habita lui-même. La qualité de cette copropriété repose moins sur un geste architectural fort que sur la beauté de l'environnement, la hauteur maîtrisée des immeubles (4 étages), avec des jeux de polychromie aujourd'hui disparus animant les façades, mais aussi leur orientation strictement nord-sud pour un ensoleillement maximal et leur agencement au cœur d'un écrin de verdure généreux rejetant le stationnement à la périphérie. Les équipements n'ont pas été oubliés : un petit centre commercial, deux écoles, des courts de tennis et, de l'autre côté de l'avenue du Président-John-Fitzgerald-Kennedy, ce bijou qu'est l'église Saint-Thibaut-de-Marly (1964). Elle fut édifiée par les architectes Perrouin, Lunel et Jung à l'initiative des habitants qui constituèrent une association pour lever les fonds nécessaires. À l'intérieur, quatre voiles en bois formant la charpente se rejoignent autour d'un étroit vitrail abstrait, translucide, rouge et noir, placé plein axe. Installé derrière l'autel, le buffet d'orgue (2008) est scindé en deux corps pour maintenir la vue sur l'intégralité de ce vitrail. Le résultat est d'une élégance folle et traduit magnifiquement l'élancement vers le Ciel.

SIRE, MARLY !

Un bon quart d'heure de marche et vous ralliez le vieux village de Marly-le-Roi, dont la Grande Rue qui dévale vers le sud-est a des allures de carte postale, avec ses façades pastel aux volets peints, ses petits restaurants et ses boutiques aux devantures coquettes. Au bout, voici le splendide **domaine national de Marly**, dans lequel vous pénétrez par la porte du Roi, un peu plus loin sur la gauche. Assez bien conservés, les jardins sont là, subtilement étagés vers le nord, la disposition des bassins et les alignements d'ifs taillés soulignant les perspectives. Mais ne cherchez pas le château... En 1679, Louis XIV sollicite son premier architecte, Jules Hardouin-Mansart, pour la construction à quelques kilomètres de Versailles d'un second domaine qui serait un lieu de plaisance, de détente et de divertissement, où il pourrait séjourner ponctuel-

LES FAMEUX CHEVAUX DE MARLY

Une bonne partie de la statuaire du parc a pu être sauvée et est désormais abritée au musée du Louvre... dans la cour Marly. On peut notamment y admirer les fougueux *Chevaux de Marly* sculptés dans le marbre par Guillaume Coustou, que deux palefreniers s'efforcent de retenir. Installées dans le parc à leurs emplacements d'origine, les nombreuses sculptures que vous verrez aujourd'hui ne sont donc que des moulages.

Le château du Pont à Louveciennes

lement avec quelques proches triés sur le volet, loin des pesanteurs de la Cour. Au sud, dans l'axe du Grand Miroir, trônait le pavillon du Roi de plan carré, dont les fondations sont encore visibles : de part et d'autre, douze petits pavillons étaient disposés symétriquement, accueillant les privilégiés sélectionnés pour se joindre au roi (« Sire, Marly ! », suppliaient les courtisans avides de s'y voir conviés à une petite sauterie). Rien de tout cela n'a survécu à la tourmente de la Révolution et de l'Empire.

L'AUBERGE DU VIEUX-MARLY

Rapporté à sa taille, Marly-le-Roi propose un joli nombre d'adresses. Vous serez merveilleusement au calme en choisissant l'Auberge du Vieux-Marly, dont la façade rose aux volets bleus se cache derrière une double rangée de tilleuls. C'est sous leurs feuillages que se déploie aux beaux jours sa très agréable terrasse.
3, allée André-Guillot, Marly-le-Roi, tél. 03 58 44 40, entrée-plat ou plat-dessert 22€.

En ressortant par la route de la Grille royale que borde le musée du Domaine, prenez la première à gauche puis à droite juste après la maison : devant vous se dresse l'extrémité de l'**aqueduc de Louveciennes**, superstructure de plus de 600 m qui prenait le relais de la machine de Marly. Après avoir été relevée au sommet du coteau, l'eau de la Seine atteignait en effet la tour du Levant, puis empruntait l'aqueduc jusqu'à rejoindre la tour du Couchant et de là, le réservoir destiné au domaine de Marly. L'aqueduc de Picardie, souterrain celui-ci, continuait jusqu'à Versailles.

Sans le suivre jusqu'au bout, passez dessous par le bien nommé chemin de l'Aqueduc, puis coupez la nationale pour plonger vers le centre historique de Louveciennes, lové autour de son **église Saint-Martin**. Dernière étape, le **château du Pont** qui, s'il ne se visite pas, se dévoile volontiers depuis la rue. Cette demeure en équerre du 17e siècle, blottie dans son grand parc, a vraiment du cachet avec ses hautes fenêtres à petits carreaux, ses fossés en eau qu'enjambe un pont pavé à arche unique et son noble portail en bois à double battant. Assez de rois et de châteaux ! La gare de Louveciennes est à 10 minutes.

18 DE SAINT-QUENTIN-EN-YVELINES À SAINT-CYR-L'ÉCOLE

DU VERT, DES LACS ET UNE ARCHITECTURE ÉPOUSTOUFLANTE

À Saint-Quentin, comme dans toute ville nouvelle, le tissu urbain assez étale est marqué par des polarités plus denses, signalées par des gestes architecturaux. De ce point de vue, les abords du lac de la Sourderie par Bofill et la «ville haute» de Montigny tiennent leurs promesses... Puis, par les presque sauvages étangs de la Minière, on rejoint Saint-Cyr, fière de sa célèbre école.

N U Trappes
13,3 km*
3h*
RER C
T13 Saint-Cyr
N U

*hors trajet en bus entre Trappes et Montigny-le-Bretonneux

Les Arcades du Lac à Montigny-le-Bretonneux

L'ANCIENNE COMMUNE FERROVIAIRE DE TRAPPES

La présence d'une gare de triage a longtemps fait de **Trappes** une petite ville cheminote. Parmi les logements construits pour les travailleurs du rail, l'ensemble remarquable situé avenue Marceau est vraiment inoubliable. Ces 40 pavillons mitoyens, tous identiques, doivent à leur disposition à 45 degrés par rapport à la rue leur surnom de **« Dents de scie »**. Influencés par les préceptes du mouvement moderne (toit plat et absence d'ornements), les Gutton père et fils signent ici en 1931 des logements ouvriers simples et peu coûteux, mais auxquels l'angle saillant traité en pan coupé pour le seul rez-de-chaussée confère une silhouette très singulière, accentuée par la répétitivité du motif. Quatre pièces pour 66 m², point d'eau et buanderie, jardin privatif tout en longueur en cœur d'îlot : la superficie et le confort étaient inédits pour la plupart de leurs premiers habitants.

Les Dents de scie seront complétées peu après, dans un registre différent, par **deux ensembles d'HBM** signés Gonnot et Albenque (p. 20) : une opération en peigne **avenue Gabriel-Péri** au style intemporel, et deux immeubles en vis-à-vis **avenue Marceau** qui ont un petit charme britannique, avec leurs briques rouge vif, leurs fenêtres à petits carreaux et leurs oriels tripartites en rez-de-chaussée. Derrière la gare, épargnez-vous 45 minutes de marche sans grand charme en empruntant le bus 414 jusqu'à l'arrêt Sourderie-Hôtel-de-Ville, à Montigny.

LES DENTS DE SCIE trappistes sont résolument iconoclastes dans le paysage des cités-jardins franciliennes.

Dents de scie et ensemble HBM signés Gonnot et Albenque

SAINT-QUENTIN, UNE VILLE NOUVELLE D'ART ET D'HISTOIRE

Vous atteignez bientôt d'austères immeubles bruns et plein axe, et, tiens donc… comme un *tempietto* très bofillien. Oui, c'est bien Ricardo Bofill qui a signé ici sa première réalisation française. Autour du lac artificiel de la Sourderie, le Catalan a imaginé deux ensembles très dissemblables, aussi postmodernes l'un que l'autre. Côté ouest, où vous êtes, les **Arcades du Lac** (1982) : la solennelle géométrie de ces blocs carrés, où lesdites arcades guident le regard, se prolonge par le clou du spectacle, le saisissant **Viaduc**. Reliés par des ponts couverts, six plots de logements s'avançant au-dessus du bassin se terminent par une plateforme circulaire offrant une vue panoramique avec au premier plan ***Voilure***, l'étonnante sculpture métallique de Marcel van Thienen. Bofill porte ici l'idée de construire du logement pour tous en s'inspirant d'édifices aussi prestigieux que le pont d'Avignon et le château de Chenonceau, qui eux aussi s'interrompent avant d'avoir atteint l'autre rive : l'ensemble y a carrément gagné son surnom de « Versailles du peuple » ! Y vivre est sans aucun doute une expérience singulière… Côté est, les **Temples du Lac** (1986) ont eux aussi cherché à renouveler l'image du logement social en puisant cette fois leur inspiration dans l'héritage gréco-romain si cher à l'architecte.

LE POSTMODERNISME

Il apparaît en architecture à la fin des années 1970 en réaction au mouvement moderne qui l'a précédé et dont Le Corbusier fut la figure de proue. Il cherche à s'éloigner de la stricte fonctionnalité prônée par ce dernier, sans ornement ni référence au passé, et dont le dénudement formel standardisé, taxé d'indifférence aux traditions culturelles, aurait fini par appauvrir les paysages urbains ; il en conserve en revanche les techniques modernes de construction. Bofill et Núñez Yanowsky (p. 77) en sont deux éminents représentants, le premier multipliant les références à l'antique (motifs de l'agora, de l'arc de triomphe, du temple), le second allant jusqu'à incorporer des répliques de sculptures célèbres dans ses bâtiments, comme avec ces Vénus de Milo qui soutiennent son immeuble « Les Cariatides » à Guyancourt !

Le Viaduc à Montigny-le-Bretonneux

La grande halle de Montigny où se reflètent joliment le ciel et les immeubles voisins est typique de l'architecture cylindrique chère aux époux Deslandes.

Ville haute, ville basse

Si le trajet vers le cœur de la ville nouvelle vous donnera l'image d'une agglomération étendue, la volonté de créer une centralité plus dense et verticale devient manifeste à l'approche de l'université. Ne manquez pas la séduisante **grande halle** (aujourd'hui centre commercial Sud Canal) conçue en 1989 par les époux Deslandes, qui rendent hommage à Baltard dans leur manière d'associer verre et métal, mais proposent une structure tubulaire réinventant profondément le modèle.

Remontez la **Perspective**, cet axe piéton rectiligne dont les villes nouvelles se sont fait une spécialité : reliant «ville basse» et «ville haute», elle s'amorce au boulevard Vauban, dont le tracé incurvé a valeur de rempart symbolique. Vous débouchez bientôt sur la **place Georges-Pompidou**, pensée par Manuel Núñez Yanowsky qui lui a donné la forme oblongue d'un cirque antique. On reconnaît bien sa patte dans les contreforts de béton très semblables à ceux des Arènes de Picasso (p. 77). Sa monumentalité est subtilement atténuée par une symétrie très imparfaite, grâce aux différences assez nombreuses entre les deux édifices en arc de cercle et à la présence au sud-ouest du

grand théâtre (Stanislas Fiszer, 1993) qui vient fermer la perspective de l'avenue du Centre. En contrebas des escaliers, son rez-de-chaussée accueille le **Musée de la ville de Saint-Quentin-en-Yvelines**, musée de territoire et de société qui documente le design et les modes de vie de la seconde moitié du 20e siècle, mais aussi l'aventure de la ville nouvelle tout en soulignant l'importance du patrimoine antérieur. C'est bien ce double visage qui a valu à l'agglomération, bien que cela puisse surprendre, le label « Pays d'art et d'histoire ».

RETOUR À L'ÉCOLE… ET QUELLE ÉCOLE !

À Saint-Quentin, la nature n'est jamais loin : vous rejoignez rapidement le **parc des Sources** de la Bièvre, la rivière qui, à 35 km d'ici, coulait à ciel ouvert dans Paris jusqu'au début du 20e siècle. À partir de là, vous allez descendre sa haute vallée, jalonnée par les **étangs de la Minière**, succession de belles pièces d'eau artificielles qui attirent hérons, cormorans et bernaches du Canada. La forêt occupe densément les rives, et on se sent soudain très loin de la région parisienne.

Par les chemins forestiers, vous atteignez Saint-Cyr-l'École, dont vous traversez une zone pavillonnaire pour rejoindre le centre-ville. La présence d'un aérodrome et d'une gare de triage tous deux utilisés par les Allemands a valu à la commune d'être anéantie à plus de 90 % par la Royal Air Force à l'été 1944 : **avenue Jean-Jaurès**, parement en pierre sur armature en béton, encadrement des fenêtres en légère saillie et claustras soulignant les cages d'escalier sont typiques de l'architecture de la Reconstruction et peuvent évoquer certaines villes bas-normandes ayant subi le même sort. Mais ce qui fait la célébrité de Saint-Cyr-l'École, c'est plutôt… son **école**. Lointaine héritière de la Maison royale de Saint-Louis fondée en 1686 par Madame de Maintenon pour éduquer les jeunes filles nobles désargentées, elle est un des six lycées français gérés par le ministère de la Défense, avec pour vocation de scolariser un minimum de 70 % d'enfants de militaires.

Eux-mêmes durement touchés par les bombardements, les bâtiments actuels sont un patchwork complexe de bâtiments datant du 17e au 20e siècle. Inutile de dire que les lieux ne se visitent pas… Sauf en sollicitant les offices de tourisme de Versailles ou de Marly pour une visite sur rendez-vous du musée du Lycée militaire, installé dans l'ancien Pavillon des Archives construit sous Louis XV. La gare n'est plus qu'à 200 m.

TABLE DE BRETAGNE ET DE SAVOIE

Terrasse généreuse au bord de l'eau à la Table de Bretagne et de Savoie où, comme son nom le laisse imaginer, des plats roboratifs sauront calmer les grosses faims, la carte pouvant satisfaire tous les goûts et appétits.
2-4, quai François-Truffaut, Montigny-le-Bretonneux, www.latabledesavoieetbretagne.fr, galettes à partir de 11€, plats à partir de 16€.

LES VILLES NOUVELLES

Elles sont cinq, réparties plus ou moins équitablement autour de Paris, à une moyenne de 20 kilomètres à vol d'oiseau du périphérique. Les randonnées invitent à en découvrir quatre — Évry, Cergy, Marne-la-Vallée et Saint-Quentin-en-Yvelines — et à effleurer la cinquième, Sénart. Bien qu'elles soient loin d'être des copies conformes, elles sont le fruit d'un même projet, d'une même vision. Quels objectifs leur étaient assignés et peut-on dire qu'elles les ont atteints ? Quelle qualité de vie offrent-elles après un demi-siècle d'existence ? Petit tour d'horizon de ces cinq demi-sœurs.

L'anecdote est fameuse dans le petit monde des urbanistes et des aménageurs. Au début des années 1960, le général de Gaulle survole la région parisienne en hélicoptère, et ce qu'il voit ne lui plaît pas beaucoup : en 15 ans, l'agglomération a gagné 1,5 million d'habitants, qui se sont agrégés à la capitale de manière incontrôlée. Il faut faire quelque chose. Le général se tourne alors vers le haut fonctionnaire qui se tient à ses côtés, un certain Paul Delouvrier. Et il lui dit : « Delouvrier, mettez-moi de l'ordre dans ce bordel. » Ce jour-là, l'ancien résistant vient de devenir le père des villes nouvelles.

DÉCONCENTRER PARIS

L'objectif est clair : créer des pôles secondaires pour aboutir à une agglomération polycentrique, équilibrée, générant des flux mieux répartis et plus uniquement des déplacements radiaux Paris-banlieue. Pour ce faire, elles doivent être relativement autonomes, fixer la population grâce à un bon ratio entre habitat et emploi. L'éclatement de la Seine-et-Oise en six nouveaux départements en 1968 accompagne ce processus de déconcentration.

Une nuée de technocrates se met alors au travail pour formaliser le cadre légal auquel s'adosseront les villes nouvelles. Le résultat est un écheveau complexe truffé de sigles rebutants, peu accessible au profane. Résumons : l'Institut d'aménagement et d'urbanisme de la région parisienne élabore en 1965 un schéma directeur, fruit de ses réflexions sur le logement, l'activité, les transports ou les équipements publics. Toujours en vigueur – quoique maintes fois révisé – sous le nom de schéma directeur de la région Île-de-France (SDRIF), il est à l'origine de deux réalisations majeures qui sont d'ailleurs intimement liées : les villes nouvelles et le réseau express régional (RER). Le second dessert en effet très finement les premières – une gare pour Saint-Quentin, quatre pour Sénart et Cergy, cinq pour Évry, huit pour Marne-la-Vallée.

Chacune des villes nouvelles a vu le jour dans le cadre d'une opération d'intérêt national, l'État souhaitant garder la mainmise sur le processus, avec Delouvrier à la manœuvre. Au niveau local, cinq établissements publics d'aménagement (EPA) créés entre 1969 et 1973 planifient l'urbanisation des territoires concernés.

DEUX MODÈLES, MILLE ARCHITECTURES

De ce cadre complexe vont naître deux modèles urbains assez distincts. Érigées en préfectures de l'Essonne et du Val-d'Oise nouvellement créés, Évry et Cergy ont surgi en marge de deux villages préexistants dont elles ont conservé le nom, mais aussi de deux villes historiques importantes (Corbeil, Pontoise) avec lesquelles elles offrent un contraste frappant. Beaucoup plus étalées, Marne-la-Vallée, Saint-Quentin et Sénart disposent d'équipements et d'activités plus diffus ; leur nom n'est celui d'aucune des communes qui les composent.

Au rayon des points communs : densité modérée, bonne accessibilité en transports en commun, attention portée aux cheminements piétons, volonté d'attirer des entreprises, présence d'universités et de formations supérieures. La fameuse dalle organisée autour d'un centre commercial, séparant les flux piéton et automobile et qui est peut-être la première image que l'on se fait des villes nouvelles, ne se retrouve en réalité que dans trois d'entre elles : Évry, Cergy et Noisy-le-Grand pour Marne-la-Vallée.

Mais leur point commun le plus remarquable est sûrement leur architecture soignée, diversifiée dans ses formes comme dans sa densité, souvent signée par des architectes de renom dont certains seront sollicités pour plusieurs d'entre elles (Ricardo Bofill, Alain Sarfati, les époux Deslandes, Michel Andrault et Pierre Parrat). Les villes nouvelles vont même servir de tremplin à des étoiles montantes aujourd'hui célèbres, comme Roland Castro, Jean Nouvel ou Christian de Portzamparc. Parce qu'on cherchait à éviter à la fois la monotonie des cités-dortoirs et la médiocrité déjà dénoncée des grands ensembles, on a donné le feu vert à nombre de projets parfois presque farfelus – de là cet extraordinaire répertoire d'édifices en forme de pont, de pyramide, d'arche, de cylindre, de vaguelettes, de fleur, de camembert. La reconnaissance de cette richesse architecturale est d'ailleurs d'ores et déjà en marche. Saint-Quentin est labellisée Ville et Pays d'art et d'histoire depuis 2006, tandis qu'en 2019, seize ensembles évryens ont été labellisés Architecture contemporaine remarquable. Cela n'empêche pas les villes nouvelles d'accu-

À Cergy-Pontoise, la place des Colonnes, point de départ de l'Axe majeur, déploie le répertoire classique monumental cher à Ricardo Bofill.

Dans les villes nouvelles, la nature est en majesté, si bien que l'on s'y croirait parfois presque à la campagne, comme ici le long de l'allée du Canal à Évry.

ser parfois leur âge – Évry est actuellement un vaste chantier de rénovation.

À L'HEURE DU BILAN

Si Marne-la-Vallée et Sénart ont encore leur statut de ville nouvelle, les trois autres EPA ont été dissous au début des années 2000 au profit de communautés d'agglomération classiques, preuve que Saint-Quentin, Cergy et Évry sont aujourd'hui considérées comme « terminées ». Ont-elles atteint leurs objectifs ? En termes démographiques, le résultat est assez convaincant, puisqu'elles rassemblent presque un million d'habitants à elles cinq. Sur le plan architectural, elles ont sans aucun doute proposé une alternative aux grands ensembles. S'agissant de la qualité de vie, la quantité des espaces verts, la diversité des formes urbaines, des équipements et de l'offre culturelle et universitaire sont flagrantes même si, dalles exceptées, leur étalement tend à favoriser la voiture. Bref : le bilan des villes nouvelles est loin d'être déshonorant.

19

DE VERSAILLES À VILLE-D'AVRAY ET À SÈVRES

À PILE OU FACE ENTRE VILLE ET FORÊT

On s'y rend toujours pour le château du Roi-Soleil et ses jardins, dont la visite est si dense que l'on n'a plus l'énergie d'y ajouter celle de la ville. Versailles doit pourtant au rayonnement de sa demeure royale un patrimoine exceptionnel et vaut le voyage à elle seule. De là, un parcours forestier conduit à Ville-d'Avray et à Sèvres, où l'empreinte régalienne est tout aussi manifeste...

RER C N U Versailles-Chantiers
13,5 km
3h10
M9 Pont de Sèvres

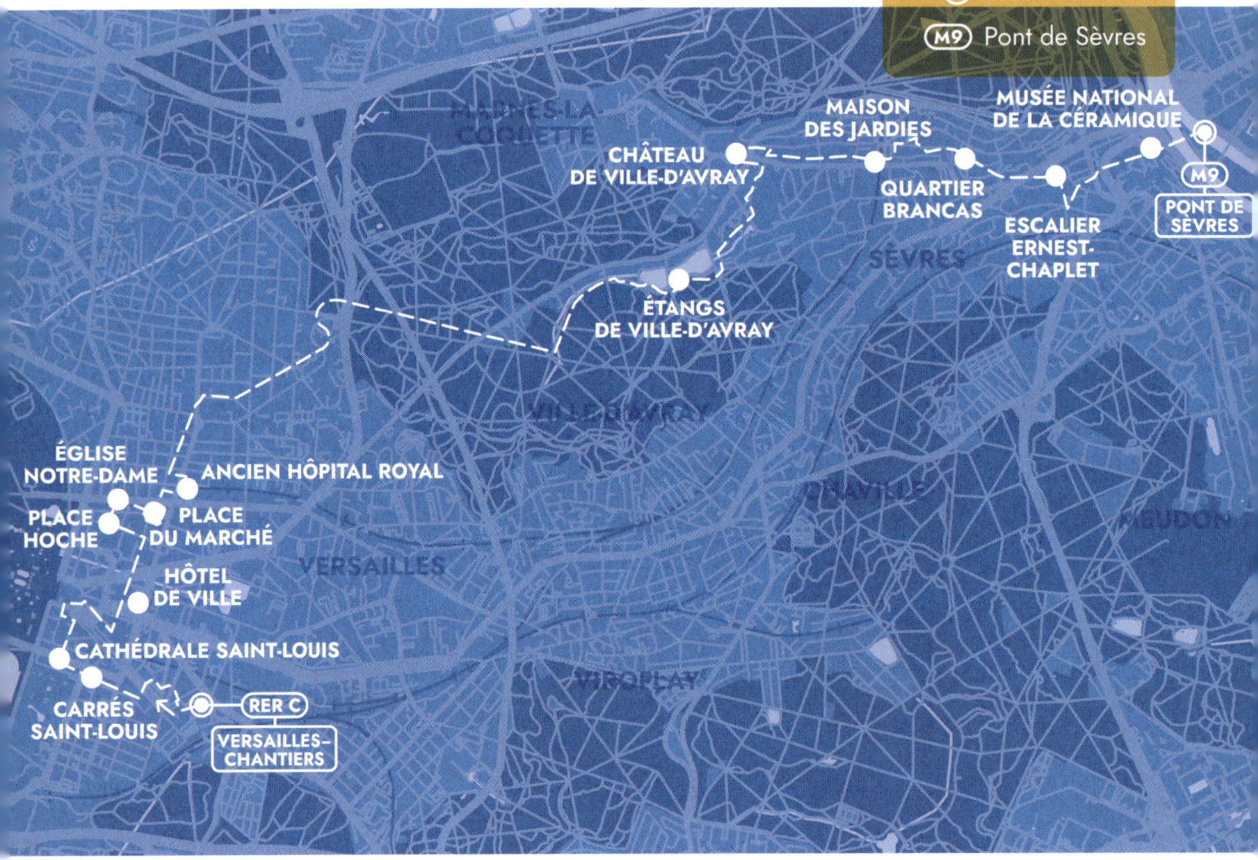

Entrée du quartier des antiquaires à Versailles

DU QUARTIER SAINT-LOUIS DE VERSAILLES...

Depuis l'austère gare Art déco de Versailles-Chantiers (1932), traversez le jardin des étangs Gobert pour rejoindre les **Carrés Saint-Louis**. Oh, les étonnantes « baraques », avec leurs toitures mansardées disproportionnées englobant l'étage et les combles ! Cet ensemble pittoresque a été construit sous Louis XV pour abriter les commerces d'un nouveau marché, complémentaire de celui du quartier Notre-Dame, mais fut rapidement converti en logements moyennant cette surélévation osée. Ces carrés ne portent plus si bien leur nom, puisque la moitié de chacun d'eux a été détruite pour cause de vétusté, mais les maisonnettes bientôt tricentenaires donnant sur le croisement des **rues Royale et d'Anjou** ont conservé leur homogénéité pleine de cachet et abritent encore quelques boutiques croquignolettes. N'hésitez pas à aller flâner dans les charmantes arrière-cours, pavées et arborées.

Accessible par le n°10 rue du Maréchal-Joffre, le **potager du Roi** est à deux pas. Aménagé pour les besoins de la table du Roi-Soleil par La Quintinie, directeur des jardins royaux, il est cloisonné de nombreux murs qui coupent le vent, accumulent la chaleur et permettent des cultures en espalier. Les bâtiments attenants abritent désormais la très réputée École nationale supérieure du paysage qui a la charge de l'entretien de ce lieu de toute beauté.

LES CARRÉS SAINT-LOUIS

surprennent par leurs toitures mansardées disproportionnées.

Le potager du Roi, qui se visite, offre un beau point de vue latéral sur la cathédrale Saint-Louis.

Presque en face, la **cathédrale** est dédiée à saint Louis, omniprésent à Versailles en sa qualité de protecteur des rois et de la monarchie. Achevée en 1754, elle présente une façade monumentale typiquement classique, marquée par une profusion de colonnes, doriques à l'étage inférieur et corinthiennes au-dessus, suivant les canons en vigueur.

Par la rue du Vieux-Versailles, autour de laquelle se situait le village médiéval dont Louis XIV fit table rase pour tracer au cordeau les voies d'une cité moderne, vous rejoignez la fameuse **salle du Jeu de Paume,** édifiée en 1686 pour les besoins d'une Cour friande de ce sport alors très populaire. Mais c'est en juin 1789 qu'elle est entrée dans l'histoire lorsqu'une bonne moitié des députés des États généraux s'y autoproclamèrent Assemblée nationale et firent le serment de ne se séparer qu'après avoir donné à la France une Constitution. Accessible en visite libre seulement les week-ends aux beaux jours, l'intérieur n'a pas beaucoup d'intérêt esthétique mais reste un lieu de mémoire dont témoigne l'immense *Serment du Jeu de Paume*, réalisé à la fin du 19e siècle par le peintre Merson d'après le tableau inachevé de Jacques-Louis David, en se fondant sur ses études et en respectant le format prévu.

En piquant à l'est, vous passerez devant l'élégante **gare de Versailles-Château-Rive-Gauche**, avec sa structure métallique très horizontale, tout en contraste avec l'écrasant **hôtel de ville**, massif édifice néo-Louis XIII achevé en 1900.

La cathédrale Saint-Louis de Versailles

... AU QUARTIER NOTRE-DAME

Vous avez successivement coupé les avenues de Sceaux, de Paris et de Saint-Cloud, trident rayonnant depuis la place d'Armes qui rompt la monotonie de la trame orthogonale du centre-ville, reflet de son urbanisation hautement planifiée du temps des rois. Ombragée de marronniers augustes, centrée sur la statue de l'illustre général de la Révolution né dans la commune, la **place Hoche** aurait été la première place octogonale de France lors de sa conception en 1671. Elle marque votre arrivée dans le quartier Notre-Dame.

À peine plus tardive (1686), l'**église Notre-Dame** n'a quasiment pas été altérée depuis, ce qui en fait un remarquable manifeste du classicisme louis-quatorzien : y ont d'ailleurs œuvré l'architecte Hardouin-Mansart et les peintres et sculpteurs qui en parallèle travaillaient au château. Paires de colonnes sur deux niveaux, horloge centrale, fronton couronné d'une croix, tours de clochers latérales... Est-ce que la cathédrale déjà croisée ne lui ressemblerait pas beaucoup ?

Cœur battant de Versailles, la **place du Marché** est un incontournable. Elle est délimitée par quatre halles couvertes en équerre qui furent longtemps spécialisées (Carré à la viande, Carré aux herbes – c'est-

POSITIVE CAFÉ

Pile sur votre route, dans la rue semi-piétonne de Satory, voilà un restaurant flexitarien qui assume son look cantine tout en proposant une très belle carte de bowls, salades et burgers végétariens, à accompagner pourquoi pas d'un jus maison.
9, rue de Satory, Versailles, www.positivehealthyfoods.com, formule midi plat et jus ou plat-dessert à 19,90€.

à-dire aux fruits et légumes –, Carré à la farine et Carré à la marée), mais les quelque 35 commerces qu'elles abritent toujours ne tiennent plus aucun compte de cette répartition. La place ainsi formée accueille en outre cinq jours par semaine un marché de plein air, le tout ayant décroché en 2018 le titre de plus beau marché d'Île-de-France… Pas étonnant que l'animation y soit permanente !

Glissez-vous dans le passage de la Geôle pour rejoindre le quartier des antiquaires. Ils sont une cinquantaine à s'être nichés dans cet étroit périmètre autour de l'hôtel du Bailliage, qui fut tribunal et prison sous l'Ancien Régime, et dont vous pouvez admirer la cour pavée et la façade harmonieuse. Bijoux, argenterie, tableaux, armes, livres anciens, faïences, gravures : du Bailliage au Carré, du Village au Passage des Antiquaires, ces quatre espaces reliés par des cours et des ruelles en offrent pour tous les goûts… mais pas pour toutes les bourses !

La dernière étape versaillaise est pour l'ancien hôpital royal du 18e siècle, qui revient de loin : abandonné durant 30 ans, il a achevé il y a peu sa restauration sous forme d'un ensemble de logements, commerces et bureaux. La chapelle qui en occupe le cœur est devenue l'espace Richaud, lieu culturel ouvert à tous accueillant des expositions temporaires. Même sans le visiter, entrez au moins dans la grande cour carrée par l'allée Claude-Érignac : quel endroit majestueux et comme coupé du monde ! Versailles est bien, de loin, la ville de banlieue dont le patrimoine d'Ancien Régime est le plus considérable.

Librement accessible, la cour intérieure de **L'ANCIEN HÔPITAL ROYAL** offre un havre de paix très élégant en plein centre-ville.

EN ROUTE VERS SÈVRES ET SA MANUFACTURE

Place au Versailles résidentiel avec l'**avenue de Villeneuve-l'Étang**, que bordent d'opulentes demeures parfois un peu m'as-tu-vu – mention spéciale pour le n° 36 en brique et meulière, dominé par sa tourelle-mirador au sommet largement vitré. Voici bientôt la forêt de Fausses-Reposes et ses plus de 600 ha : plongez-y plein axe par la route de la Porte-Verte et, après avoir coupé la D985, poursuivez tout droit sur 500 m jusqu'à atteindre le carrefour des Bassins. La route des Bassins (deuxième à gauche) vous fera alors dessiner une courbe douce jusqu'aux si agréables **étangs de Ville-d'Avray**, souvent immortalisés par le peintre Corot. Ses parents possédaient non loin une maison de campagne qu'il conserva toute sa vie : vous l'apercevrez, au n° 7 rue du Lac, en vous dirigeant vers le **château de Thierry**.

Construit à la fin de l'Ancien Régime pour Marc-Antoine Thierry, intendant du Garde-Meuble de la Couronne, aujourd'hui propriété de la commune, il adopte un style néoclassique très pur, rehaussé par la présence de l'escalier en fer à cheval. Depuis le parterre en demi-cercle qui surplombe le collège, préférez le chemin à gauche pour gagner le cœur de Ville-d'Avray. Par l'avenue de Balzac, vous atteignez bientôt la demeure que posséda le grand homme, à Sèvres.

Où Léon succéda à Honoré

Modeste maison de vigneron du début du 19e siècle, la **maison des Jardies** fut en effet acquise par l'écrivain qui, lui-même installé un peu plus loin, y logea son jardinier. En 1878, l'homme politique Léon Gambetta la racheta et y vécut jusqu'à sa mort quatre ans plus tard. Divers objets commémoratifs, installés dans un décor d'époque où tapis, rideaux et papiers peints fleuris dégagent une atmosphère délicieusement surannée, peuvent être découverts en cet endroit hors du temps, presque écrasé par le grandiose **monument** à la mémoire de l'éminent républicain, dû au ciseau de Bartholdi en personne...

Comment ne pas envier les habitants de la rue des Jardies, avec ses superbes villas lovées dans des jardins aux arbres majestueux ? Elle débouche sur le parvis de la gare de Sèvres-Ville-d'Avray, vil-

À Sèvres, **LA MAISON DES JARDIES** porte à la fois le souvenir de Balzac et de Gambetta.

Escalier Ernest-Chaplet et quartier Brancas

lageois et intime avec sa cordonnerie, sa crêperie et son café. Le charme continue à opérer après avoir rejoint, grâce à la passerelle étroite enjambant les voies ferrées, le **quartier Brancas** et ses maisons blotties parmi les arbres. Et dire que le Transilien met La Défense à 12 min !

CÉRAMIQUES D'HIER ET D'AUJOURD'HUI

Toujours active, la Manufacture emploie 120 céramistes produisant chaque année quelques milliers de pièces pour les grands corps de l'État, à commencer par l'Élysée, ou à l'occasion de salons d'art. Multipliant les collaborations avec les artistes les plus variés, dont certains viennent ici-même en résidence, elle est à l'origine de créations très contemporaines sans grand rapport avec les services que lui commandait la Pompadour !

Descendez presque toute la rue Brancas, bordée de plusieurs demeures intéressantes (notez le Castel Fleuri très élancé au n° 94 ou encore la Roche Fleurie, fantaisie néogothique au n° 74), jusqu'à atteindre l'**escalier Ernest-Chaplet** qui vous fait dévaler le coteau. Face à vous se dresse alors un immense vaisseau de 130 m de long, dont fronton, horloge et campanile forment l'axe de symétrie. On ne saurait quitter Sèvres sans évoquer la porcelaine…

Deux manufactures pour le prix d'une

C'est dans l'enceinte du château de Vincennes qu'un premier atelier de porcelaine est créé en 1740 par Louis XV, sous l'influence de sa favorite, Madame de Pompadour. Mais pour mieux en superviser la destinée, celle-ci a tôt fait de le transférer à proximité de son château de Bellevue, dans le vaste bâtiment qui vous fait face (1756), qu'occupe désormais un service de l'Éducation nationale. C'est le début de l'extraordinaire rayonnement de la Manufacture, qui conduira à son déménagement en 1876 dans de nouveaux bâtiments encore plus étendus, situés plus près de la Seine.

Rejoignez-les en descendant la Grande Rue : les ateliers de production sont peu visibles, car largement masqués par le **musée national de la Céramique**, édifice austère dont la fonction s'étale en grosses lettres au fronton. Voilà un lieu culturel un peu pointu, c'est vrai, mais qui a su moderniser sa muséographie et dont certaines pièces ne peuvent pas laisser indifférent, comme l'incroyable vase de Neptune de 3,15 m, fabriqué pour l'Exposition universelle de 1867. Passez la Seine et vous tombez sur le métro Pont de Sèvres.

DE CHATOU À CROISSY-SUR-SEINE ET AU VÉSINET

20 MAISONS DE MAÎTRE AU CHARME DISCRET

Bienvenue chez les impressionnistes ! À Chatou et à Croissy, les bords de Seine sont encore empreints de leur souvenir, eux qui aimaient poser leur chevalet à la Maison Fournaise pour immortaliser convives, promeneurs et canotiers. Éloignez-vous ensuite du fleuve pour rejoindre la quiétude du Vésinet où les somptueuses villas se suivent et ne se ressemblent pas !

RER A Rueil-Malmaison

12,2 km

2h50

RER A Le Vésinet-Centre

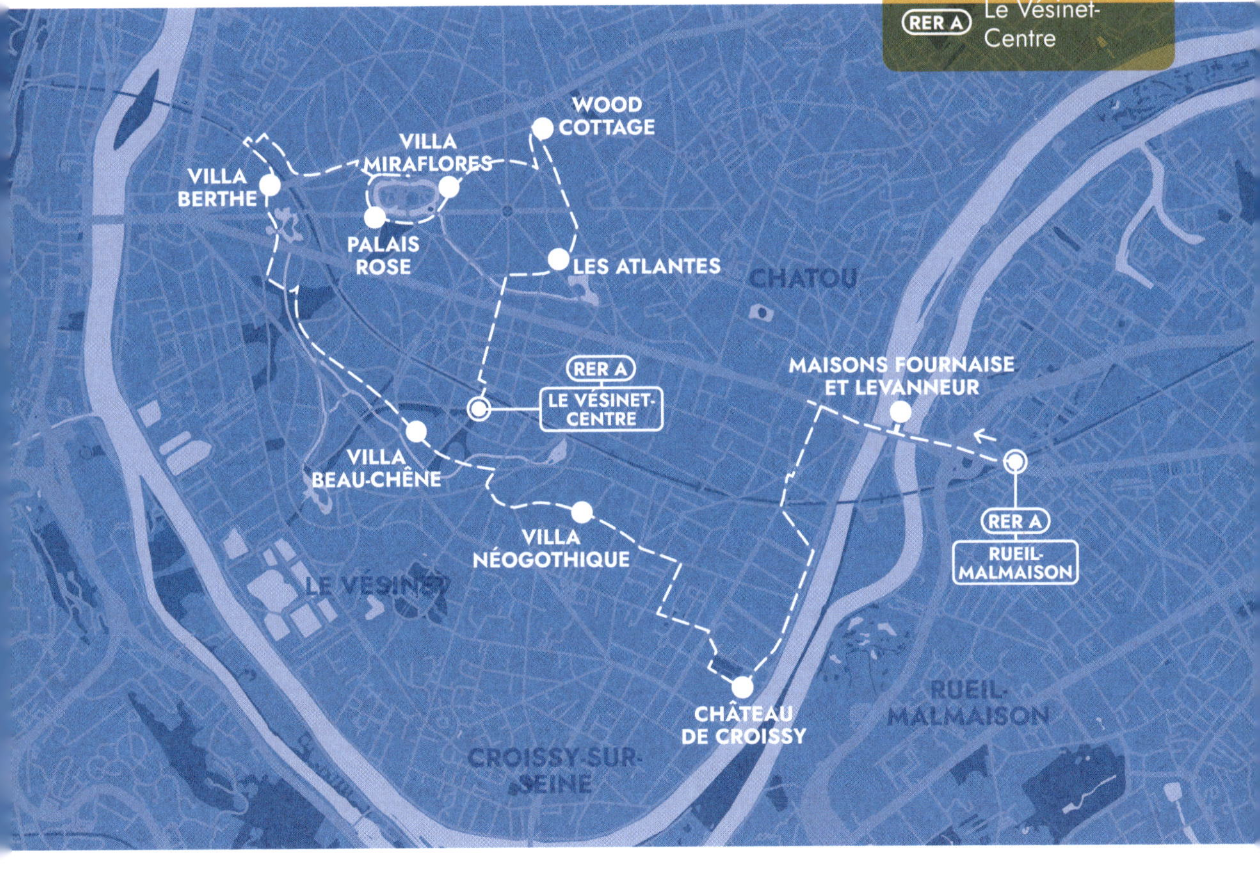

Villa aux abords du lac du Vésinet

BALADE IMPRESSIONNISTE À CHATOU

Après quelques pas à Rueil, gagnez le milieu du pont pour rejoindre, sur l'île de Chatou, la célèbre **Maison Fournaise**. Elle a conservé son pittoresque, avec ses guirlandes de lampions, sa salle largement vitrée et sa terrasse perchée qu'ombrage un vénérable platane. Mais le restaurant qui l'occupe a peu en commun avec la guinguette qui fit la renommée des lieux il y a 150 ans. C'est en 1857 qu'Alphonse Fournaise acquiert cette maison pour en faire un restaurant de bord de Seine, où l'on pouvait aussi louer des canots pour partir voguer après le déjeuner. Populaire, convivial, installé dans un cadre ravissant, le site attire bientôt gens de lettres, peintres, mais aussi financiers et politiciens.

Las ! La fermeture intervient dès 1905. S'ensuit une lente dégradation, jusqu'au rachat par la commune et la relance du restaurant en 1990. Deux ans plus tard, le reste de la maison est aménagé en un très agréable **musée** qui documente l'histoire des lieux et des loisirs en bord de Seine, tout en exposant des tableaux de petits maîtres inspirés par les alentours.

Presque mitoyenne, la **Maison Levanneur** est surtout connue pour avoir accueilli en 1900 les jeunes peintres André Derain et Maurice de Vlaminck, tous deux enfants de Chatou. Ils y louèrent une salle où ils peignirent des œuvres annonciatrices du fauvisme, dont Matisse, leur rendant visite, détecta aussitôt la valeur. Elle est de nos jours un lieu de création et d'exposition.

Achevez de franchir la Seine et, après un salut à l'église Notre-Dame et à la mairie, repiquez vers les bords du fleuve : l'**avenue des Tilleuls** offre une déambulation paisible et hors du temps, avec à droite de belles demeures aux styles éclectiques et à gauche des horizons boisés, grâce à la dense végétation de l'île de la Chaussée et, plus loin, du coteau de Bougival. Et dire que le RER A est à quelques minutes...

GUY & AUGUSTE

Si deux noms en particulier sont à jamais attachés aux lieux, ce sont ceux de Maupassant et plus encore de Renoir, dont l'un des chefs-d'œuvre, *Le Déjeuner des canotiers* (1881), figure 14 personnages devisant par petits groupes sur la fameuse terrasse.

Bien que son environnement ait fortement évolué, LA MAISON FOURNAISE a conservé son charme « guinguette » qui avait tant séduit Renoir et ses amis.

Lové en bord de Seine, le château de Croissy est devenu le principal pôle culturel de la commune.

En arrivant à Croissy, voici d'abord la Maison Joséphine, avec son corps central en retrait formant terrasse au-dessus des deux portes cochères. C'est dans cet hôtel particulier du 18e siècle que Joséphine de Beauharnais se réfugia avec ses enfants en 1793, fuyant la Terreur qui n'épargna pas son mari ; on dit qu'il abrita ses amours débutantes avec Bonaparte, avant qu'ils n'acquièrent le château de Malmaison de l'autre côté du fleuve (p. 145).

RIVES DE LA COURTILLE

Si la Maison Fournaise n'est pas tout à fait dans vos moyens, poussez à peine plus loin pour vous poser dans ce restaurant, dont la terrasse généreuse offre de belles vues sur la Seine.
3, rue du Bac, Chatou, tél. 01 34 80 92 62, entrée-plat ou plat-dessert à 25€ (sauf dimanche).

Presque en face de la ravissante chapelle Saint-Léonard du 12e siècle, se déploie la silhouette horizontale du château de Croissy. Si la façade est sobre, le balcon lorgne vers le baroque, avec sa ferronnerie ouvragée et ses consoles sur le thème d'Hercule et du lion de Némée. Il a été édifié autour de 1750 pour un receveur général des finances, avant de connaître une litanie de prestigieux propriétaires, qu'ils soient banquiers, hommes d'affaires ou industriels. Parmi eux, les richissimes Émile et Isaac Pereire, qui financèrent la construction du chemin de fer de Paris au Pecq : inaugurée en 1837, elle fut la première ligne de France entièrement conçue pour le transport des voyageurs et dopa aussitôt l'attractivité du secteur.

Expositions dans le château, pavillon d'Histoire locale et petit musée de la Grenouillère consacré à l'impressionnisme dans les communs, bibliothèque, archives et école de musique dans l'extension moderne en retrait : l'ensemble est sans conteste le haut lieu culturel de la commune ! Traversez le parc et, après quelques rues résidentielles, vous entrez au Vésinet, peut-être la commune la plus cossue d'Île-de-France… Son incroyable patrimoine parle pour elle !

LE VÉSINET, OU LE DESTIN D'EXCEPTION D'UNE VILLE-PARC RENVERSANTE

Au début du Second Empire, l'industriel Alphonse Pallu supervise l'implantation d'un lotissement bourgeois, tirant parti de la proximité du chemin de fer. Paul de Lavenne, comte de Choulot, paysagiste réputé, en conçoit le plan à l'anglaise : autour d'un centre-ville à la trame orthogonale, un réseau de voies courbes et de coulées vertes se déploie, agrémenté de rivières et de lacs artificiels. Quelle élégance ! Les élites parisiennes n'eurent plus qu'à choisir la parcelle sur laquelle ériger leur villa, et ce succès immédiat valut à la colonie d'être érigée en commune dès 1875. Encore aujourd'hui, les logements y sont à 45 % des maisons individuelles !

Une sur deux, ou presque, mériterait un commentaire. Tenons-nous-en à une quinzaine… Le **n° 23 route de la Plaine** est une superbe demeure néogothique en brique et pierre – remarquez la belle véranda et les vases surmontant les piliers du portail –, matériaux que l'on retrouve à la villa Beau-Chêne (**n° 52 avenue Georges-Clemenceau**, 1891), chef-d'œuvre de l'architecte Louis Gilbert qu'habita Joséphine Baker entre les deux guerres. Le **n° 75** de la même avenue est d'une élégance folle, avec sa brique polychrome et son travail sur les toitures, tandis que le **n° 77** marie subtilement meulière, brique et bois des balcons ; le **n° 90** vaut pour son look de manoir gothique aux baies oblongues, austérité que tempère la frise fleurie sous le débord du toit.

Traversez la **Grande Pelouse**, une de ces immenses respirations verdoyantes qui font le charme du Vésinet. Au **n° 12 avenue Rembrandt**, la maison Olive (1859) est une des plus anciennes ; elle doit son nom à l'architecte du même nom, qui œuvra beaucoup localement. La **villa Berthe** (aussi appelée la Hublotière, **n° 72 route de Montesson**, 1896) est un incontournable : on n'en voit que le haut depuis la rue, assez pour reconnaître le style d'Hector Guimard, le maître de l'Art nouveau, dont la fantaisie et le raffinement sont ici équilibrés par une symétrie à laquelle le jeune architecte n'a pas encore renoncé… De l'autre côté des voies ferrées, le **n° 11 rue Watteau** est un pur délire néo-médiéval – notez sa tourelle façon clocher d'église.

Infos pratiques

Très occasionnellement, les propriétaires ouvrent au public **les jardins de la villa Berthe**. Idéal pour découvrir ses 4 façades dissemblables ! Se renseigner sur *lahublotiere.com*.

Ci-dessus, la villa Berthe d'Hector Guimard ; à gauche, une villa le long de la piste du Tour-du-Grand-Lac ; à droite, la villa Miraflores. En haut à gauche, villa au bord du lac de la Station.

La piste du Tour-du-Grand-Lac est riche de petits trésors, comme le raffiné n° 19, avec son mascaron et ses moulures néo-Renaissance au-dessus des baies, le n° 21, opulente demeure néo-régionaliste en meulière et pans de bois, le n° 25, plus ramassé et élégant ou encore la villa Miraflores (n° 1 avenue Corot, vers 1905), avec sa tour-belvédère à l'italienne. Mais c'est sur sa rive sud que se trouve la demeure sinon la plus impressionnante, du moins la plus célèbre : inspiré du Grand Trianon (admirez l'alternance des baies cintrées et des pilastres de marbre rose), le palais Rose (n° 12 rue Diderot, 1899) a accueilli les innombrables réceptions organisées par ses deux plus illustres propriétaires, le comte Robert de Montesquiou puis la marquise Luisa Casati. Il appartient désormais à un homme d'affaires saoudien. Par la rue des Charmes, plus densément lotie, on atteint Wood Cottage (n° 122 boulevard des États-Unis, 1864), étonnant exemple parfaitement conservé d'une architecture rustique utilisant des grumes écorcées comme structure et des hourdis de divers matériaux comme remplissage, selon un procédé plutôt réservé aux fabriques de jardin. Une vraie curiosité ! Terminons au n° 29 allée des Bocages avec la belle villa néo-normande remarquable pour la variété de ses volumes, surnommée Les Atlantes… lesquels, soutenant l'oriel dans l'axe du portail, prennent l'aspect de deux vieillards aux trognes peu engageantes ! Traversez le centre-ville qui a conservé son tracé au cordeau et vous atteignez la gare du Vésinet-Centre.

21 DE SAINT-GERMAIN-EN-LAYE À MAISONS-LAFFITTE

GRANDIOSE BALCON SUR LA SEINE

Au programme, deux fières bourgeoises campées en bordure de Seine. Saint-Germain se targue de son château, d'un centre-ville élégant ou encore de sa Grande Terrasse panoramique ! Maisons-Laffitte possède aussi son château, dont l'écrin est un parc merveilleux, loti il y a deux siècles : c'est à la fois un répertoire d'architecture et un havre de paix. Bref, de quoi en prendre plein la vue !

RER A Saint-Germain-en-Laye

10,8 km*

2h30*

RER A Maisons-Laffitte

*hors trajet en bus entre les arrêts Château du Val et Gare de Maisons-Laffitte

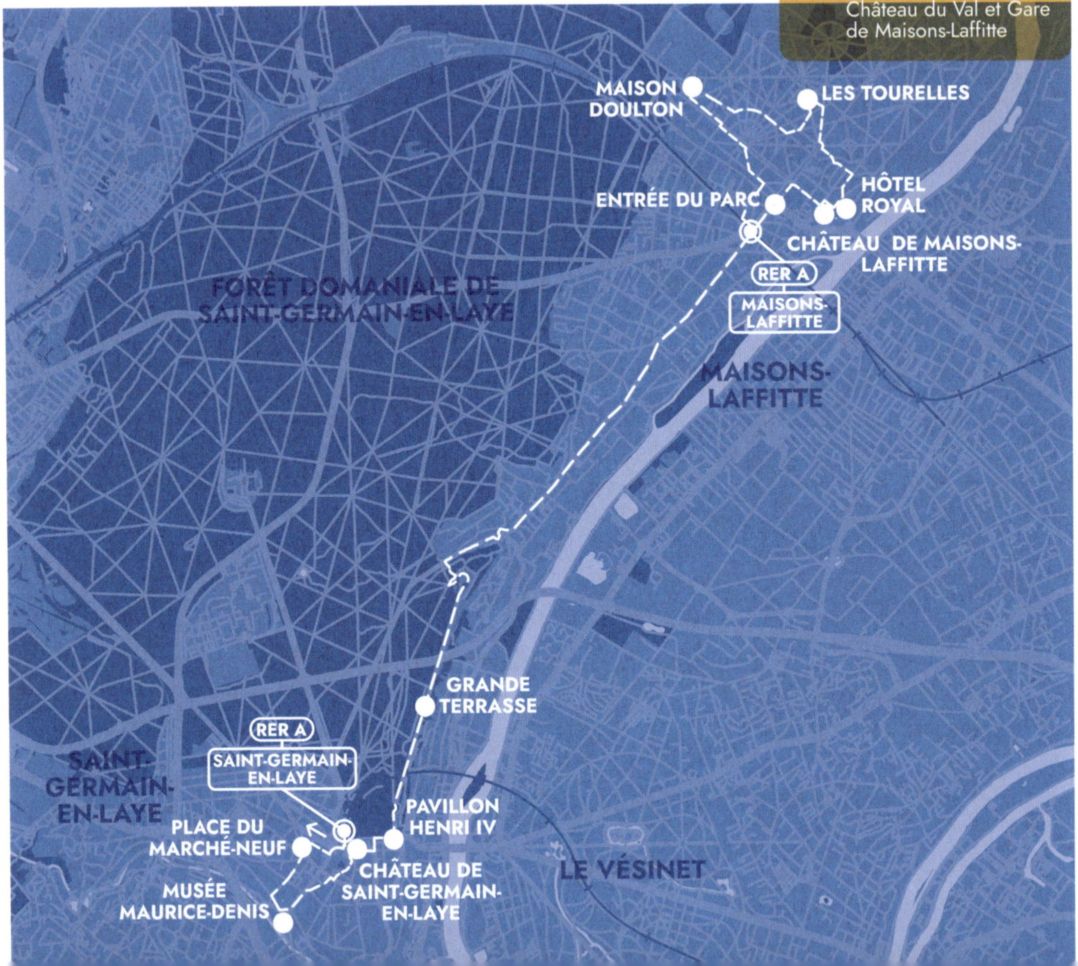

La maison Doulton à Maisons-Laffitte

LE GRAND CHÂTEAU DES ROIS AVANT VERSAILLES

En remontant à l'air libre de la gare souterraine de Saint-Germain-en-Laye, on tombe nez-à-nez avec l'un des plus célèbres châteaux franciliens, campé en haut des marches… ou presque ! Sa forme, celle d'un pentagone irrégulier, et sa silhouette singulière, rythmée par une quantité d'arcades encadrées de brique, le rendent délicat à appréhender et à dater.

Il est le fruit d'une histoire bientôt millénaire, puisqu'un premier édifice est construit par Louis VI au début du 12e siècle. Bien des rois suivants ajouteront leur patte, dont saint Louis qui fait bâtir vers 1238 la chapelle, modèle de la Sainte-Chapelle parisienne. Mais c'est François 1er qui en fera l'une de ses résidences favorites, le remaniant pour lui donner une partie de son aspect actuel. Une partie seulement, car Louis XIV, qui s'y plaît beaucoup, fait aménager par André Le Nôtre des jardins à la française et la Grande Terrasse, et agrandir le château par Jules Hardouin-Mansart. Ce dernier l'agrémente des pavillons d'angle toujours visibles, mais voilà qu'en 1682, le roi part définitivement pour Versailles… Il aura été le dernier monarque à y résider.

L'intérieur se visite : c'est le musée d'Archéologie nationale, vénérable institution inaugurée en 1867. On y déambule sous des voûtes de pierre et de brique, entre des vitrines exposant quantité d'objets souvent de très petite taille ; les plus récents sont mérovingiens, les plus anciens remontent au Paléolithique, comme la célèbre Dame de Brassempouy, figurine en ivoire de moins de 4 cm qui, avec ses 25 000 ans, serait la plus ancienne représentation réaliste d'un visage humain. L'ancienne salle de bal a conserve son volume exceptionnel et sa surprenante cheminée en brique ornée de bas-reliefs en pierre, le plus

CHEZ LULU

Saint-Germain-en-Laye ne manque pas de restaurants et autres brasseries. Pile sur votre route, Chez Lulu offre un bon rapport qualité-prix et une terrasse agréable dans une rue tranquille. Carte renouvelée tous les trois mois.
22, rue Saint-Pierre, Saint-Germain-en-Laye, tél. 01 39 21 73 41, formule midi entrée-plat ou plat-dessert 20€.

Demeure chérie du Roi-Soleil, le château de
SAINT-GERMAIN-EN-LAYE
accueille le musée d'Archéologie nationale depuis plus de 150 ans.

Depuis la Grande Terrasse, le panorama sur l'ouest parisien est incomparable.

important figurant une salamandre, emblème de François 1er.

Le centre ancien de Saint-Germain est propice à la promenade. Passée la toute néoclassique **église Saint-Germain**, on rejoint vite la **place du Marché-Neuf** qui a conservé son unité architecturale : la poste centrale, dernier édifice à y avoir été bâti (1911), fait face à de belles maisons à arcades qui ont presque un siècle de plus. Le marché qui l'anime trois fois par semaine en fait le cœur battant de la vieille ville.

Chez le « Nabi aux belles icônes »

À quelques minutes, le **musée départemental Maurice-Denis** est installé dans le Prieuré, ancien hôpital royal dont le chef de file des nabis fit l'acquisition en 1914. La chapelle du lieu retint l'intérêt de ce catholique fervent, qui en réinventa les vitraux, les peintures murales et le mobilier liturgique, plaçant l'ensemble sous l'égide de sainte Marthe en hommage à sa défunte femme adorée, dont c'était le prénom. Une importante donation consentie par ses descendants a fait la matière de cette paisible maison-musée, où l'on peut admirer, outre la chapelle, *Mystère catholique* (1889), étonnante variation sur le thème de l'Annonciation ; la déjà très Art nouveau *Échelle dans le feuillage* (1892) où les quatre femmes ont toutes le visage de sa chère Marthe et dont la perspective se comprend mieux quand on sait que c'était à l'origine un décor de plafond ; ou encore le polyptyque de *La Légende de saint Hubert* (1897), soit sept panneaux qui ornèrent à l'origine un hôtel particulier parisien.

Revenez vers le château, entrez dans le parc par l'avenue Le Nôtre et approchez l'extraordinaire **panorama** sur l'ouest parisien, avec les tours de La Défense en ligne de mire et, non loin, le bombement du mont Valérien. À votre droite, le **pavillon de brique, dit « Henri IV »**, est l'un des rares vestiges du second château de Saint-Germain. Un autre château ? Oui : à la Renaissance, Henri II en avait décidé la construction juste en surplomb du fleuve, avec un incroyable système de rampes permettant de descendre le coteau pour rejoindre les berges. Il fut détruit à la Révolution : le Château Vieux a ainsi survécu au Château Neuf !

Parcourez au pas de promenade les 2 km en balcon de la **Grande Terrasse** de Saint-Germain. Difficile de se lasser de cette vue, qui donne l'impression d'une agglomération verdoyante pas si dense… Parvenu au Rond-Royal, sortez par la grille Royale et, par le sentier à droite, rejoignez la D157. Après l'avoir longée sur 150 m, vous verrez l'arrêt du bus n° 2, que vous pouvez prendre jusqu'à la gare de Maisons-Laffitte (en moyenne un bus par demi-heure : renseignez-vous).

À MAISONS-LAFFITTE, UN ILLUSTRE ARCHITECTE POUR D'ILLUSTRES PROPRIÉTAIRES

Remontez l'avenue de Longueil et vous parviendrez à hauteur de ce qui ressemble fort à l'ancienne entrée d'un domaine, avec ces pavillons symétriques de part et d'autre de la chaussée. C'est de l'autre côté que débute la ville-parc. Vous le constaterez en empruntant les avenues Eglé puis du Général-Leclerc pour atteindre l'entrée du château : les voies sont larges, les maisons espacées, les pelouses et les arbres, omniprésents.

C'est peu dire que le **château** a fière allure. Édifié en 1651 par le grand François Mansart, il est un des premiers chefs-d'œuvre du classicisme français. Son corps de logis, flanqué de deux courtes ailes en retour, est animé en son centre par un léger avant-corps que souligne un jeu de colonnes et de pilastres. Les pots à feu, le fronton et le clocheton donnent de l'élancement à un édifice par ailleurs assez ramassé. L'année-même de son inauguration, le jeune Louis XIV profite d'une partie de chasse en forêt de Saint-Germain pour venir l'admirer et féliciter son heureux propriétaire, René de Longueil, haut magistrat au Parlement de Paris.

Resté plus d'un siècle dans cette famille, il passe ensuite entre d'autres nobles mains : celles du comte d'Artois (le futur Charles X) puis du maréchal Lannes, un fidèle de Napoléon. Sa veuve s'en sépare en 1818 au profit d'un banquier richissime et ambitieux, figure clé de l'histoire de la commune : Jacques Laffitte. Décidé à faire de cette nouvelle acquisition le symbole éclatant de sa réussite sociale, il y organise réceptions mondaines et réunions politiques. Mais le vent tourne... Et en 1833, un revers de fortune le pousse à lotir 300 ha de l'immense parc pour réaliser une juteuse opération immobilière. C'est la naissance de ce qu'on appellera la colonie Laffitte. Encore quelques années et la commune accolera carrément à son nom celui de cet homme qui contribua grandement à lui donner son visage actuel. Deux propriétaires privés plus tard, l'État finira par se porter acquéreur du château (1905). Si vous avez le temps, visitez l'intérieur, somptueux.

Après avoir jeté un œil à l'**Hôtel Royal** (1910), récemment devenu une résidence de standing, déambulez dans les rues voisines où vous verrez de belles villas en meulière implantées suivant une trame assez dense. Vous êtes dans le **Petit Parc**, la partie du domaine aux abords immédiats du château, dont Laffitte n'avait pas voulu se défaire et qui ne fut loti par le dernier propriétaire privé qu'autour de 1900.

Signé François Mansart,
LE CHÂTEAU DE MAISONS-LAFFITTE
est un des grands chefs-d'œuvre du classicisme à la française.

LE FANTASTIQUE HÉRITAGE DU BANQUIER SPÉCULATEUR

C'est une fois passé l'avenue Talma que vous basculez dans le Parc à proprement parler, à l'atmosphère unique. Laffitte s'est appuyé sur les allées préexistantes du domaine pour tracer de larges avenues arborées, ajoutant à ce schéma de base des figures géométriques, comme le grand Cercle de la Gloire dont le centre est la place Napoléon. Non seulement les parcelles sont généreuses, mais de nombreux espaces triangulaires délimités par trois voies n'ont pas du tout été bâtis, formant autant de respirations dans ce tissu urbain déjà très lâche. En dépit de ses visées clairement spéculatives, le banquier avait d'ailleurs établi un cahier des charges, véritable charte du parc toujours en vigueur, instituant un certain nombre de servitudes propres à en conserver le caractère résidentiel.

Loti sous la monarchie de Juillet puis le Second Empire, le Parc de Maisons fait surtout la part belle aux demeures du 19e siècle. Le cheminement proposé ici vous en fera découvrir une poignée parmi les plus remarquables. Le n° 35 avenue Belleforière est une opulente villa très éclectique de 1923 ; au n° 2 place Wagram, la « maison américaine » relève en fait plutôt de l'architecture coloniale anglaise, tandis que le n° 34 avenue Eglé est une vaste villa cubique avec toiture à quatre pans et véranda ; la maison des Tourelles au n° 6 avenue Duguesclin arbore une superbe façade à base de pilastres, de balustrades et

LA CITÉ DU CHEVAL

Ne soyez pas surpris de croiser des chevaux allant au pas sous la conduite de leurs cavaliers : surnommée « la cité du cheval », Maisons-Laffitte doit aussi sa notoriété à son hippodrome bordant la Seine, inauguré en 1878. Si France Galop, son gestionnaire, s'est résolu à le fermer en 2020 en raison de contraintes budgétaires, il a été racheté par la municipalité qui entend bien relancer les courses. Situé en lisière nord du Parc, le centre d'entraînement n'a quant à lui jamais cessé ses activités.

LE PARC DE MAISONS-LAFFITTE

offre un superbe éventail de villas de tous styles, datant pour les plus anciennes de la Monarchie de Juillet.

de *putti* couronnant les angles des terrasses ; les **villas Boursier** aux **n° 5 et 7 avenue Vergniaud** sont deux jolies demeures Belle Époque, tandis que le **n° 10 avenue Voltaire** réunit deux villas jumelles, avec tourelle d'angle à toiture conique, dont on dit qu'elles sont l'œuvre d'un père pour ses deux jumeaux. Poussez plus à l'ouest pour admirer, au **n° 3 avenue du Cardinal-de-Retz**, une ravissante villa à la silhouette dissymétrique très étudiée, qu'on croirait début de siècle mais que l'architecte Auguste Anctil bâtit en 1932 en adaptant un modèle qu'il déployait depuis des années dans la commune. La dernière est la plus sensationnelle : c'est la **maison Doulton** (n°30 avenue Pascal), dont la façade a été construite en vue de l'Exposition universelle de 1878 pour démontrer le savoir-faire de la manufacture de terre cuite du même nom, dans un style pittoresque médiéval qualifié de *Gothic Revival*. La longue et paisible avenue Albine vous ramène doucement vers l'entrée du Parc puis la gare.

22 DE POISSY À VILLENNES-SUR-SEINE ET À MÉDAN

LE ROI, L'ARCHITECTE ET L'ÉCRIVAIN

Ville d'histoire et d'industrie au profil atypique, Poissy est connue pour la villa Savoye, œuvre iconique et l'une des plus célèbres de Le Corbusier. Juste à côté, la maison de Fer, est beaucoup moins renommée mais presque aussi surprenante !
De là, il ne vous reste qu'à remonter la Seine en direction de Villennes, puis de la paisible Médan, qu'habita longtemps un certain Émile Zola…

RER A J Poissy
10,7 km
2h30
B43 Château

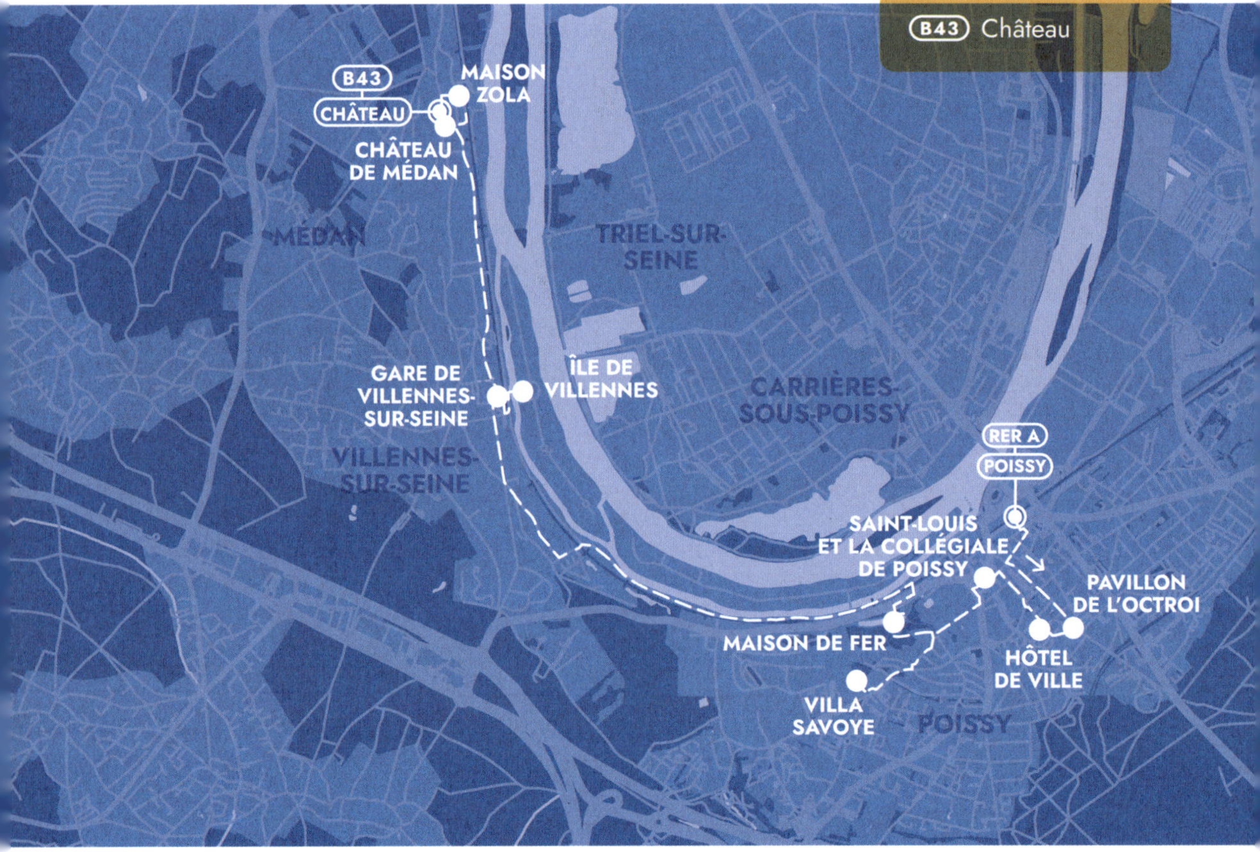

Saint Louis et la collégiale de Poissy

POISSY L'ATYPIQUE

En dépit d'un passé prestigieux, Poissy est moins bourgeoise que nombre de ses voisines. Cité royale où naquit saint Louis, elle amorça il y a deux siècles un virage qui en remodela le destin : installation en 1821 d'une maison centrale toujours en activité, suppression sous le Second Empire du marché aux bestiaux qui avait fait la prospérité de la ville durant des siècles, implantation en 1902 d'une usine automobile appartenant aujourd'hui au groupe Stellantis qui y emploie 3 000 personnes.

Dans les années 1960-1970, son centre-ville a fait l'objet d'une importante rénovation urbaine au nom de la lutte contre l'insalubrité : en résulte son aspect actuel, alternant de jolis ensembles et des immeubles d'après-guerre sans charme. La ville n'en est pas moins animée et plusieurs édifices méritent le coup d'œil, comme le **pavillon de l'Octroi** (1832), édicule octogonal néoclassique flanqué à l'origine de grilles fermant les deux rues adjacentes. On y percevait les taxes sur les bêtes qui venaient d'être vendues au marché, avec lesquels bouchers et chevillards reprenaient pour la plupart la route de Paris. Admirez justement le bas-relief au-dessus du porche, avec ses bœufs de profil derrière les oreilles desquels s'enroulent des cornes d'abondance… Le boulevard Louis-Lemelle, où se repère un vestige des **remparts médiévaux**, ramène devant l'**hôtel de ville-théâtre** (1937) dont l'austérité un peu stalinienne est typique de l'Art déco finissant ; si c'est ouvert, entrez pour admirer son escalier solennel sommé d'une belle fresque typiquement années 1930 de Theodore Brenson, où l'on reconnaît Pierrot et Arlequin, Poissy et Paris, au loin. Allez saluer la **collégiale** néogothique remaniée par Viollet-le-Duc, devant laquelle trône la statue de saint Louis qui y fut baptisé, puis remontez vers le **musée du Jouet**, hébergé dans la porterie de l'ancien prieuré de la ville. Passez sous le porche et remontez le pittoresque **enclos de l'Abbaye** : la pièce maîtresse de cette balade n'est plus très loin.

LA CHAUMIÈRE

Petite brasserie de centre-ville sans chichis où l'on est très bien accueilli, La Chaumière est une halte bienvenue avant de remonter la Seine.
6, rue au Pain, Poissy, tél. 01 30 74 44 45, le midi, formule entrée-plat à 23€.

DE LA COLLÉGIALE À LA VILLA SAVOYE

en passant par la porterie de l'ancien prieuré, Poissy offre d'étonnantes juxtapositions d'architectures de toutes époques.

UNE ICÔNE ABSOLUE DE L'ARCHITECTURE MODERNE

Après avoir franchi un rideau d'arbres qui la rend invisible depuis la rue, la **villa Savoye** (1931) se dévoile soudain au centre de sa clairière. Elle vous paraît petite ? C'est en fait une villa de 440 m² que Le Corbusier conçut pour les époux Savoye, couple fortuné mais pas spécialement avant-gardiste, souhaitant avant tout une maison de campagne fonctionnelle et équipée du confort moderne. L'architecte s'empressa d'ignorer la plupart de leurs desiderata pour en faire le parfait manifeste du mouvement moderne : fonctionnalisme, pureté des lignes, absence d'ornements, recours aux matériaux industriels (verre, acier, béton). Dernière des douze villas dites « blanches » ou « puristes » bâties en dix ans par Le Corbusier, les « Heures claires », comme la surnommaient ses propriétaires en raison de sa luminosité, est à ce titre la synthèse de ses recherches.

UN MANIFESTE DE L'ARCHITECTURE MODERNE

La villa Savoye est conçue suivant les fameux cinq points de l'architecture moderne que Le Corbusier a définis en 1927 : pilotis pour alléger la silhouette et libérer le sol, plan libre pour agencer sans contrainte l'espace intérieur (tout reposant sur une structure poteaux-poutres, sans murs porteurs), façade libre permettant toutes les audaces dans le positionnement et la taille des ouvertures, fenêtres-bandeaux pour ouvrir sur le panorama et enfin toit-terrasse pour augmenter la surface habitable.

Largement vitré au nord, le **rez-de-chaussée** à l'usage des domestiques est peint en vert anglais pour se fondre dans l'environnement et renforcer l'aspect « boîte en l'air » voulu par l'architecte. Le cheminement qui l'enserre, délimité par les fins pilotis, était emprunté par les voitures pour rejoindre le garage sur le flanc ouest. On accède au **premier étage** soit par le sculptural escalier hélicoïdal, soit par la rampe en pente douce qui est une des signatures de l'architecte ; la pièce maîtresse en est la chambre des Savoye – 60 m² incluant une salle de bains isolée par un simple rideau. Deux portes permettent de sortir dans le **jardin suspendu** d'où la rampe, extérieure cette fois, conduit à une merveille de **solarium** ouvert sur le ciel, protégé des vents dominants par un mur courbe et où le paysage est mis en scène par l'ouverture rectangulaire aménagée dans le mur.

Malfaçons, infiltrations, chauffage presque impossible : la villa s'avéra vite être un catalogue d'idées géniales plus qu'une demeure réellement habitable, et les Savoye la délaissèrent dès l'époque de la guerre. Abîmée, malmenée, menacée de destruction, elle fut finalement restaurée et ouverte à la visite. On est sensible ou pas aux conceptions corbuséennes ; mais il faut imaginer à quel point cette villa, qui reste étonnante aujourd'hui, pouvait être révolutionnaire il y a plus de 90 ans.

Revenez sur vos pas pour entrer dans le parc Meissonnier, en haut duquel est juchée la **maison de Fer**. Commandée par les époux de Coninck, cette villa presque entièrement en métal (une prouesse à l'image de ce qui pouvait se faire de mieux à l'époque), avec ses façades formées d'un assemblage très lisible de tôles embouties, a été construite en 1896 par l'ingénieur Joseph Danly, mais... à plus d'un kilomètre au sud. Abandonnée vers 1980, squattée, incendiée, elle s'est effondrée lors de la tempête de 1999. La municipalité a par la suite décidé de récupérer tous les éléments encore sur place, de refabriquer ceux manquants et de remonter la maison plus près du centre-ville. Elle trône ainsi dans le parc depuis 2020 et abrite un centre d'interprétation du patrimoine.

Véritable miraculée, la maison de Fer trône depuis 2020 sur les hauteurs du parc Meissonnier.

Le château de Médan

REMONTER LA SEINE JUSQU'À VILLENNES ET MÉDAN

Sortez du parc côté Seine et rejoignez les bords du fleuve via l'étroit passage sous les voies ferrées. Cap à l'ouest entre jardins familiaux et belles maisons campées sur l'île de Migneaux, jusqu'à la remontée du coteau pour atteindre l'agréable centre de Villennes. La jolie petite **gare** (1911) a nettement contribué à transformer ce village agricole en un lieu de villégiature, comme en atteste à merveille, juste derrière les voies ferrées, l'**île de Villennes**. Avancez-vous sur le pont pour profiter du point de vue sur ce site ravissant, avec ses saules pleureurs dont les branches frôlent la surface de l'eau. Malheureusement, des grilles font de l'île une *gated community* fermée à ses non-résidents…

Par l'avenue Foch, souvent bordée de jolies villas, filez vers votre dernière étape : la **maison d'Émile Zola**, dont la courte avenue du même nom offre une belle vision d'ensemble. C'est en 1878 que le succès de *L'Assommoir* lui permet d'acheter ce qui correspond aujourd'hui au modeste bâtiment central. Mais il entreprend aussitôt la construction de la tour carrée à droite (la grande baie vitrée est celle de son cabinet de travail), et, quelques années plus tard, celle de la tour hexagonale à gauche, ne se souciant visiblement pas de symétrie. Dans l'intervalle, il a étendu la propriété par plusieurs achats successifs et fait bâtir un chalet sur l'île du Platais. Bref : son succès et son domaine grandissent de concert.

Dans ce lieu cher qu'il habitera huit mois par an durant presque 25 ans, il aimait à organiser les soirées de Médan, qui réunissait autour de lui quelques fervents dont Maupassant et Huysmans. Restitués tels qu'ils étaient du temps de l'écrivain, les intérieurs sont un lieu hors du temps. Faites un salut amical au **château de Médan** et sa belle porterie, à deux pas, puis le bus 43 (un par demi-heure en semaine, moins le week-end : renseignez-vous) vous ramène à la gare de Poissy.

Infos pratiques
À Médan, si le **musée Dreyfus** se visite librement, la **maison Zola** ne se découvre qu'en visite guidée d'une heure, qu'il est obligatoire de réserver sur son site internet : www.maisonzola-museedreyfus.com

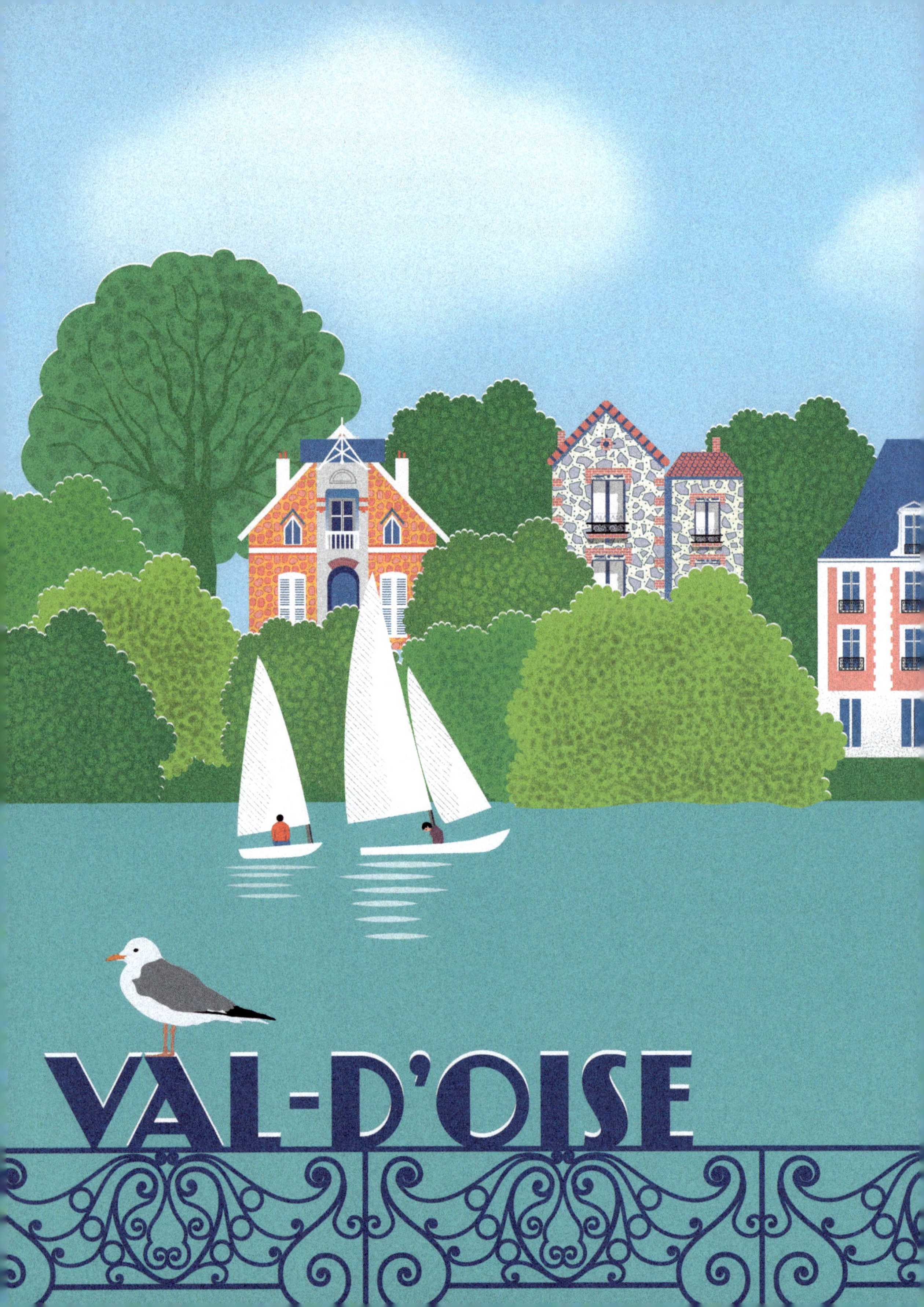
VAL-D'OISE

95

DE CERGY À PONTOISE

23 PERSPECTIVES À 360°

Si Cergy n'est pas sans points communs avec les autres villes nouvelles, elle a un je-ne-sais-quoi de singulier qui tient à la fois à son site en balcon au-dessus d'un méandre de l'Oise et à l'incroyable Axe majeur qui lie justement la ville à la rivière. Puis vous attend Pontoise, pleine de relief au sens propre comme au sens figuré, avec sa cathédrale, ses musées et son atmosphère hors du temps...

RER A Cergy-le-Haut
13,1 km
3h10
RER C H J Pontoise

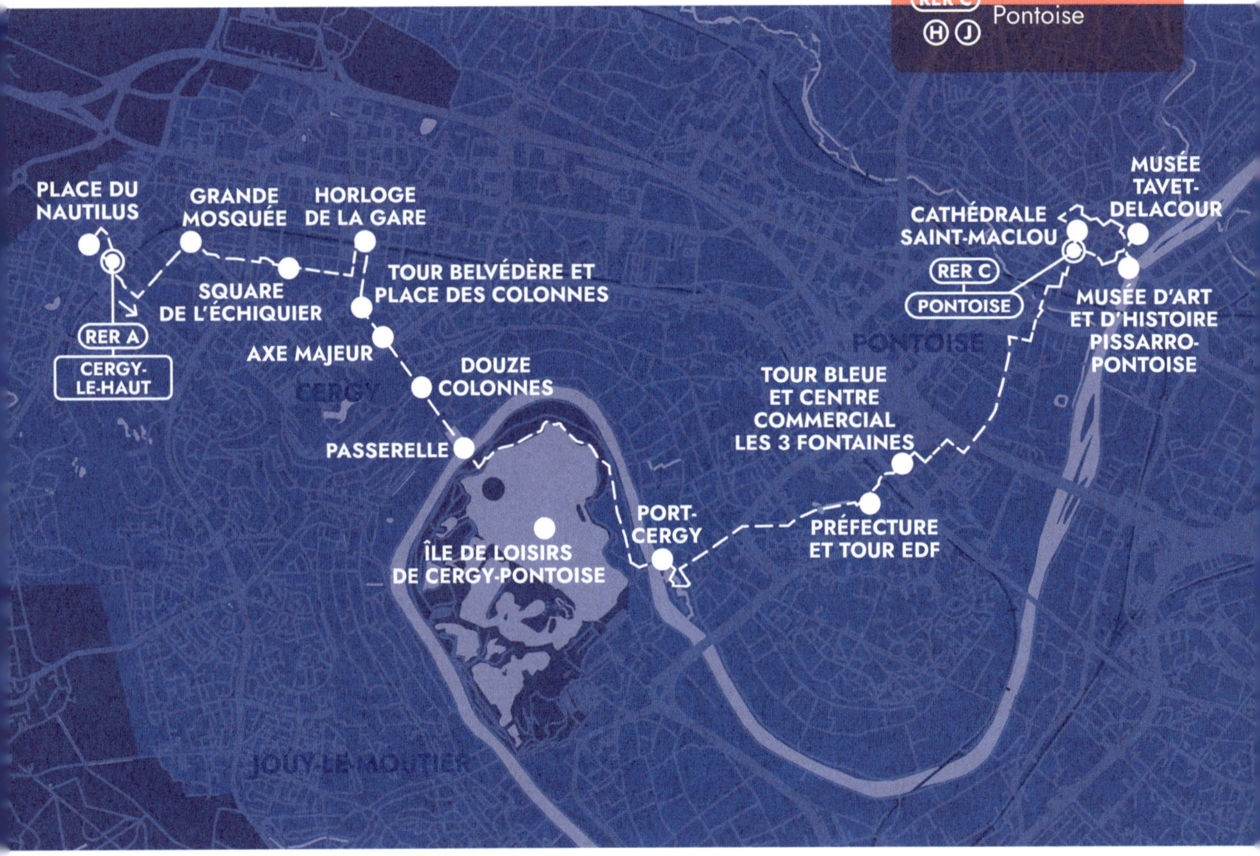

Les Douze colonnes, station de l'Axe majeur à Cergy-Pontoise

À CERGY, TROIS ÉPOQUES, TROIS ATMOSPHÈRES

Vous commencerez en quelque sorte l'histoire par la fin puisque Cergy-le-Haut, ultime extension à l'ouest de la ville nouvelle, n'est sortie de terre que dans les années 1990, accompagnée dans son développement par la prolongation du RER A (1994) depuis Saint-Christophe. L'heure n'était plus à l'urbanisme sur dalle ni aux fantaisies postmodernes. Les abords de la gare en témoignent, qui alignent des immeubles de 5 à 6 étages aux architectures assez sages, et dont les toitures convexes en zinc, percées de lucarnes, sont une réminiscence très nette du Paris d'Haussmann – quelle extraordinaire pérennité pour l'œuvre du baron ! Observez aussi la volonté persistante de créer des corridors transversaux, agréables aux piétons, permettant de traverser efficacement le quartier. Depuis la gare, vous pouvez en effet piquer au sud-est par une large coulée verte, qui vous conduit très vite au vieux village de Vauréal et aux bords de l'Oise ; si vous prenez à l'inverse vers le nord-ouest, vous atteignez rapidement le rond-point qui desservait Mirapolis, ce parc d'attractions qui s'avéra un fiasco absolu et ferma en 1991 après 4 ans d'existence. La **place du Nautilus**, sur laquelle donnent l'église Bienheureux-Frédéric-Ozanam et la mairie annexe, donne une idée du gabarit généreux des espaces publics. Jetez un œil en passant à la **grande mosquée** qui, bien que reprenant les codes de l'architecture islamique (dôme et minaret), peut difficilement masquer sa modernité : elle a été inaugurée en 2012 !

Attaquez le mail du Terroir mais obliquez très vite à gauche : le chemin des Poètes puis l'allée de la Fantaisie vous permettront de rejoindre le cœur du **Cergy-Saint-Christophe** sans jamais ou presque croiser de voiture et en évoluant largement dans la verdure, sui-

La Grande Mosquée de Cergy-le-Haut : tous les codes de l'architecture islamique dans un édifice qui n'a pas quinze ans !

Avec ses dix mètres de diamètre,
L'HORLOGE DE LA GARE DE CERGY-SAINT-CHRISTOPHE
est tout simplement la plus grande d'Europe.

vant ce principe d'aménagement si cher aux villes nouvelles. Au passage, vous traverserez de part en part le **square de l'Échiquier**, encore porteur d'une souvenance postmoderne, avec son agencement en demi-cercle, ses escaliers à double volée et son couronnement façon fronton. Plus loin, autour de la halle couverte et de la place du Marché, les immeubles cubiques, tout en angles droits et revêtus de brique, trahissent leur époque : bienvenue à **Saint-Christophe**, le Cergy des années 1980 ! C'est l'époque où, à rebours de la décennie précédente, on a reconnu les vertus de la ville traditionnelle, avec une trame urbaine plus resserrée, des quartiers davantage à échelle humaine – ainsi la place du Marché regarde-t-elle du côté des places centrales carrées des bastides du sud-ouest, autour desquelles les rues se déploient à angle droit. Ici, le monument vedette est sans conteste l'immense **double horloge de la gare** (1985), conçue par les époux Deslandes dans ce style qui leur est propre, où le cylindre est la forme dominante – avec ses 10 m de diamètre, c'est la plus grande horloge d'Europe !

L'AXE MAJEUR, UNE ŒUVRE AU LONG COURS

L'AXE MAJEUR, ESPACE SYMBOLIQUE DE LA VILLE

Conçu à partir de 1980 par l'artiste israélien Dani Karavan, l'Axe majeur est une promenade rectiligne de 3,2 km faisant le lien entre le cœur du quartier Saint-Christophe et la boucle de l'Oise. Mettant à l'honneur la nature, jamais bordé d'immeubles, il est jalonné de 12 stations qui peuvent être des sculptures, des constructions, des bassins ou des jardins. Il n'a jamais été terminé (la station au-delà de la base de loisirs n'a pas été aménagée), sans que cela nuise à sa dimension majestueuse, apaisante et poétique à la fois. Bien que les tours de La Défense se découpent à l'horizon quand on descend vers la rivière, l'Axe majeur n'est pas aligné sur la voie royale parisienne.

C'est à deux pas, au cœur de la **place des Colonnes** (1985) où se reconnaît à mille lieues la patte de Ricardo Bofill, que débute l'**Axe majeur**, merveilleux parcours à la fois architectural, urbanistique et sculptural. Penchée de 1,5 degré en direction de l'Oise comme pour signifier la direction à suivre, la **Tour Belvédère** en est la première station ; c'est elle qui émet le rayon laser visible de nuit, qui en constitue à sa manière la toute dernière, celle qui réalise l'unité visuelle de l'Axe. Les **Douze colonnes** de béton blanc (quatrième station), d'où le panorama est magnifique, sont situées au point de rupture, à partir duquel la déclivité s'accentue. La **Passerelle** rouge vif est la huitième station et peut-être la plus emblématique. Elle vous dépose juste au bord de l'eau : devant vous, l'**Île astronomique** et la **Pyramide** forment les deux dernières stations. Réalisation intemporelle et sans équivalent, l'Axe majeur incarne la face la plus séduisante de l'héritage des villes nouvelles.

Par les chemins, suivez, en pleine nature, la courbe de la rivière, jusqu'à emprunter le pont du Quai-de-la-Tourelle d'où vous apercevez, dominé par le clocher de l'église Saint-Christophe, le vieux **village de Cergy** qui s'étire à mi-pente, parallèlement à l'Oise. Vous atteignez aussitôt **Port-Cergy**, un des ensembles les plus atypiques de la ville nouvelle. Port artificiel conçu dans les années 1980 par François Spoerry et son fils Bernard, le premier s'étant fait un nom en imaginant la marina de Port Grimaud (Var), il fait le lien entre le vieux village et le cœur de la ville nouvelle, en étant à la fois dans l'axe du boulevard du Port et de la rue de Neuville, en respectant le gabarit assez modeste des constructions voisines mais aussi en adoptant un style résolument postmoderne, au point de flirter avec le pastiche : frontons, faux clochers, tourelle à colombages en font un exemple tardif de néo-régionalisme. L'atmosphère n'en est pas moins agréable et les terrasses de café donnant sur les quais sont toujours très animées le soir et le week-end.

C'est encore un mail piéton qui vous conduira jusqu'à Cergy-Grand Centre, où vous êtes d'emblée accueilli par l'immanquable bâtiment de la **préfecture** (1970). Premier chantier de la ville nouvelle et sorte de double inversé de celle de la Seine-Saint-Denis à Bobigny (p. 44), elle est une pyramide renversée reposant sur un socle vitré, dans une recherche très symbolique de transparence. C'est peu dire que ce geste puissant de l'architecte Henry Bernard fut diversement reçu, même s'il répondait sans aucun doute à la volonté ministérielle d'un « témoignage architectural contemporain ». Il fera en tout cas un parfait palais du gouvernement pour l'État fictif où se déroule le film *I... comme Icare* (1979), d'Henri Verneuil. Juste à côté, la **tour Engie (ex-EDF)** (Renzo Moro, 1974), impressionnante avec son étroit noyau de béton créant un effet de détachement du sol mais désaffectée depuis 2017, attend sa réhabilitation en une résidence étudiante de 240 lits, contrairement au cinéma voisin dont la reconversion est au point mort depuis sa fermeture en 2005.

Restez sur la dalle, typique des années 1970, datée dans ses coloris comme dans son architecture mais finalement plutôt accueillante, et frôlez le centre commercial Les 3 Fontaines qui en constitue le cœur pour passer au pied de l'ondulante **Tour bleue** (Martine et Philippe Deslandes, 1972), copie conforme, teinte exceptée, de celle que le couple érigeait simultanément à Noisiel (p. 257).

Néo-régionalisme de PORT-CERGY, brutalisme de sa préfecture, ondulations de sa Tour bleue : Cergy est tout cela à la fois !

PONTOISE, L'AUTRE VISAGE

Le boulevard de l'Hautil est moins charmant mais a tôt fait de vous amener à la gare de Pontoise (admirez en passant les 15 meulières du **lotissement de la Maison-Rouge** – avenue de la Maison-Rouge et côté impair de la courte avenue d'Épineuil – qui ont l'uniformité des cités ouvrières mais le cachet de petites villas). Ce serait dommage de monter tout de suite dans le train car la ville, juchée sur sa butte, est une des plus belles cités d'histoire de la région parisienne. Gravissez plutôt la rue Thiers jusqu'à la **cathédrale Saint-Maclou**, construite au 12e siècle et remaniée aux 15e et 16e siècles, qui attire de loin le regard. Sur le flanc sud, les pilastres aux chapiteaux finement sculptés sont ornés à leur base de têtes de mort ailées, tandis que les gargouilles revêtent des traits tantôt animaux, tantôt humains. À l'intérieur aussi, portez attention aux beaux chapiteaux Renaissance, où les scènes religieuses ont cédé la place à des représentations de têtes d'homme, de grotesques et de chimères. Soufflés durant la guerre, les vitraux du chœur ont quant à eux été remplacés par de superbes créations modernes du célèbre maître-verrier Max Ingrand.

Le flanc sud de **LA CATHÉDRALE SAINT-MACLOU** est orné d'étonnantes gargouilles tantôt humaines, tantôt animales.

Terrasse de l'ancien château et rives de l'Oise à Pontoise

Face au parvis, passez sous l'élégant porche néoclassique pour rejoindre, par une venelle, l'agréable **jardin de la ville**, en partie aménagé à l'emplacement des fossés qui entouraient les remparts de Pontoise. Revenez vers la **place du Grand-Martroy**, qui a traversé le temps en conservant toutes ses vieilles maisons et, par la sinueuse rue Lemercier, rejoignez le **musée Tavet-Delacour**. Hébergé dans le superbe hôtel d'Estouteville de la fin du 15e siècle – admirez la tour d'escalier hors-œuvre, les fenêtres à meneaux et l'armada de gâbles et de pinacles qui les surmontent –, il abrite les collections historiques de la ville mais s'est peu à peu spécialisé en art moderne et contemporain, avec notamment des œuvres de Matisse, Hans Arp et le plus important fonds au monde d'œuvres d'Otto Freundlich.

L'ARBRE BLANC

Avec sa double terrasse (une extérieure et une couverte à l'arrière), ce restaurant est une heureuse surprise à l'écart des principales rues commerçantes. Ses habitués y apprécient sa cuisine simple et généreuse, qu'il propose avec des formules déjeuner imbattables !
7, rue Alexandre-Prachay, Pontoise, www.larbreblanc.eu, plat 18-23€.

Le lieu est fermé pour d'importants travaux depuis 2018, mais une partie de ses collections a judicieusement été transférée au **musée d'Art et d'Histoire Pissarro-Pontoise**, installé dans une belle demeure de la fin du 19e siècle sur le site de l'ancien château, dont la terrasse forme un très beau promontoire en surplomb de l'Oise. L'accrochage propose une sélection d'œuvres du 17e siècle à nos jours, mettant à l'honneur de grands paysagistes (Daubigny, Caillebotte, Pissarro lui-même) ainsi que des artistes ayant un lien avec Pontoise.

En rejoignant la rue de l'Hôtel-Dieu, l'alignement de maisons reconstruites après les bombardements de la dernière guerre visant les ponts sur l'Oise ne suffit pas à rompre le charme de la promenade au bord de l'eau, en contrebas des murailles du château. La gare est à 5 minutes de là.

ARGENTEUIL 24

PATCHWORK IMPRESSIONNISTE

Il est loin, le temps où les impressionnistes immortalisaient la bucolique Argenteuil... De nos jours, il y a fort à parier qu'ils s'y mélangeraient les pinceaux : la commune semble condenser tout ce qu'a produit la banlieue en 150 ans, juxtaposant des grands ensembles et des cités-jardins, des villas en meulière et d'anciennes carrières devenues belvédères arborés. En route !

J Val d'Argenteuil
12,1 km
2h45
RER C Saint-Gratien

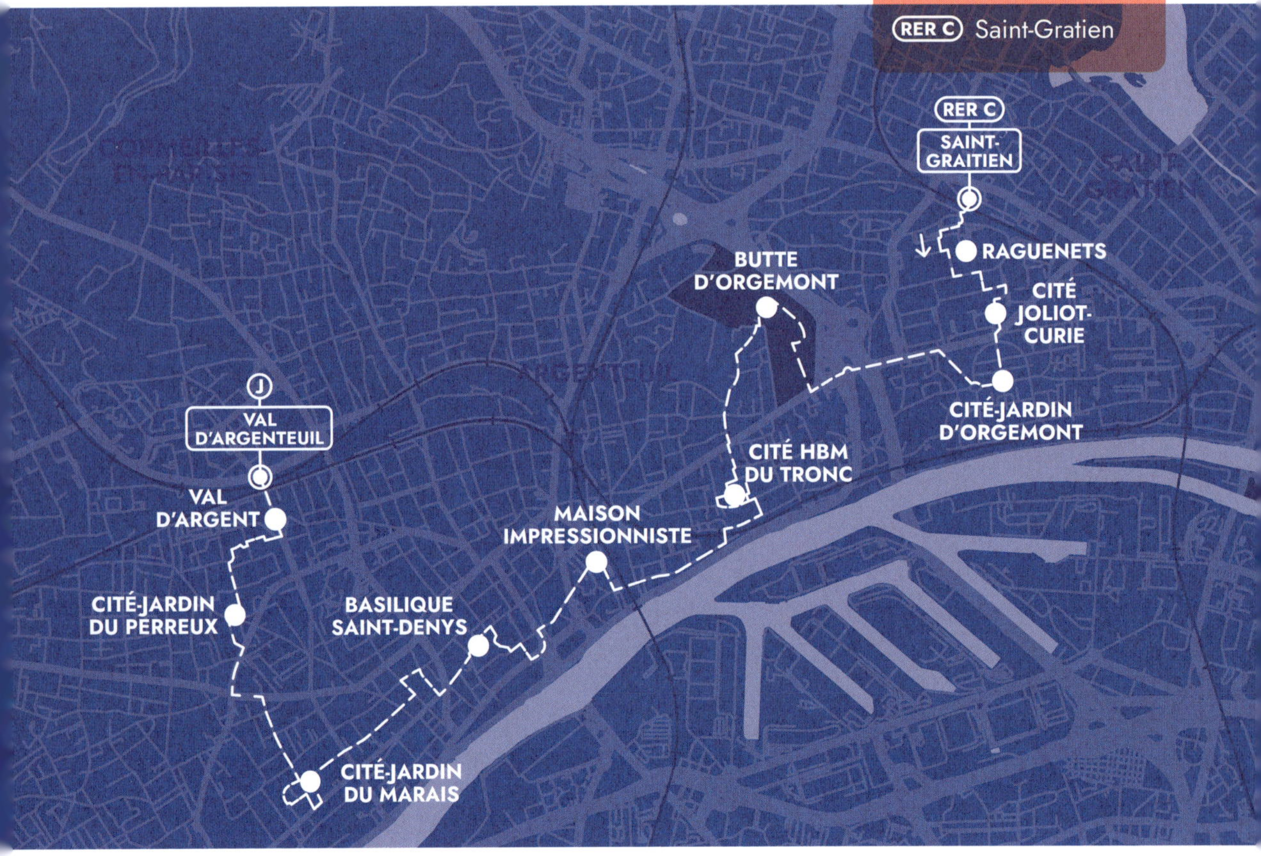

La cité HBM du Tronc à Argenteuil

UNE TERRE DE CITÉS-JARDINS

La gare du Val d'Argenteuil n'a pas une longue histoire : elle a été conçue en 1970 par Roland Dubrulle pour améliorer la desserte du **Val d'Argent**, grand ensemble tout juste construit de part et d'autre des voies ferrées par ce même architecte. À moins d'être motivés par un détour par la dalle au nord, vous n'en verrez que la partie sud, sortie de terre dès la fin des années 1950.

Par sa situation à 15 km de Paris, la proximité de la Seine et son environnement peu industriel, Argenteuil fut identifiée il y a un siècle comme une terre propice aux cités-jardins. La première sur votre route, celle du **Perreux**, est la plus modeste, d'autant qu'une dizaine de pavillons ont disparu dans le percement de la D41. En 1931, l'architecte Caignart de Mailly a associé ici pavillons jumelés (62 logements) et trois immeubles en U (94 logements) délimitant une cour à usage collectif qui, par bonheur, n'a jamais été transformée en parking. Bien que le soubassement en pierre, les portes en arc plein cintre, les volets en bois et les toits de tuile à double pente fassent perdurer l'esprit des cités-jardins, le modèle du grand ensemble n'est clairement plus très loin.

On enchaîne avec la **cité-jardin du Marais** (autour du square de Lorraine), due au même Caignart de Mailly en sa qualité d'architecte de l'Office public d'HBM de la Seine-et-Oise. Plus étendue que celle du Perreux, elle compte pourtant moins de logements (101) car elle est sortie de terre un peu plus tôt (1923-1925), quand inclure des immeubles pour gagner en densité n'était pas encore jugé impératif. Notez le rez-de-chaussée soigné, en moellons de meulière, dont bénéficient certaines des maisons jumelées.

L'AVENUE BRIDAULT aligne des villas opulentes ou plus discrètes, souvent de l'entre-deux-guerres.

SAINTE-TUNIQUE ET SAINT-MONET

Par l'avenue Bridault, bordée de quelques opulentes demeures des années 1930, rejoignez le centre-ville qui dévoile un édifice bien méconnu : la **basilique Saint-Denys**. Imaginée dans les années 1860 par Théodore Ballu, grand bâtisseur d'églises, elle a été en partie financée grâce aux deniers publics, d'où la présence de la devise nationale au-dessus du porche. Le bras droit de son transept abrite la tunique qu'aurait porté le Christ au Calvaire, relique insigne qui aurait été offerte à Charlemagne en cadeau diplomatique et translatée au monastère d'Argenteuil. Elle est conservée dans un reliquaire juché sur un imposant autel, aménagé de telle sorte qu'on puisse passer sous la relique via un étroit corridor. Une vraie curiosité !

VOUS AVEZ DIT « BASILIQUE » ?

Cette distinction est accordée par le pape à certains édifices en raison de leur importance particulière pour les catholiques, par exemple en tant que lieu de pèlerinage, de conservation d'une relique, ou parce qu'ils ont été bâtis là où est survenu un miracle. Une cathédrale, une abbatiale ou même une simple église peut être érigée en basilique. Dans le cas de Saint-Denys, c'est la présence de la Sainte Tunique qui lui vaut cette dignité. Le gonfalon, petit parasol rouge et or installé près du chœur, est la preuve que vous êtes dans l'une des 175 basiliques françaises.

Passez jeter un œil au **conservatoire**, installé dans une belle demeure qui accueillit longtemps la mairie (le campanile caractéristique fut ajouté à cette époque), puis à son extension moderne (n°1 avenue Gabriel Péri) que surmonte *L'homme du 20e siècle*, étonnante sculpture-fresque d'Édouard Pignon. L'homme en question (repérez-vous ses yeux, sa bouche, ses narines saillantes ?) peut faire le choix de la guerre et du chaos, à droite, ou de la paix et du progrès, à gauche.

De la maison qu'habita Monet à l'étonnant marché couvert de la cité Joliot-Curie en passant par l'Art déco pimpant de la cité HBM du Tronc,

ARGENTEUIL

déploie un florilège architectural inattendu.

Aux abords de la gare, vous verrez plusieurs superbes villas, comme le **n° 23 rue Labrière** (1903) ou le n°10 avenue Foch (1902-03), qui marient toutes deux élégamment brique, bois et meulière dans une recherche constante de pittoresque. **Boulevard Karl-Marx**, on est surpris que ces coquettes maisons face à la gare aient traversé le temps, à commencer par le n° 21. C'est la «maison rose aux volets verts» qu'habita Claude Monet de 1874 à 1878, ouverte au public depuis peu sous le nom de **Maison impressionniste**. Vous n'y verrez pas d'œuvres de l'artiste, mais une évocation de son univers – notamment une étonnante reconstitution de sa barque-atelier – et de la commune à cette époque. Il faut dire qu'elle a été pour lui une inépuisable source d'inspiration, avec plus de 150 toiles la représentant !

Par la rue de la Voie-des-Bans, rejoignez le n° 85 rue d'Épinay. Normalement, le portillon est ouvert et vous permet d'accéder par les arrières à ce petit havre de paix qu'est la **cité HBM du Tronc** (1933). Rien de plus simple que ces deux immeubles parallèles complétés d'un troisième, perpendiculaire, pour un total de 94 logements. Mais l'architecte André Cordonnier les a dotés d'une qualité esthétique remarquable, en faisant courir sous les toits des frises en céramiques d'un bleu profond étincelant au soleil, jouant du contraste avec la briqué orangée. L'endroit est beau, intimiste et préservé.

ORGEMONT, QUELLE VUE !

Grimpez en ligne presque droite vers cette petite merveille qu'est la **butte d'Orgemont**. La plus méridionale des quatre buttes du Parisis constitue un fabuleux belvédère à 180 degrés sur Paris et la proche couronne. Cet ancien site d'extraction de gypse a été intelligemment réaménagé a minima, le sommet prenant l'aspect d'un simple plateau herbeux favorisant la biodiversité. Une halte contemplative plus qu'agréable !

LE MOULIN D'ORGEMONT

L'exceptionnalité du site a valu à ce moulin à vent de se muer en guinguette dès le milieu du 19e siècle. Aujourd'hui, le domaine accueille événements, hébergements, et deux restaurants. Il Mulino n'ouvre que le soir, mais Le Faubourg vous accueille le midi autour de plats familiaux dans une ambiance « à l'ancienne ». Le panorama imprenable justifie des tarifs un peu supérieurs à une brasserie classique. *2, rue du Clos-des-Moines, Argenteuil, www.lemoulindorgemont.fr, menu 39€ ou plat seul à partir de 21€.*

Vous reprendrez bien une cité-jardin ?

Passée l'A15, voici la vaste **cité-jardin d'Orgemont**, organisée selon un double système : une grande voie nord-sud aboutit à l'entrée du stade, qu'encadre les écoles de filles et de garçons, tandis que plus à l'ouest, un rond-point occupé par l'église Saint-Ferdinand distribue des rues en étoile. Construite entre 1929 et 1938 suivant les plans de Caignart de Mailly et de Cordonnier, elle associe 629 logements individuels répartis dans dix modèles de pavillons jumelés, et 425 logements collectifs répartis dans de petits immeubles. Si le parti pris général est sobre, tout au plus discrètement régionaliste, la cité se distinguait par son haut niveau d'équipements : église, stade, crèche, dispensaire, bains-douches, écoles – ces deux derniers, toujours visibles, déployant un style nettement Art déco à grand renfort de céramiques. Sa qualité paysagère, à base de rues sinueuses et d'une dissymétrie étudiée, achève d'en faire une création exemplaire dans le domaine de l'habitat populaire.

De l'autre côté de la route d'Enghien, terminons par un grand ensemble considérable. **Cité Joliot-Curie**, notez « la chenille », interminable barre de 350 m, sûrement l'un plus longs immeubles franciliens, et le marché couvert à l'étonnante toiture en forme de coquille Saint-Jacques retournée, peut-être inspiré de celui de Royan. Côté Saint-Gratien, le nom change mais pas l'idée générale : aux **Raguenets**, l'architecte Daniel Michelin a conçu un très classique agencement de barres et de tours, au cœur desquelles se blottit la minimaliste chapelle Saint-Paul. La gare de Saint-Gratien est à deux pas.

25

D'ÉPINAY-SUR-SEINE À ENGHIEN-LES-BAINS ET À MONTMORENCY

QUELLE(S) BELLE(S) ÉPOQUE(S) !

Quand le Val-d'Oise se fait bourgeois… Enghien offre, outre son lac et ses machines à sous, un vrai festival de villas élégantes ; Montmorency, fief ducal et lieu de villégiature dès le 18e siècle, vous emmène sur les traces d'un grand marcheur… nommé Rousseau. En guise de mise en bouche, une perle rare, l'église Notre-Dame-des-Missions, à Épinay, qui vous téléporte aux quatre coins du monde !

RER C T8 T11 Épinay-sur-Seine

9 km

2h10

B1515 Place Levanneur

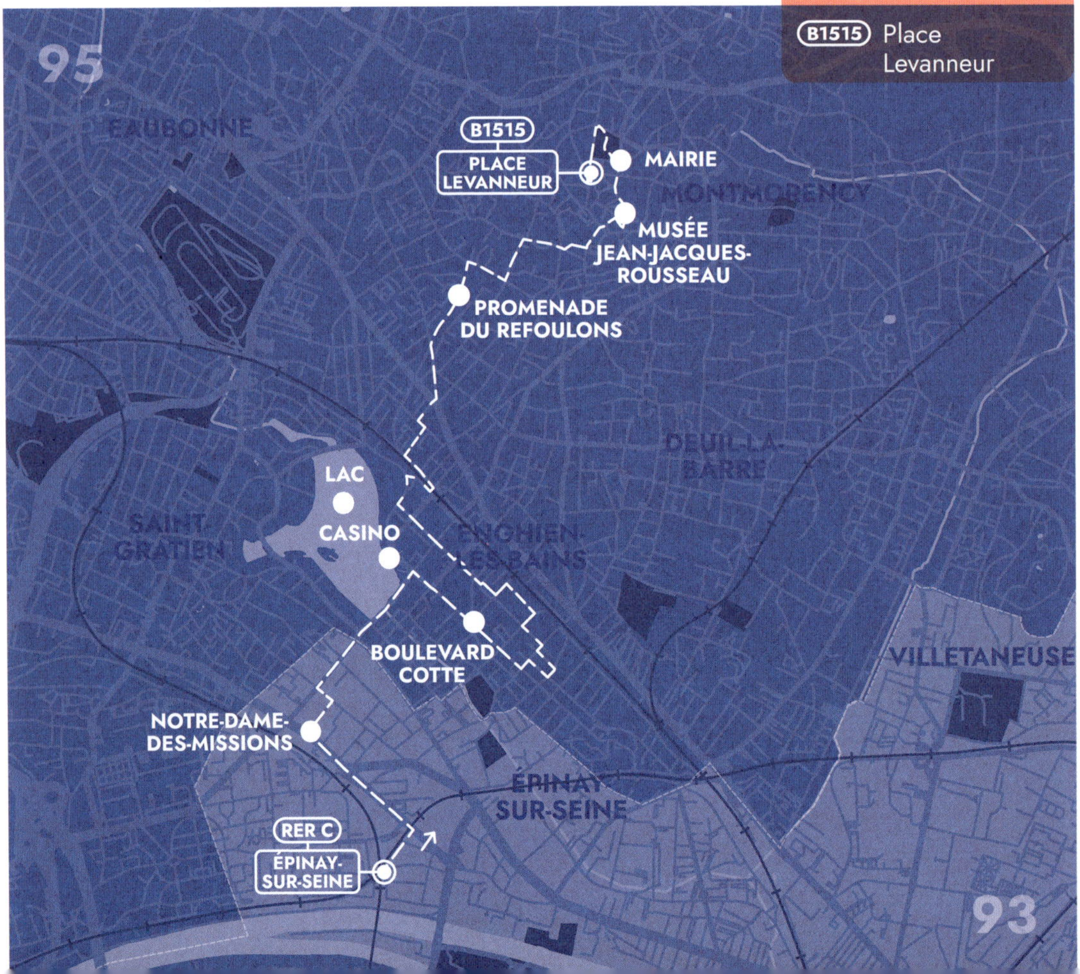

Dans la rue Félix-Faure à Enghien-les-Bains

UN CHEF-D'ŒUVRE DÉPLACÉ

C'est un endroit improbable en bordure de nationale, à un quart d'heure de la gare d'Épinay, coincé entre deux immeubles des années 1960. La façade attire d'emblée le regard, avec son campanile qui a tout du minaret, son porche surmonté de toitures façon pagode et ses panneaux verticaux ornés d'idéogrammes et de chinoiseries. Au sommet, au-dessus d'une rosace octogonale remarquable, c'est pourtant une Vierge à l'Enfant dans une mandorle qui couronne la composition. **Notre-Dame-des-Missions** est une église à nulle autre pareille !

C'est Paul Tournon qui la conçut pour l'Exposition coloniale de 1931, installée au bois de Vincennes. Il s'agissait de rendre hommage au rôle des missionnaires partis diffuser la parole du Christ et d'exalter la mission civilisatrice de la France à travers les pays et les siècles – de là le style pour le moins composite de la façade qui associe audacieusement l'Europe, l'Afrique et l'Asie. Promis à la destruction, le pavillon des Missions fut finalement sauvé et transféré en pièces détachées à Épinay : vitraux, sculptures, panneaux décorés furent démontés puis remontés sur une ossature pérenne en béton, en lieu et place de la structure en bois originelle. L'intérieur vaut tout autant le coup d'œil, avec ses statues hiératiques et stylisées typiques des années 1930, ses vitraux saturés de couleur et, sur les murs de refend des collatéraux, ses immenses fresques retraçant les grandes campagnes d'évangélisation. Chef-d'œuvre sans équivalent de l'art sacré du début du 20e siècle, classée monument historique, elle demeure étonnamment méconnue.

Chef-d'œuvre d'éclectisme, NOTRE-DAME-DES-MISSIONS doit la variété de ses inspirations à son rôle lors de l'Exposition coloniale de 1931.

Le lac et le casino d'Enghien-les-Bains

BANDITS MANCHOTS ET VILLAS DE RÊVE

Cap sur une belle éclectique, Enghien-les-Bains, dont vous découvrirez d'abord le lac. Longtemps simple marécage, une levée de terre faisant office de barrage le transforma dès le Moyen Âge en plan d'eau, qui servit de vivier de poissons avant de prendre sa vocation d'agrément. C'est à la fin de l'Ancien Régime que l'on identifia un ruisseau voisin à très haute teneur en soufre, dont on dit que les eaux soignèrent l'ulcère de Louis XVIII en 1821 : la vocation thermale du site était née. Son urbanisation s'accélère aussitôt, tant et si bien qu'Enghien devient une commune indépendante dès 1850. On peut toujours venir y prendre les eaux, indiquées contre les affections des voies respiratoires et les maladies de peau. Sur votre droite, le bâtiment moderne des thermes ne retient guère l'attention. Approchez-vous plutôt de la jetée du lac (superbes lampadaires Art nouveau) pour observer le casino, le seul de la région parisienne et le premier de France en termes de recettes : ce bâtiment de 1909 a été fortement remanié en 2003, recevant cette enveloppe vitrée un peu curieuse. Même en semaine, il est ouvert jusqu'à 4h du matin !

LE RELAIS DU LAC

À la limite de Soisy-sous-Montmorency et d'Enghien, Le Relais du Lac peut être une halte agréable.
1, avenue Beauséjour, Soisy-sous-Montmorency, 01 34 17 67 41, fomule entrée-plat ou plat-dessert 18€.

Lieu de villégiature chéri de la bourgeoisie parisienne, Enghien connaît son âge d'or entre le Second Empire et la Belle Époque, dont elle conserve un prodigieux patrimoine de villas de toutes sortes. Boulevard Cotte, coup de cœur pour le merveilleux n° 56, où se marient à la perfection meulière, brique polychrome et bois des aisseliers – quel cachet ! Le n° 58 est ravissant aussi, avec son entrée par le pan coupé que surmonte une tourelle à l'interminable toiture. Plus massif, le n° 74, au joli décor de céramiques turquoise, possède une superbe grille Art nouveau. Rue Robin, notez la différence entre le n° 17 des années 1930 (oriel en béton, garde-corps aux motifs géométriques, faux pans de bois) et les n° 3 à 9 du début du siècle, pas forcément plus grandes mais d'un raffinement supérieur, grâce à des combinaisons plus audacieuses de formes et de matériaux.

ENGHIEN

révèle un extraordinaire répertoire d'œuvres architecturales début de siècle, dont beaucoup sont dues au prolifique Henri Moreels.

Au n° 44 **rue de la Barre**, cette petite « villa-église » a un charme fou. Notez sur la façade la plaque de l'architecte Henri Moreels, insatiable bâtisseur de villas exquises dont vous retrouverez le nom dans les **rues Sadi-Carnot** et **Félix-Faure**, où presque toutes les maisons méritent attention. Apothéose finale à l'angle Faure-Pasteur : un Léon Nicolet en roue libre a imaginé le **palais Condé**, immeuble délirant avec porche à double colonnade, soubassement à refend accusé, balcons aux épaisses balustrades de pierre, et surtout, deux niveaux de loggias soutenues par des doubles colonnes. Le n° 1 **rue Pasteur** se défend bien aussi, avec son porche à double colonne surmonté d'un tympan au décor végétal, formant le socle de deux statues féminines levant le bras. Il vous reste encore à saluer l'**église Saint-Joseph**, néo-byzantine, et l'étroite façade rococo du n° 53 rue De-Gaulle, avant de terminer au n° 43 rue de l'Arrivée avec l'incroyable villa Mon Rêve (Émile Thion, 1903), en fait deux maisons jumelles éclectiques au possible, associant éléments baroques, Art nouveau, belvédère à l'italienne, et jouant d'une large gamme de décrochements, balcons, auvents et loggias.

Refoulons vers Montmorency

De l'autre côté des voies, optez pour les rues Péligot puis Alphonse-Haussaire bordées de villas et de beaux immeubles, avant de rejoindre la **promenade du Refoulons**, aménagée sur l'emprise de l'ancien embranchement ferroviaire vers Montmorency. Depuis les années 1950 et la fin de cette desserte, la population de la ville n'a plus augmenté, ce qui n'est peut-être pas une coïncidence. Le fief de la puissante lignée des ducs de Montmorency, qui donna à la France tant de grands serviteurs, a ainsi conservé sa tranquillité bourgeoise, quoiqu'elle n'ait pas été épargnée par la construction de résidences de standing, qui ont altéré jusqu'en centre-ville l'homogénéité du bâti.

Lorsque le sentier s'interrompt, un petit droite-gauche-droite vous conduit au pied de l'**église Saint-Martin**, fièrement campée sur son promontoire. Grimpez en admirer l'intérieur et profiter du panorama depuis son parvis, puis rejoignez le **musée Jean-Jacques-Rousseau** (visites guidées uniquement), installé dans la demeure où le grand homme en quête de nature et de paix séjourna cinq ans et écrivit plusieurs de ses œuvres majeures. Flânez à travers les rues anciennes jusqu'à atteindre le parc à l'anglaise où trône l'**hôtel de ville**. Cette bâtisse solennelle de plan carré, élevée à la fin de l'Ancien Régime dans le plus pur style néoclassique (fronton, frise, pilastres), a été édifiée à l'origine pour un riche bourgeois parisien. **Place Levanneur**, attrapez le bus 1515 pour les gares d'Enghien ou d'Épinay.

UN TRAIN À RECULONS

Inaugurée dès 1846, la ligne Paris-Pontoise dessert Enghien mais ignore Montmorency, qui demeure ainsi isolée au sommet de sa butte. On y remédie vingt ans plus tard en créant le Refoulons, modeste antenne de 3 km hissant les voyageurs de la gare d'Enghien à celle de Montmorency, 67 m plus haut – soit l'un des profils les plus sévères de France ! Pour des raisons de sécurité, la locomotive poussait les wagons vers Montmorency (si elle les avait tirés, on n'aurait pas été à l'abri d'une rupture d'attelage, très dangereuse vue la déclivité) ; elle redescendait ensuite vers Enghien en marche arrière en retenant les wagons dans la pente. Dans le jargon ferroviaire, on ne dit pas d'une locomotive qu'elle recule mais qu'elle refoule, d'où le surnom de ce pittoresque tacot. Véritable institution locale, il a tenu le coup jusqu'en 1954.

Porche de l'église Saint-Martin

26 DE SARCELLES À VILLIERS-LE-BEL ET À ÉCOUEN

AINSI NAQUIT LE GRAND ENSEMBLE

Posté dans les jardins du château Renaissance d'Écouen, vous portez un regard de grand seigneur sur les vastes horizons de la Plaine de France. Comment imaginer que vous naviguiez deux heures plus tôt en plein Sarcelles, au cœur de ce qui est devenu, peut-être injustement, l'archétype des grands ensembles et de leurs maux ? C'est parti pour une randonnée tout en contraste !

RER D Garges-Sarcelles
9,7 km
2h25
Écouen-Ézanville

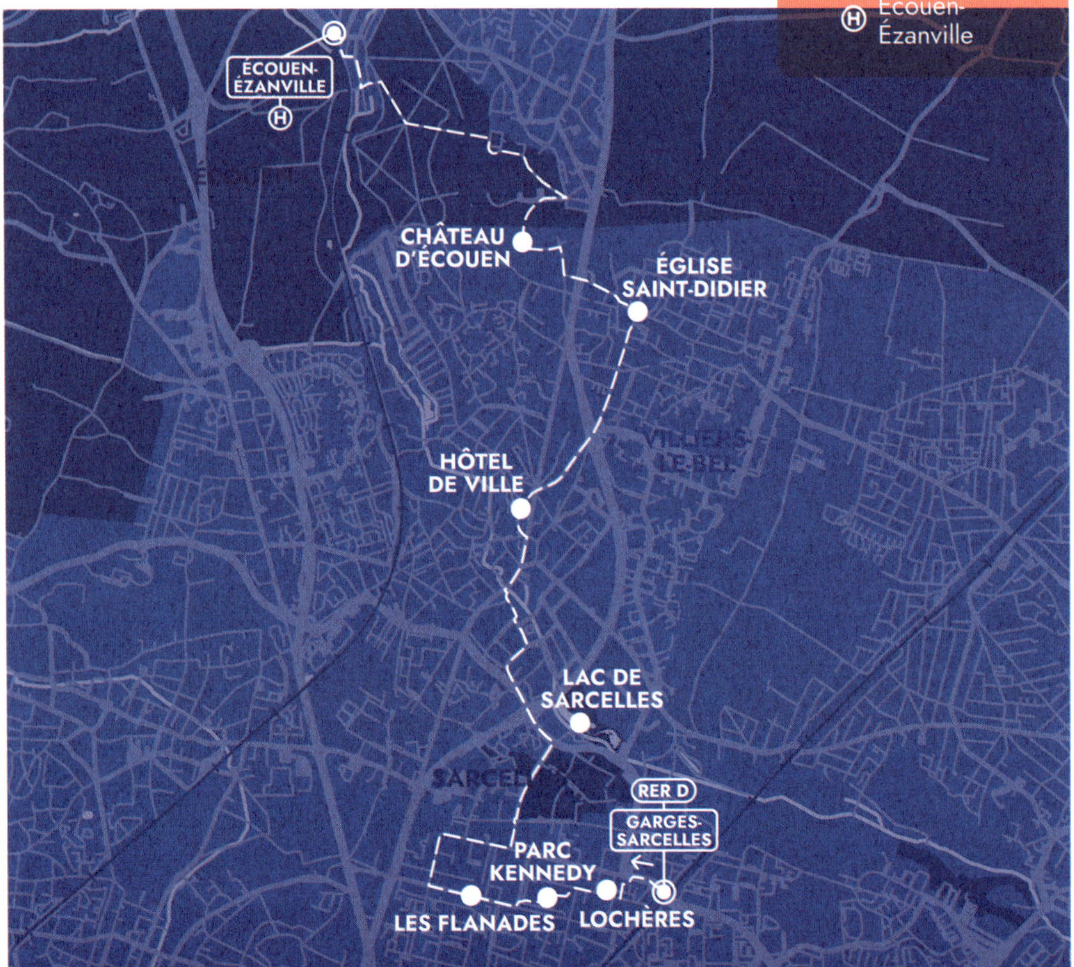

Immeuble dans le quartier des Vignes Blanches, Sarcelles

SARCELLES, LA VILLE-CHAMPIGNON DES TRENTE GLORIEUSES

Si la ligne Paris-Creil a été ouverte dès 1859, la création de la gare de Garges-Sarcelles s'est fait attendre pile un siècle de plus. Il faut dire que, durant bien longtemps, il n'y eut rien ou presque à desservir dans le périmètre. Puis, un beau jour des années 1950, la Caisse des dépôts et consignations jeta son dévolu sur cette zone agricole, stratégiquement située entre deux lignes de chemin de fer et à faible distance des bassins d'emploi de la proche couronne parisienne. Les Trente Glorieuses débutaient, la croissance démographique du pays était galopante sous le double effet du baby-boom et d'un solde migratoire très favorable, et l'appel de l'abbé Pierre de 1954 était dans tous les esprits. La construction du **grand ensemble des Lochères** qui se dresse devant vous sera l'une des premières grandes initiatives franciliennes pour endiguer cette crise du logement. Confiée à Jacques-Henri Labourdette et Roger Boileau, la construction de ses 10 tranches, baptisées îlots, s'échelonnera de 1955 à 1976 et fera passer la commune de 8 000 à 55 000 habitants, nombre demeuré stationnaire depuis.

À l'amorce de l'îlot II, l'allée Paul-Verlaine illustre les principes constructifs propres à la première phase du chantier. Cantonnés à cinq niveaux et disposés à angle droit, les immeubles ménagent en leur cœur des espaces verts généreux. Hauteur limitée, faible largeur autorisant des logements traversants et surtout recours stupéfiant à la belle pierre de taille de Saint-Maximin dégagent une impression de qualité qui ne doit pas occulter l'énergie consacrée à comprimer les coûts de production. Surfaces et équipements des appartements ont été définis au plus juste, aboutissant aux prototypes LOGECO (logements économiques et familiaux) puis LOPOFA (logements populaires et familiaux), formant l'essentiel des logements des Lochères.

Les tours de 13 étages dominant
L'AVENUE DU 8-MAI-1945
traduisent la nécessité de construire plus dense à compter des années 1970.

Le parc Kennedy offre une respiration vallonnée en plein cœur du grand ensemble.

La longueur de certaines barres (jusqu'à 278 m !) et leur agencement orthogonal en font aussi un cas d'école de ce qu'on appelle l'urbanisme du chemin de grue. Les immeubles sont en effet construits à partir d'éléments préfabriqués assemblés grâce à des grues coulissant sur des rails rectilignes. La forme même des immeubles en découle puisque, compte tenu de ce système, toute fantaisie architecturale est une perte de temps et d'argent. Archétype du grand ensemble de première génération, il cristallisera aussitôt les critiques : finitions bâclées, pauvreté formelle, urbanisme déroutant, commerces et équipements arrivant à retardement... La sarcellite est née.

Du marché au centre commercial

Remontez l'avenue Frédéric-Joliot-Curie. Quatre jours par semaine, vous ne verrez qu'une halle moderne sans grand charme. Mais les mardis, vendredis et dimanches, quand se tient le **marché** dont le rayonnement s'étend aux villes voisines, c'est une explosion de couleurs et de senteurs qui débordent très largement dans les rues alentour, et où se lit la diversité des communautés locales.

Traversez le **parc Kennedy**, doucement vallonné, pour rallier **Les Flanades**. Combinant logements, bureaux et commerces, organisé autour d'une esplanade à ciel ouvert desservant différentes galeries marchandes, il n'a été inauguré qu'en 1972 après s'être fait pour le moins attendre : des difficultés financières avait stoppé le chantier et laissé une béance, bientôt noyée par des remontées de la nappe phréatique. «Le trou» suscita longtemps les moqueries et l'agacement des premiers Sarcellois.

Avec l'**avenue du 8-mai-1945**, colonne vertébrale du quartier désormais irriguée par le tramway, s'opère une nette bascule dans les années 1970. Barres à droite, tours de 13 étages à gauche : cette nouvelle expression architecturale est attentive à «faire rue» et à multiplier les locaux commerciaux en rez-de-chaussée. On prévoit des balcons, si radicalement absents des premières tranches, et on veille à diversifier les gabarits, tandis que l'automobile est désormais bienvenue en cœur d'îlot. Pas sûr, pourtant, que le résultat vous séduise...

SARCELLES AVANT SARCELLES, VILLIERS-LE-BEL ET ÉCOUEN

L'avenue Paul-Langevin conduit tout droit à l'agréable lac – c'est peu dire que l'environnement a soudainement changé – d'où vous rejoignez le **vieux Sarcelles** par un passage sous la départementale. Voici donc, presque villageois, l'autre versant de la commune, qui entretient peu de liens avec le premier dont il est nettement séparé. Paris semble soudain beaucoup plus loin…

L'**église Saint-Pierre-et-Saint-Paul** mérite vraiment le coup d'œil, notamment son portail occidental avec ses colonnes à l'antique et son curieux tympan. En face, l'hôtel de ville a pris ses quartiers dans le manoir de Miraville, construit en 1885 pour être la résidence du maire de l'époque, dont les origines strasbourgeoises transparaissent dans cette originale synthèse du style néo-Renaissance et du vocabulaire décoratif alsacien.

Quinze minutes de plus et c'est **Villiers-le-Bel**. Ce que vous en verrez aujourd'hui – son petit centre ancien – est bien éloigné de l'imaginaire attaché à cette ville étonnante, dont le territoire inclut zones pavillonnaires, grand ensemble et vieux village, les premières étant séparées du reste par un espace non bâti que domine une nappe épaisse de lignes à haute tension, composant un paysage impressionnant. Jetez un œil à la tricentenaire **maison des Têtes** (n° 46, rue de la République), qui doit son nom aux mascarons finement sculptés des clés de voûte, à l'élégante mairie associant meulière, brique et frise de céramique et à l'**église Saint-Didier** aux contreforts proéminents. Vous n'êtes plus très loin de la D316, que vous franchirez en un point charnière. À droite (plein nord), si l'on terminait la montée, on verrait se déployer le panorama presque rural de la Plaine de France – c'est le point très précis où l'on comprend qu'on vient de quitter la banlieue dense. À gauche, donc au sud, on a la surprise de voir se découper à contre-jour la *skyline* parisienne : tour Eiffel, tour Montparnasse et même Sacré-Cœur…

LE LAC DE SARCELLES

marque la transition entre le grand ensemble et le vieux Sarcelles : deux entités mitoyennes et si différentes !

Le château d'Anne

Continuez en face, puis prenez à droite le chemin Margot. Attention, le sentier qui s'enfonce plein axe entre les arbres n'est plus praticable : bifurquez à gauche dans celui de la Fontaine-Préchet et moins de 100 mètres après avoir pénétré dans le bois, gravissez à droite le raidillon qui rejoint le parking. Voilà enfin l'admirable **château d'Écouen**, dont les jardins, comme posés sur un plateau-belvédère, dominent le pays de France et offrent un superbe point de vue. Cette merveille du 16e siècle voulue par le connétable Anne de Montmorency témoigne de la puissance et du goût de ce grand serviteur de François Ier, qui n'hésita pas à s'attacher l'architecte Jean Bullant et le sculpteur Jean Goujon pour sa réalisation. Il abrite depuis 1977 les collections exceptionnelles du musée national de la Renaissance. Un must !

PIQUE-NIQUE !

Il y a peu de cafés ou de restaurants sur ce parcours, pensez à apporter un en-cas pour une pause dans les bois à l'approche du château d'Écouen ou dans ses jardins !

Quittez le parc du château par l'ouest et, après vingt minutes de marche en forêt, vous atteindrez la gare d'Écouen.

LES GRANDS ENSEMBLES

On aurait difficilement pu trouver dénomination plus vague que « grand ensemble ». Les médias, pourtant, ont réussi la prouesse de simplifier encore, évoquant les cités ou les quartiers. Et au fond, tout le monde voit à peu près ce dont il s'agit – le Clos Saint-Lazare, les Courtillières, Meudon-la-Forêt ou bien sûr Sarcelles vous en offriront autant d'exemples. Devenus le symbole-même du mal-être des banlieues, les grands ensembles méritent d'être mieux compris. Voyons un peu ce qu'on espérait d'eux, s'ils sont aussi homogènes qu'on le dit et ce qui leur vaut leur mauvaise réputation.

L'OMNIPRÉSENT SYMBOLE DES TRENTE GLORIEUSES

La naissance des grands ensembles prend racine dans une période d'effervescence économique et démographique sans précédent. Baby-boom, nombreuses villes abîmées par la guerre et bientôt arrivée des rapatriés d'Algérie : à compter de l'après-guerre, il a brusquement fallu bâtir en urgence des dizaines de milliers de logements à travers la France, notamment en région parisienne. Le plan Courant de 1953 fixe un objectif très ambitieux : 240 000 nouveaux logements par an. On répertorie alors de vastes emprises foncières en marge des agglomérations où ériger *ex nihilo* ces grands morceaux de ville. Contexte oblige, la maison individuelle n'y a pas sa place : barres et tours sont les seules options, assez espacées toutefois pour laisser circuler air et lumière, les zones tampons étant aménagées en espaces verts et en parkings. C'est la négation de la rue traditionnelle, ce qu'on leur reprochera beaucoup par la suite.

VITE FAIT, MAL FAIT ?

Le mot d'ordre est clair : construire vite et à bas coût. Préfabrication (éléments fabriqués en usine et assemblés sur place, par exemple des panneaux de béton qu'il ne reste qu'à insérer dans une ossature poteaux-poutres) et standardisation (édifices conçus à partir du plus petit nombre possible d'éléments de base) permettent de jouer sur ces deux tableaux. Les immeubles sont élevés grâce à des grues circulant sur des rails rectilignes : de cet urbanisme du chemin de grue découlent la simplicité des volumes et le règne de l'angle droit. Quant à l'ornementation, elle n'a pas tellement sa place.

Malgré des budgets contraints, les architectes ont souvent tout tenté pour varier formes et couleurs.

Tout ceci n'exclut pas quelques belles surprises. Les premiers îlots de Sarcelles sont en pierre de taille de Saint-Maximin ; Fernand Pouillon, amoureux de celle de Fontvieille, s'arrangera pour la déployer en parement sur à peu près toutes ses opérations, quitte à rogner sur d'autres postes de dépense ; quant à Émile Aillaud, il a tout tenté pour varier les couleurs et les formes (tours cylindriques, tripodes, immeubles ondulants). Plusieurs de ses réalisations atypiques ont accédé à une forme de postérité – tours Nuages (p. 152) à Nanterre, cité de l'Abreuvoir (p. 39) à Bobigny ou Courtillières (p. 50) à Pantin – mais un festival de formes et de couleurs n'endigue pas la décrépitude et elles n'ont pas mieux vieilli que les autres – la Grande Borne, qu'il bâtit à Grigny, en est l'exemple criant. D'une manière générale, on peut dire que plus un grand ensemble a été construit tard, plus sa qualité urbaine et architecturale est médiocre. Budgets toujours plus contraints, foncier disponible de plus en plus éloigné des lieux

Ensemble phare du quartier des Courtillières à Pantin, le Serpentin a bénéficié d'une rénovation qui lui a redonné toutes ses couleurs.

de centralité et des réseaux de transport, niveau d'équipements et de commerces de plus en plus chiche sont venus contrecarrer les timides tentatives pour réfléchir singularité, esthétique et qualité d'usage.

À la manœuvre, on trouve des architectes dont les noms reviennent souvent mais restent inconnus du grand public. Connaissez-vous Roland Dubrulle, qui conçut le Val d'Argent (Argenteuil) et les Tarterêts à Corbeil, Clément Tambuté, auteur du Clos Saint-Lazare (p. 19) à Stains et de la si fameuse cité des 4000 (p. 28) à La Courneuve, ou Jacques-Henri Labourdette, le père de Sarcelles (p. 234) ? En fait, la notoriété de ces professionnels aguerris est inversement proportionnelle à la quantité de leurs réalisations, car ces dernières sont désormais tenues pour des contre-exemples et disparaissent même en partie du paysage, une démolition après l'autre, au terme d'un petit demi-siècle d'existence. Une forme de record serait détenu par la barre Debussy à La Courneuve, détruite en 1986 alors qu'elle avait... 23 ans.

HABITANTS D'HIER ET D'AUJOURD'HUI

Si les grands ensembles ont le plus souvent eu pour commanditaires des acteurs publics, à commencer par les offices d'HLM, ils contiennent aussi leur lot de copropriétés, souvent emportées dans une spirale du déclin plus marquée que ce qu'un opérateur public, même nonchalant, aurait toléré sans réagir – Clichy-sous-Bois en est l'exemple flagrant.

Des propriétaires dans les grands ensembles ? Oui : loin d'être un nouvel avatar de la cité ouvrière, ils visaient les petites classes moyennes – fonctionnaires, employés – qui y ont un temps trouvé leur compte. Les logements étaient neufs, les espaces verts nombreux et les installations sanitaires individuelles représentaient une avancée sensible. Mais très vite, on se rend à l'évidence : les finitions et l'isolation sont très moyennes, les commerces et les équipements se font attendre, l'urbanisme est au mieux monotone, au pire oppressant. Ces classes moyennes vident les lieux à la première occasion, remplacées par des ménages plus modestes : ainsi s'amorce le virage précoce vers une concentration toujours plus forte de difficultés socio-économiques. En fait, le désamour pour les grands ensembles a été presque immé-

À la cité de l'Abreuvoir à Bobigny, tripodes et tours cylindriques aux couleurs étonnantes sont caractéristiques des recherches formelles d'Émile Aillaud.

diat. Face à cette « sarcellite » identifiée dès les années 1960, la circulaire Guichard (1973) met fin au programme des grands ensembles. Dès lors, une des missions des villes nouvelles (p. 178) sera justement de forger un nouveau modèle urbain.

MISSION DE SAUVETAGE

Créée en 2003, l'Agence nationale pour la rénovation urbaine (ANRU) a pour tâche titanesque de transformer les quartiers en difficulté en y apportant davantage de qualité urbaine et en favorisant la mixité sociale et fonctionnelle. Sans surprise, ses crédits sont largement attribués aux grands ensembles qui, à grand renfort de réhabilitations et de « démolitions-reconstitutions » (barres

Grand ensemble
de Sarcelles

et tours faisant place à un habitat à taille humaine, où l'on cherche à favoriser l'accession à la propriété), sont de plus en plus nombreux à présenter un nouveau visage. Intervenir sur le bâti et les espaces publics ne saurait être un levier d'action suffisant ; il n'empêche qu'au gré de vos déambulations, vous distinguerez sans mal les grands ensembles où l'Agence est intervenue de ceux qui demeurent en attente d'un avenir meilleur.

AÉROPORT ROISSY-CHARLES-DE-GAULLE

27

ON DÉCOLLE !

Comme les Parisiens des années 1960 qui allaient passer un dimanche à Orly, pourquoi ne pas vous offrir une excursion atypique à Roissy, sans billet ni bagages ? Laissez un instant de côté les débats légitimes – non qu'ils soient secondaires – qui entourent le transport aérien pour vous plonger dans le fonctionnement, l'histoire et l'architecture de cette ville dans la ville !

RER B Aéroport Charles-de-Gaulle 3

Selon votre envie

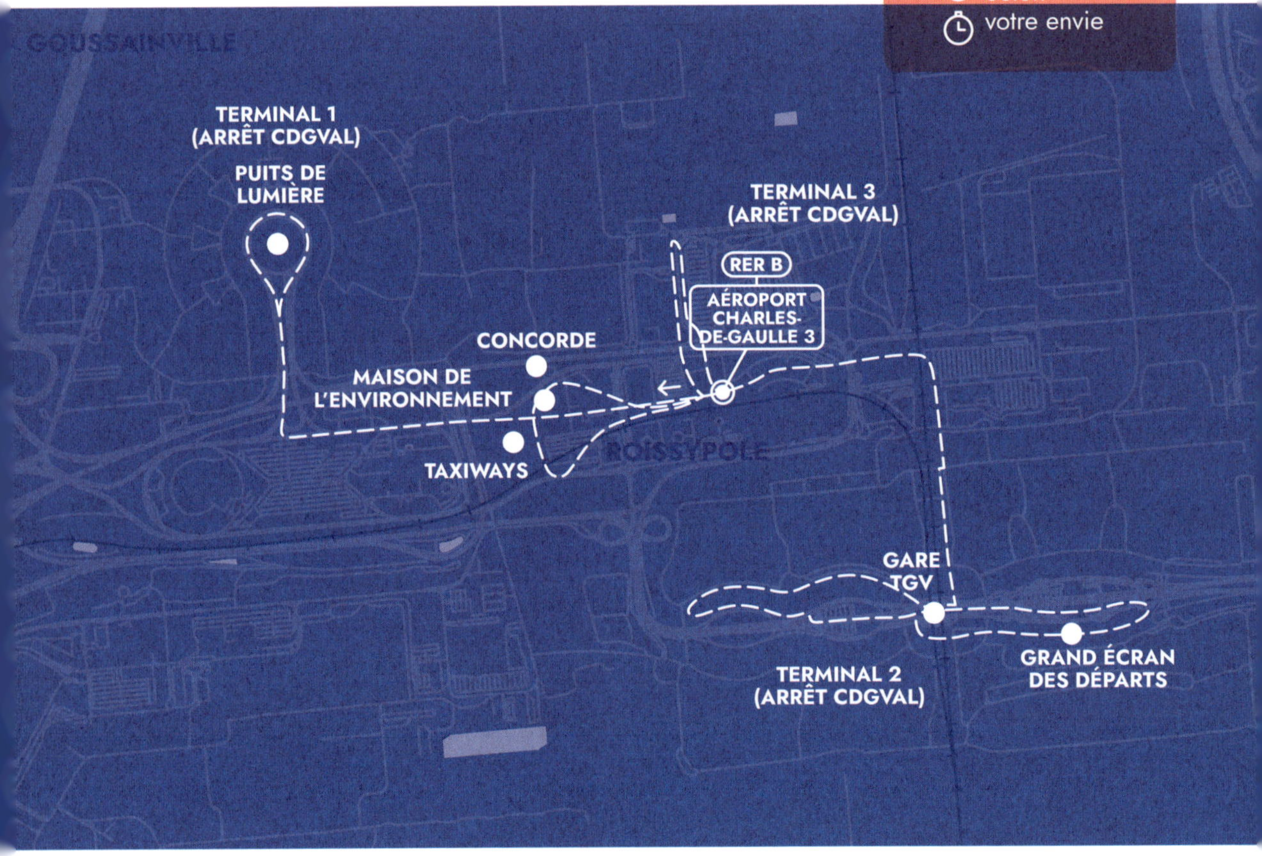

Le CDGVAL au pied du Terminal 1

AU COMMENCEMENT ÉTAIT LA PIEUVRE

Puisque le CDGVAL, le métro automatique qui relie les différents terminaux de l'aéroport, est gratuit, fréquent et rapide, autant l'utiliser pour découvrir les terminaux dans l'ordre de leur construction. À la descente du RER, empruntez-le donc de **Terminal 3-Roissypole** à **Terminal 1** pour découvrir ce dernier, dont l'inauguration en 1974 a marqué celle de l'aéroport lui-même. Spécialiste des constructions aéroportuaires, l'architecte Paul Audreu a imaginé là un édifice singulier. Surnommé la pieuvre ou le camembert, il se compose d'un élément central circulaire dédié à l'accueil des voyageurs, cerné de satellites d'embarquement auprès desquels viennent stationner les avions. Faites la boucle à pied… C'est l'affaire de deux minutes ! Trouvez ensuite l'un des deux accès au **puits de lumière central** – qui sert aussi de fumoir – car c'est encore le meilleur endroit pour saisir le principe d'organisation. Bien que très en-dessous des pistes, vous êtes au deuxième étage ; le troisième accueille les comptoirs d'enregistrement, d'où les voyageurs en partance peuvent rejoindre le quatrième étage où, passé le contrôle aux frontières, des tunnels aménagés sous les pistes les conduisent aux satellites d'embarquement ; les étages encore supérieurs sont réservés à l'administration. La communication entre ces étages se fait par l'enchevêtrement de tapis roulants « en tubes » juste au-dessus de vos têtes. Cette organisation originale, qui aujourd'hui peut nous paraître datée, a valu au terminal 1 le label « Architecture contemporaine remarquable ».

On a toujours su qu'il ne suffirait pas et il a très vite été question de lui en adjoindre d'autres semblables, sauf que le « prototype » a rapidement montré ses limites : presque entièrement cerné par les pistes, il se prête mal aux agrandissements et aux modulations. Le terminal 2 va donc marquer le retour à une conception plus traditionnelle d'une aérogare. Allez voir ce qu'il en est en rembarquant dans le CDGVAL jusqu'au terminus opposé, le **Terminal 2**.

L'impressionnant **PUITS DE LUMIÈRE** du Terminal 1 est traversé de tapis roulants menant aux satellites d'embarquement.

Vues sur le hall K, Terminal 2E

LE TERMINAL 2, D'UNE EXTENSION L'AUTRE

Étiré d'est en ouest sur plus de 3 km, le **Terminal 2** se présente comme une succession de modules greffés les uns aux autres à mesure que les besoins augmentaient, depuis les terminaux 2A et 2B inaugurés en 1982 jusqu'au terminal 2G de 2008, réservé aux compagnies régionales utilisant de petits appareils. À compter de 1994, sa desserte par la **gare TGV** l'a encore renforcé dans son rôle de terminal principal – à la sortie de celle-ci, profitez-en pour contempler la merveilleuse invitation au voyage qu'est le **grand écran des départs** : aviez-vous entendu parler des villes de Billund, Mascate ou Chisinau ? Livré en 2003, le terminal 2E, le plus important de tous, s'est ensuite vu adjoindre à la perpendiculaire les satellites d'embarquement S3 et S4. Voilà : après trente ans d'une perpétuelle évolution, Roissy semble pour un temps stabilisé.

Dernier trajet en CDGVAL pour revenir à votre point de départ (Terminal 3-Roissypole). Beaucoup plus calme, l'endroit fonctionne comme une sorte de salle d'échanges d'où rejoindre le RER, la gare routière, une station de taxis, les hôtels ou le bien modeste Terminal 3. Vous pouvez toujours suivre les fléchages pour aller jeter un œil à ce dernier, mais n'espérez rien d'impressionnant : cette sorte de hangar de tôle surtout dédié aux compagnies à bas coût est vraiment dépourvu de tout cachet.

La Maison de l'Environnement, intégrée au siège d'Aéroports de Paris

SORTONS PRENDRE L'AIR !

De Roissypole, faites plutôt ce que vous n'avez sûrement jamais fait à Roissy : sortez. Côté place Jacques-Cartier, l'allée du même nom vous conduit jusqu'à la **Maison de l'Environnement**. Partie intégrante du siège social du groupe Aéroports de Paris et gérée par ses soins, elle se conçoit comme un espace d'échanges et de pédagogie vis-à-vis des riverains, pour lesquels l'aéroport est un voisin paradoxal, source à la fois d'opportunités et de nuisances. Elle accueille notamment des scolaires pour des visites, des ateliers et des moments de sensibilisation à la politique environnementale du groupe, mais organise aussi ponctuellement des visites tous publics des installations aéroportuaires.

En sortant, passez sous l'arche à gauche pour approcher un bel oiseau à jamais rivé au sol. Avec son nez profilé qui s'inclinait en phases de décollage et d'atterrissage, son fuselage élancé et son aile delta, sa silhouette est reconnaissable entre toutes. Monstre sacré de l'histoire de l'aviation, le **Concorde**, avion supersonique en service de 1976 à 2003, fut une grande réussite technologique mais un naufrage commercial, car son énorme consommation de carburant a toujours rendu son exploitation déficitaire. C'est ainsi que, si le carnet de commandes fut un temps bien rempli, les chocs pétroliers des années 1970 inversèrent la donne et il ne fut finalement acquis que par Air France et British Airways, les compagnies nationales des deux pays qui avaient investi dans sa conception. Le record qu'il avait établi sur la liaison Paris-New York, abattue en 3h30 en service commercial habituel, n'est pas près d'être amélioré.

ROISSY

Roissy n'est pas l'endroit rêvé pour dégoter un petit restaurant de charme. Pour cette fois, laissez-vous aller à un déjeuner mondialisé parmi une offre pléthorique !

Bien qu'il n'ait été produit qu'en 20 exemplaires, l'appareil devant vous est loin d'être le seul survivant, puisque 18 ont été préservés ! C'est en revanche le seul qui appartienne encore à Air France, les autres ayant été cédés à des musées ou des associations.

ÉCHAPPÉE À GOUSSAINVILLE

Depuis le quai B3 de la gare routière de Roissypole, il est possible de prendre le bus 32 pour Goussainville et de descendre à Calvaire pour aller arpenter le vieux village de Goussainville, dont le destin bascula lorsqu'il se retrouva dans l'axe de l'une des pistes de l'aéroport. ADP fut tenu de racheter les maisons des habitants, majoritaires, qui souhaitèrent alors partir, et les fit murer. Restent toutefois quelques poignées d'irréductibles, qui empêchent de parler d'un village fantôme. L'atmosphère étrange qui y règne, plus triste que romantique, attire depuis des années les curieux et les photographes. Le bus 32, repris dans le même sens, permet de rejoindre ensuite la gare de Goussainville (RER D).

Revenez sur vos pas et entrez sur le grand parking à votre droite. En allant tout au fond, vous ne serez plus qu'à quelques dizaines de mètres des **taxiways**, ces voies de circulation dévolues au roulage des avions entre les pistes et les aérogares. Celles devant vous ont une importance particulière puisqu'elles connectent le doublet nord et le doublet sud. L'un comme l'autre sont composés de deux pistes, la plus longue pour les décollages (4 200 m), l'autre pour les atterrissages (2 700 m), sauf exception. Toutes les quatre peuvent être utilisées dans un sens comme dans l'autre, l'important étant que les avions décollent et atterrissent face au vent. À l'atterrissage, le vent contraire contribue à ralentir l'appareil, tandis qu'au décollage, il augmente l'effet de portance, qui aspire l'appareil vers le haut. Lorsque vous avez votre compte, repliez-vous au Roissypole pour reprendre le RER.

Infos pratiques

www.grand-roissy-tourisme.com
Vous trouverez toutes sortes d'informations utiles sur l'adresse web de l'office de tourisme du Grand Roissy, y compris les sites de *plane spotting*, parfaits pour se livrer à une séance d'observation des avions qui décollent ou atterissent !

Le Concorde exposé à Roissy

77

SEINE-ET-MARNE

28 LA BOUCLE DE NOISIEL PAR CHAMPS-SUR-MARNE

SOUVENIRS OUVRIERS ET CHÂTELAINS EN PLEINE VILLE NOUVELLE

Des quelque trente communes qui forment la ville nouvelle de Marne-la-Vallée, Noisiel et Champs-sur-Marne en sont deux à ne surtout pas manquer ! À Champs, le superbe château et ses vastes jardins vous propulseront en plein 18e siècle, tandis qu'à Noisiel, vous serez happé par l'héritage omniprésent des Menier, la conquérante dynastie de chocolatiers qui a façonné la ville au service de son appétissante industrie.

RER A Noisiel
7,5 km
1h45

La chocolaterie Menier à Noisiel

SCÈNE NATIONALE ET JOYAU INDUSTRIEL

À la sortie de la gare, la modernité des immeubles alentour annoncent la couleur : vous venez de débarquer en pleine ville nouvelle. Pourtant, votre première étape en atteste, la commune est entrée dans l'histoire bien avant les années 1960. Lieu culturel de premier plan, à la fois centre d'art, cinéma et théâtre ayant le statut de scène nationale, la **Ferme du Buisson** fut d'abord, comme son nom l'indique, un domaine agricole. Et déjà les Menier entrent en scène, car c'est bien Émile, fils et successeur d'Antoine, installé à Noisiel dès 1825, qui fait construire la ferme en 1880 pour développer la production laitière indispensable à la fabrication du chocolat. Cette vaste halle de brique, métal et verre offre désormais un cadre de prestige aux spectacles les plus variés.

Une pépite pas tout à fait en chocolat

De là, vous rejoignez très vite la **promenade de la Chocolaterie**, agréable coulée verte aménagée sur le tracé de l'ancien embranchement ferroviaire qui connectait l'usine à la ligne Paris-Mulhouse. Peu après l'étang de l'Écluse, le passage des Hérons vous fait déboucher en pleine cité ouvrière. En bons dirigeants paternalistes, les Menier avaient en effet prévu tout le nécessaire pour s'assurer du confort de leurs employés et, bien sûr, pour les fidéliser. Entre 1874 et 1911, sont ainsi sortis de terre quelque 300 logements, mais aussi une école, un réfectoire, des bains-douches et même une maison de retraite. Si beaucoup arborent un crépi qui dissimule la brique d'origine, les pavillons jumelés abritant deux logements de 64 m² ont conservé leur silhouette caractéristique avec pignon sur rue et jardin attenant. Plus cossues, les maisons d'angle étaient réservées aux ingénieurs.

LE RELAIS DU BUISSON

Dans l'enceinte de la Ferme du même nom, voilà l'endroit idéal pour se restaurer sous les hauts plafonds de sa grande salle vitrée. Cuisine traditionnelle.
Cour du Buisson, Noisiel,
www.lerelaisdubuisson.fr
Le midi, formule entrée-plat-dessert 20,50€, plat 15-25€.

VASTE HALLE DE BRIQUE, DE MÉTAL ET DE VERRE,

l'ancienne ferme offre désormais un cadre de prestige aux spectacles les plus variés.

La mairie d'origine avait été construite face à l'usine – tout un symbole !

Toujours visible, la mairie d'origine avait été construite face à l'usine – tout un symbole ! Sans surprise, les Menier ont été maires de père en fils de 1871 à 1959, moyen efficace de présider entièrement aux destinées de la commune.

De l'autre côté de la rue, on est surpris par l'emprise considérable de l'usine. Il faut dire qu'à la fin du 19e siècle, plus de 2 200 ouvriers s'affairaient ici pour produire 70 tonnes de chocolat par jour... En fonctionnement jusqu'aux années 1960, puis occupée par le siège de Nestlé France jusqu'en 2020, son avenir est en cours de discussion. Il faut ruser pour apercevoir les bâtiments historiques : le **chemin de la Rivière**, et lui seul, vous offrira un très beau point de vue sur le moulin, où les fèves de cacao étaient broyées en utilisant l'énergie hydraulique, puis mélangées au sucre. Inauguré en 1872, ce chef-d'œuvre de l'architecte Jules Saulnier, d'un raffinement et d'une richesse décorative tout à fait exceptionnels pour une usine, est considéré comme le premier bâtiment au monde à structure métallique porteuse. Il voisine avec l'imposant édifice surnommé « **la cathédrale** », plus tardif, qui traduit la croissance continue de la chocolaterie jusqu'à la Première Guerre mondiale. Retournez-vous : ce petit château construit en 1855 fut longtemps la demeure familiale des Menier. Après vous être glissé entre les refroidissoirs et les anciennes écuries, une discrète passerelle sur la droite permet d'admirer le profil en béton armé du **pont Hardi**, connectant la cathédrale à la terre ferme. Vous pouvez continuer sur le chemin, mais il n'offre guère de panoramas sur l'usine.

LES MENIER À CHENONCEAU

La prospérité des Menier leur a permis d'acquérir, en 1913, un des plus beaux châteaux de la Loire, celui de Chenonceau, dont la famille est toujours propriétaire.

Infos pratiques

L'office de tourisme du Val-de-Marne et la ville de Noisiel organisent régulièrement des visites guidées, *www.tourisme-valdemarne.com* ou *www.ville-noisiel.fr*

Le château et le parc de Champs-sur-Marne

Le grille d'honneur de l'ancien château

DES PARCS ET DES CHÂTEAUX

Le vaste **parc de Noisiel** que vous traversez ensuite est un poumon vert bienfaisant. Le promeneur attentif remarquera les quatre blocs de pierre délimitant l'emplacement de l'ancien château. Encore un château ! Eh oui : celui-ci, construit au début du 18e siècle, fut racheté par la suite par… les Menier, mais les dommages subis durant la dernière guerre lui valurent d'être détruit peu après. Toujours en place, la grille d'honneur par laquelle vous ressortez est le seul vestige de sa magnificence passée. En face, le long mail arboré structurant la ville nouvelle reprend le tracé de l'allée rectiligne qui menait au château, tandis qu'à gauche, la **tour Verte**, étonnant château d'eau au milieu du rond-point, est une œuvre de jeunesse de l'architecte Christian de Portzamparc. Elle doit son nom à la résille métallique qui, enveloppant le béton, permet à la végétation de grimper à l'assaut de l'édifice.

Le château de Champs et une tour en pétales de fleurs

Un quart d'heure de marche et vous atteignez d'autres grilles, celle du superbe **château de Champs-sur-Marne**. Type même de la demeure de plaisance du 18e siècle, il domine un vaste parc en pente douce, labellisé jardin remarquable. Passé entre de nombreuses mains successives, loué un temps à une certaine marquise de Pompadour, il est aujourd'hui propriété de l'État qui l'a ouvert au public. On ne saurait trop recommander la visite de ce bijou de l'est francilien, dont l'intérieur richement meublé offre un véritable voyage dans le temps.

En repartant par l'allée arborée menant au château, vous passerez au pied de la **tour des Jeunes-Mariés**. Dessinée dans les années 1970 par Philippe Deslandes, figure importante de l'architecture des villes nouvelles, elle doit son nom au fait que ses 121 logements, d'assez petite taille, étaient prévus pour de jeunes couples sans enfants. Ses rondeurs lui confèrent une esthétique plaisante… mais en compliquant sûrement l'ameublement !

Cent mètres plus loin, vous rejoignez le mail piéton aperçu un peu plus tôt, qui vous ramène aussitôt à la gare de Noisiel.

LA TOUR DES JEUNES-MARIÉS, dessinée dans les années 1970 par Philippe Deslandes, doit son nom à ses logements prévus pour de jeunes couples sans enfants.

LE PATRIMOINE INDUSTRIEL FRANCILIEN

Peut-être parce qu'elle n'a jamais eu de spécialité productive bien définie, on n'a pas coutume de considérer la région parisienne comme un important bassin industriel. Au gré de vos balades, vous croiserez pourtant très régulièrement des usines vouées à la démolition, reconverties ou en passe de l'être. Considérons-les avec plus d'attention : comment se répartissent-elles et pourquoi ? Et quelles stratégies sont mises en œuvre pour transformer ces friches en atouts pour leur territoire ?

UNE HISTOIRE DE GÉOGRAPHIE

La répartition des usines franciliennes est très hétérogène ; pour résumer, elles sont essentiellement à l'est. L'explication en serait avant tout géographique. Les matières premières arrivaient des grands bassins industriels du Nord et de l'Est, notamment deux, vitales à bien des productions : le fer lorrain et surtout le charbon nordiste. Qui plus est, le réseau des canaux, apanage du Nord-Est, facilitait d'autant l'acheminement de ces matières premières et l'expédition des produits manufacturés. Dès l'amorce de la révolution industrielle, s'implanter dans le quart nord-est s'impose ainsi comme le choix le plus stratégique.

L'histoire veut que les populations aisées aient réagi à cette nouvelle donne en prenant le large vers l'ouest, manière de s'épargner l'air vicié par les émanations des usines puisque le vent souffle le plus souvent de la mer, donc vers l'est. À vrai dire, la mécanique était en marche depuis longtemps. Les domaines royaux (Versailles, Saint-Germain-en-Laye, Marly), eux-mêmes établis en fonction de la proximité des grandes forêts de chasse, avaient attiré dans leur sillage nombre de courtisans fortunés et de dignitaires d'Ancien Régime, soucieux d'être à portée du monarque. Les boucles de la Seine ajoutaient du charme en offrant une diversité de points de vue élevés. Ainsi ce développement industriel presque unilatéral va conditionner des réalités sociales, économiques et politiques encore très sensibles aujourd'hui, à commencer par ce fameux clivage entre un ouest francilien aisé et un est populaire.

DES DESTINS VARIABLES

Dans la grande famille des usines désaffectées, s'il est bien difficile de déterminer la proportion qui aurait été conservée et reconvertie, il reste certain que leur destin a largement dépendu de l'activité qui s'y tenait. Les usines lourdes (métallurgiques, avec cheminées et fourneaux, ou chimiques, avec d'importantes problématiques de dépollution) sont sans surprise les plus difficiles à transformer, et l'on ne sera pas surpris qu'il ne reste rien, par exemple, de la gigantesque usine à gaz du Landy à Saint-Denis. Il arrive qu'on veille à préserver le bâtiment administratif, souvent le plus élégant et qui, parce qu'il a d'emblée accueilli des bureaux, ne pose pas de difficulté de reconversion. Il se pare aussi dès lors d'une vocation mémorielle – ainsi du bâtiment Pierre-Dreyfus à Boulogne-Billancourt, où l'on peut encore lire Renault au fronton.

Quand il s'agit d'un grand navire industriel qui a profondément marqué l'histoire de la commune et dont la silhouette fait signal dans le paysage, c'est souvent le secteur privé qui s'avère le plus à même de le réhabiliter à grands frais. Nestlé a longtemps occupé la chocolaterie de Noisiel, BNP Paribas est connu pour avoir investi les Grands Moulins de Pantin et l'agence de communication BETC les Magasins généraux dans la même commune, tandis que la Cité du cinéma à Saint-Denis a vu le jour dans une ancienne centrale électrique grâce à un partenariat public-privé. À la manœuvre, on retrouve régulièrement l'agence Reichen & Robert, mobilisée dans tous les cas cités sauf les Magasins généraux. Pour les entreprises, c'est l'opportunité d'investir un site qu'une silhouette iconique démarque des immeubles de bureaux classiques, tout en se posant en acteur de la réhabilitation du patrimoine. Et c'est généralement une bonne affaire pour la commune, qui attire ainsi de l'emploi sur son territoire et conserve un édifice emblématique de sa *skyline* sans avoir à supporter le coût de sa réhabilitation. Que le lieu ne puisse être ouvert au public devient, au regard de ces avantages, une concession mineure.

Celles dont les volumes sont les plus simples (grandes halles associant brique, métal et/ou verre) sont parfois reconverties en tiers-lieux bien dans l'air du temps, avec un vernis culturel plus ou moins marqué : citons les halles Pouchard (Pantin), les usines Babcock (La Courneuve) ou encore le Hangar Y (Meudon). Lorsque la puissance publique s'investit plus directement dans le projet, c'est souvent pour en faire des lieux de spectacles, de culture et/ou de formation : Manufacture des œillets (Ivry), Sheds (Pantin), pavillon Baltard (Nogent-sur-Marne), imprimerie de l'Illustration (Bobigny).

Quant aux petites usines disséminées dans le tissu urbain se prêtant mal à un projet d'envergure, elles sont volontiers reconverties en plateaux de bureaux pour entreprises à petits effectifs, ou en logements parfois de type lofts – Montreuil ou Pantin en offrent de nombreux exemples. Globalement, celles consistant surtout, une fois les machines retirées, en des entrepôts aux volumes simples et fonctionnels, ont pu connaître deux destins opposés : soit détruites parce que leur intérêt patrimonial a été considéré comme mineur, soit réhabilitées précisément parce qu'elles étaient faciles à reconvertir.

UN ENJEU ÉCONOMIQUE ET POLITIQUE

Pour les communes de banlieue, dont le patrimoine antérieur à 1900 est souvent limité, l'héritage industriel du 19e siècle constitue un double enjeu. D'abord, il s'agit de faire revivre des lieux qui ont

Ancien fleuron industriel pantinois, les Grands Moulins marquent les berges du canal de l'Ourcq de leur silhouette digne d'un château-fort.

La cité verticale Mozinor à Montreuil a conservé sa vocation industrielle.

fait l'histoire de la commune et ont contribué à modeler son profil socio-économique en attirant des travailleurs venus parfois de très loin. Ensuite, il convient de définir un projet de reconversion qui ne trahisse pas le passé mais contribue aussi efficacement que possible à l'attractivité du territoire – de là le soin apporté à des programmations touche-à-tout, ancrées dans l'esprit du temps. Enjeux économiques et patrimoniaux, les anciennes usines franciliennes ont ainsi encore de beaux jours devant elles.

91

ESSONNE

D'ÉVRY-COURCOURONNES À CORBEIL-ESSONNES

29

DES VOISINES AUX ANTIPODES

S'il est un must en matière d'architecture contemporaine, c'est bien la ville nouvelle d'Évry. À compter des années 1970, des architectes souvent renommés y ont rivalisé d'imagination pour donner corps à ce pôle urbain sorti de terre au beau milieu des champs. De là, on se laisse glisser jusqu'à Corbeil, où l'atmosphère est si différente : vieilles demeures, cathédrale et marché couvert vous feront remonter le temps...

RER D Orangis-Bois de l'Épine

12,2 km

2h50

RER D Corbeil-Essonnes

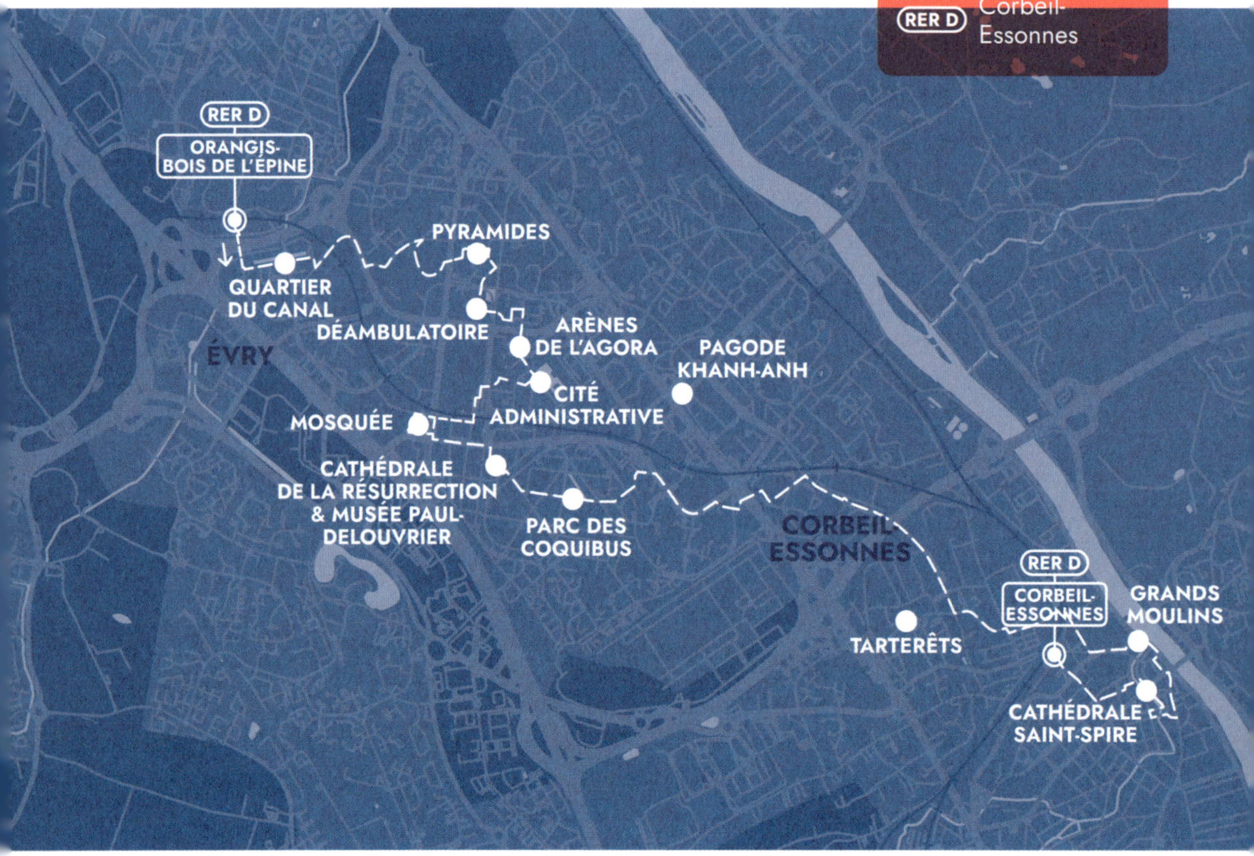

DE LA VILLE-PARC À LA DALLE

L'environnement à la sortie de la gare n'est sûrement pas celui que vous imaginiez : des arbres et pas le moindre immeuble. C'est ça, une ville nouvelle ? Et ce n'est pas le **quartier du Canal**, à cinq minutes de là, qui modifiera votre impression, car de part et d'autre du canal en question, ce ne sont que rangées d'arbres et immeubles bas en brique aux volets de bois. Empruntez une passerelle au-dessus des voies ferrées puis longez brièvement la départementale pour traverser le vaste **parc des Loges**, avant de rallier une nouvelle passerelle. Jusqu'à présent, vous n'avez vu qu'une sorte de ville-parc, où même le contact avec les grands axes vous est le plus souvent épargné grâce à des franchissements en hauteur. Ainsi en est-il des villes nouvelles : autour d'un centre-ville sur dalle assez dense, la part belle est faite aux petits ensembles collectifs, disséminés dans un maillage de plans d'eau, de mails arborés, de pelouses, d'espaces verts et même de bois. La ville nouvelle est distendue, et bien que les cheminements piétons y aient été pensés avec soin, elle est souvent plus facilement abordable en voiture.

Avec les **Pyramides**, vous voici arrivé aux portes du centre-ville et dans le quartier le plus célèbre d'Évry. Leur silhouette singulière a été conçue dans les années 1970 par les architectes Andrault et Parat. Véritable marque de fabrique des deux associés, ces immeubles en gradins qu'ils déclineront de Villepinte à Champs-sur-Marne et d'Épernay à Villeneuve-d'Ascq ne sont pas si éloignés des réflexions d'un autre tandem, Renaudie et Gailhoustet, auteurs des immeubles en étoile d'Ivry (p. 88) ou d'Aubervilliers (p. 52). Pour les uns comme les autres, il s'agissait d'offrir un habitat intermédiaire entre l'individuel et le collectif, avec d'importantes terrasses aux airs de jardins suspendus – notez les énormes bacs en béton à double usage

Bassins reflétant les immeubles, mails arborés, passerelles pour s'épargner la cohabitation avec le trafic motorisé :
LES VILLES NOUVELLES COMME ÉVRY
sont clairement porteuses de l'héritage des cités-jardins.

Canal, Pyramides… Les différents quartiers d'Évry ont tous une identité marquée, qui se ressent dans leur architecture comme dans le sentiment d'appartenance de leurs habitants.

de garde-corps et de jardinières. Il s'agissait aussi de dessiner des ensembles plus subtils et moins écrasants que bien des productions simultanées de style brutaliste. Ces partis pris généreux n'ont pas empêché le quartier de devenir au fil des années l'un des plus sensibles d'Évry ; sa rénovation est en cours et c'est pourquoi certaines Pyramides adoptent désormais des teintes vertes et blanches, bien différentes de celles d'origine.

Ajoutée en 2007, la **passerelle du Quai-aux-Fleurs** – encore une ! – débouche sur le **Déambulatoire** (1976), œuvre insolite de Gérard Singer composée de stalagmites géantes en béton recouvert de résine bleue, entre lesquelles le promeneur est libre de sinuer.

En route vers l'Agora

Franchissez la place des Miroirs grâce à la toute nouvelle passerelle, puis le boulevard de l'Europe par la **passerelle Desaix** (la cinquième !). Glissez-vous sur la gauche entre deux blocs d'immeubles pour descendre les marches qui rejoignent la **rue de la Patinoire**. Droit devant vous, une curiosité : les **Arènes de l'Agora**. Cette salle de spectacle circulaire inaugurée en 1975, avec une structure métallique simplissime offrant une modularité digne des Zéniths, termine en 2024 sa grande métamorphose. Capacité portée à 3 000 places, intégration d'un centre d'art, vastes surfaces vitrées pour une meilleure ouverture sur la ville : l'ambitieuse refonte vise à en faire une référence parmi les salles de spectacle essonniennes.

La **rue des Mazières** vous mènera sur le flanc de la **cité administrative**, premier bâtiment de la ville nouvelle à être sorti de terre. C'était en 1971, et on en garde d'étonnantes photos où ce mastodonte signé Guy Lagneau trône au beau milieu des champs. L'escalier sur votre droite vous donne accès à la dalle : poursuivez en ligne droite jusqu'à rejoindre l'esplanade au débouché du centre commercial. Comme à Noisy-le-Grand (p. 77), comme à Cergy (p. 217), ce dernier forme le cœur de la dalle, c'est vers lui que les

flux convergent inévitablement et ce n'est qu'au prix du détour par les Arènes que vous avez pu leur échapper. À Évry, ce «cœur de dalle» s'appelle l'**Agora**, un nom on ne peut plus programmatique : les habitants sont ainsi invités, depuis leurs quartiers verdoyants, à rejoindre ce lieu rassembleur où les rencontres et la sociabilité sont facilitées par la relégation des voitures en contrebas. Puis l'**allée Jacquard** sera le plus court chemin vers les abords de la gare RER. Vous serez alors à l'approche de deux édifices religieux emblématiques et quelque peu différents, quoique inaugurés à moins d'un an d'écart.

Un bijou signé Mario Botta

Un léger crochet vers l'ouest vous conduira devant la **mosquée** d'Évry – une des plus grandes de France – qui, bien que terminée en 1994, adopte tous les codes architecturaux de l'architecture islamique traditionnelle. L'étape suivante est consacrée à un chef-d'œuvre, c'est la **cathédrale de la Résurrection Saint-Corbinien d'Évry**. Achevé en 1995, cet extraordinaire cylindre de béton revêtu de briques rouges, taillé en biseau et couronné par 24 tilleuls argentés, a bien peu l'aspect d'une église. Il s'agit pourtant de la seule cathédrale construite en France métropolitaine au 20e siècle. Son élégance formelle, la pureté de ses lignes se retrouvent pleinement à l'intérieur, où l'on se sent enveloppé comme dans un cocon. La forme circulaire y déploie sa pleine puissance symbolique : infinie et parfaite, signe d'unité, d'harmonie et de renaissance, elle incarne le lien entre le terrestre et le divin. Adepte à la fois du cercle et de la brique, Mario Botta les a ici une nouvelle fois combinés pour signer une de ses plus remarquables réalisations, et un incontournable de toute découverte de la région parisienne. Elle domine de sa silhouette singulière l'ensemble très homogène que forment avec elle l'**hôtel de ville** (Jacques Lévy, Jean-Luc Müller, Jean-Charles Poisav) et la **chambre de commerce** (Martine et Philippe Deslandes). Elle accueille en outre sur son flanc le

L'ÉVÊQUE ET L'ARCHITECTE

Dans les années 1960, Évry devient non seulement préfecture du nouveau département de l'Essonne, mais aussi le siège d'un nouveau diocèse. La collégiale Saint-Spire de Corbeil est alors élevée au rang de cathédrale, jusqu'à ce que l'évêque Guy Herbulot décide qu'Évry mérite la sienne propre. Soutenu par la municipalité, il s'enhardit à solliciter un starchitecte. Mario Botta accepte et son dessin d'une rare élégance ancre définitivement Évry parmi les destinations phares pour les amateurs d'architecture contemporaine remarquable.

Escaliers hélicoïdaux, marquises en forme de parapluie :

À LA VILLA CHARLES-DELESCLUZE,

la physionomie des lieux invite à la convivialité !

musée Paul-Delouvrier, consacré non à ce haut fonctionnaire qui joua un rôle clé dans le développement des villes nouvelles, mais à l'art contemporain, l'art africain et l'art sacré.

Juste au sud, le **parc des Coquibus** marque votre retour dans la ville-parc. Ce poumon vert est en fait une ancienne forêt aménagée *a minima*, qui donne une impression de vraie nature. Après sa traversée, vous abordez le **quartier des Épinettes**, où la voie la plus atypique reste la **villa Charles-Delescluze** (Alain Sarfati, 1982), ensemble de logements presque futuriste avec ses escaliers à vis extérieurs protégés par une marquise. Un crochet est possible pour jeter un œil à la **pagode Khanh-Anh**, plus vaste temple bouddhique d'Europe. En dépit, là aussi, de son architecture traditionnelle, elle n'a été terminée qu'en... 2015. Entrez dans la gigantesque salle de prière (le dimanche matin) où le bouddha doré à la feuille d'or toise les fidèles de ses 4 m de hauteur. Êtes-vous bien sûr d'être toujours à Évry... ou vous êtes-vous téléporté jusqu'en Asie ?

Maisons mitoyennes rue Henri-Rochefort

CORBEIL, VILLE D'HISTOIRE ET D'INDUSTRIE

De la gare du Bras de Fer, une station vous permettra de rejoindre Corbeil, à moins que vous ayez encore l'énergie pour une demi-heure de marche, effleurant au passage les tours de l'emblématique **cité des Tarterêts**. Corbeil est tout ce qu'Évry n'est pas, et c'est ce qui fait la saveur de leur voisinage. Ville historique stratégiquement établie à la confluence de l'Essonne et de la Seine, érigée en comté au 10e siècle, elle commandait au Moyen Âge l'accès à Paris par le sud. Bien plus tard, elle négociera avec brio son virage industriel, car s'y implantent tour à tour sucrerie, féculerie, imprimerie, usine de matériel ferroviaire Decauville et surtout deux géants : la papeterie Darblay et les Grands Moulins.

Son aspect actuel est le fruit de cette histoire. D'un côté, on tombe volontiers sous le charme de son **centre ancien** baigné par l'Essonne, que franchissent d'élégantes passerelles métalliques. À ne pas manquer : la **cathédrale Saint-Spire** avec, à son chevet, la porte médiévale de son ancien cloître, les halles « à la Baltard » de la fin du 19e siècle abritant toujours le marché de la ville, mais aussi l'hôtel de ville à peine plus récent, dont le style néo-Renaissance était si apprécié à l'époque. D'un autre côté, l'empreinte industrielle y est bien présente, et jusqu'en centre-ville. Car si de l'empire des entrepreneurs de la famille Darblay il ne reste

PL. DU COMTE-HAYMON

Cette place de Corbeil, fermée au sud par les grandes halles, est le meilleur endroit où faire une pause pour boire un verre ou manger sur le pouce : vous pouvez improviser un pique-nique au marché ouvert les mar., ven.et dim. de 8h à 13h., ou bien opter pour l'un des cafés-restaurants.

Fleuron industriel et fierté locale, LES GRANDS MOULINS DE CORBEIL oscillent aujourd'hui entre poursuite de l'activité et réhabilitation partielle.

à peu près rien, il n'en va pas de même des superbes **Grands Moulins**, rendus incontournables par leur histoire, leur majesté et leur emprise considérable. À la confluence de la Seine et de l'Essonne, à un emplacement de choix pour l'approvisionnement de la capitale en blé et en farine, cette gigantesque minoterie construite en différentes phases au tournant du siècle porte avant tout la marque de Paul Friesé. Ce grand spécialiste d'architecture industrielle conçut notamment la tour élévatrice, aujourd'hui inscrite aux monuments historiques. La minoterie ayant recentré son activité dans des locaux flambant neuf inaugurés en 2023 juste au nord du site originel, ce dernier amorcera prochainement sa mue pour devenir un quartier associant logements, commerces, espaces verts, dans le respect maximal de ce patrimoine exceptionnel, devenu le symbole même de Corbeil. Cosmopolite comme le sont souvent les territoires industriels, la deuxième ville du département déploie ainsi des horizons tout en contraste, largement insoupçonnés.

Des Moulins, il ne vous reste qu'à revenir sur vos pas pour retrouver la gare de Corbeil.

Le centre historique de Corbeil est arrosé par
L'ESSONNE
dont les rives ont conservé un charme bucolique.

30 DE VILLENEUVE-SAINT-GEORGES À MONTGERON ET À YERRES

AU FIL DES RAILS ET DE L'YERRES

Volontiers associée à son immense gare de triage et au vacarme de la Nationale 6, Villeneuve-Saint-Georges n'a guère les honneurs des guides touristiques. C'est oublier l'histoire de celle qui fut un lieu de villégiature puis une des principales villes ouvrières du département, double vocation dont elle conserve un patrimoine étonnant. De là, remontez la douce vallée de l'Yerres et un autre monde s'ouvrira à vous, presque rural...

RER D Villeneuve-Triage
11 km
2h35
RER D Yerres

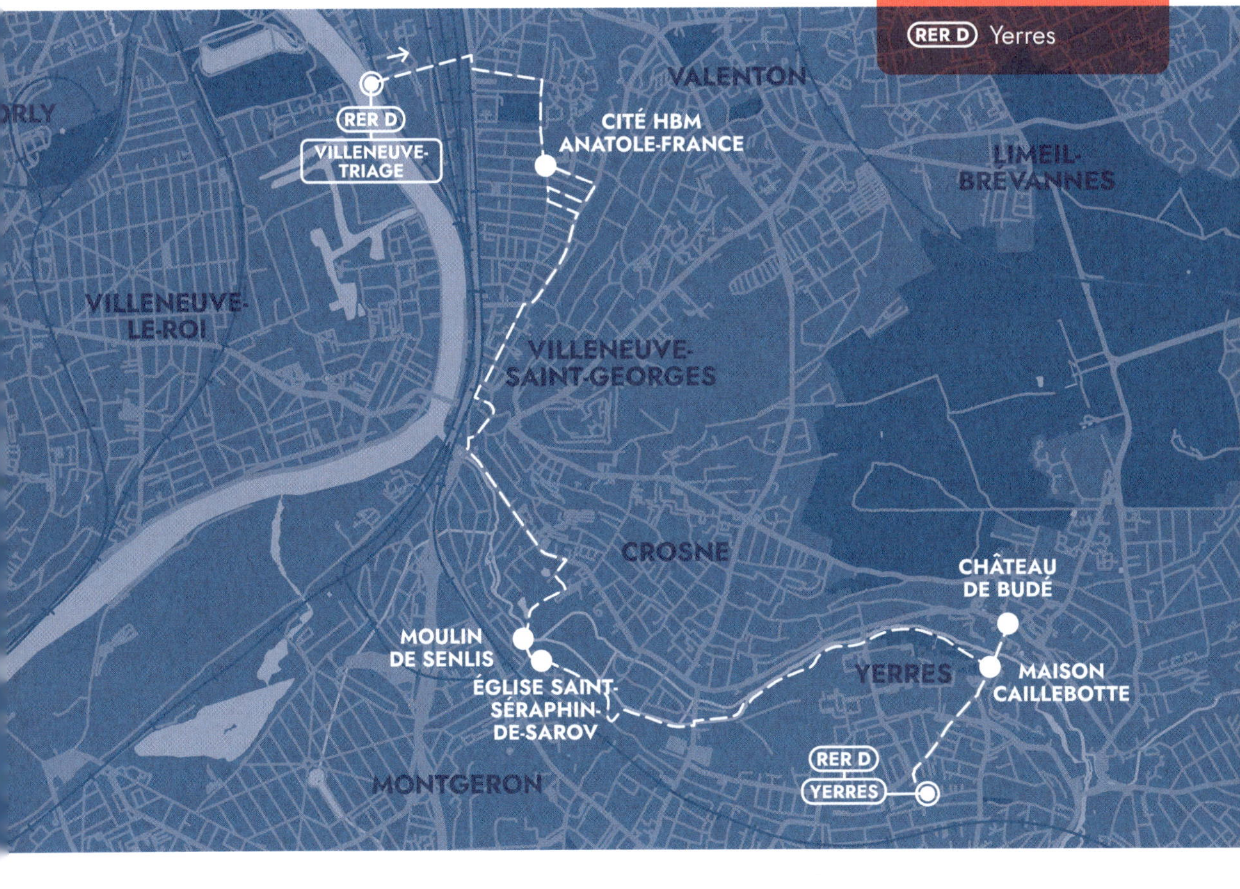

Villa de la rue Janin à Villeneuve-Saint-Georges

VILLENEUVE, COMMUNE CHEMINOTE PAS COMME LES AUTRES

Villeneuve-Triage a un petit côté «gare des betteraves», vous serez d'ailleurs sûrement parmi les rares à descendre du train. Marchez vers l'est jusqu'à buter sur les voies ferrées, qu'une passerelle de 400 m de long vous permettra tout de même de franchir. Vous surplomberez alors les quelque 200 ha d'un site à nul autre pareil : l'ancienne **gare de triage de Villeneuve-Saint-Georges**. Fermée en 2006, elle accueille encore sur ses marges un technicentre SNCF. Pour le reste, on parle d'en faire une zone d'activités productives et logistiques, mais aussi un musée du patrimoine roulant ferroviaire – les collections historiques de la RATP y sont déjà discrètement entreposées. Rendez-vous dans quelques années !

LE TRIAGE DE VILLENEUVE

Les triages sont des gares où les trains de marchandises convergent pour que leurs wagons y soient triés et réincorporés dans de nouveaux convois, en fonction de leur chargement et de leur destination. Nécessitant un grand nombre de voies, ils sont généralement situés à la périphérie des grandes agglomérations et à la jonction de plusieurs lignes ferroviaires. En Île-de-France, Villeneuve, Juvisy, Noisy-le-Sec, Trappes et Achères ont été les plus actifs, mais le déclin de l'activité de fret a souvent entraîné une réduction drastique de leur activité, voire leur fermeture.

Parvenus de l'autre côté des rails, vous découvrez un patchwork de zones résidentielles souvent conçues pour loger les cheminots d'un triage qui, à son apogée, fut le plus grand de France et employait 600 personnes. Ne manquez pas, dès la rue Courteline, la **cité HBM Anatole-France**, livrée en 1932 : la sobriété des volumes et des décors de façade de ces 13 blocs d'habitation trahit un projet réalisé à l'économie, mais la volonté de l'organiser autour d'un grand espace vert, de prévoir quelques commerces en rez-de-chaussée et d'y adjoindre un groupe scolaire reflète l'héritage encore prégnant des cités-jardins.

Réalisée à l'économie, **LA CITÉ HBM ANATOLE-FRANCE** s'efforce de porter l'héritage des cités-jardins.

Immeuble aux faux pans de bois, au n° 31 rue Janin à Villeneuve-Saint-Georges

Quelques curiosités architecturales à tendance régionaliste traduisent la double histoire de Villeneuve, à la fois ville ouvrière et lieu de villégiature.

Juste au sud, place aux coquets pavillons en meulière des **rues Ferrer et Siegfried, Jacquemard, Picot et du Foyer**. Le Foyer en question est le Foyer villeneuvois, société coopérative de construction de maisons à bon marché maintes fois récompensée aux expositions universelles – c'est elle qui fit sortir de terre ce lotissement concerté à partir de 1898. Qualité des matériaux, logements individuels bénéficiant d'un jardin : les ménages ciblés ici, qu'ils aient ou non vécu de la proximité du triage, relevaient plutôt de la classe moyenne. Les alignements de pavillons identiques très photogéniques alternent avec ceux où la variété est de mise, signe de la volonté du Foyer de proposer différentes typologies pour rompre la monotonie d'ensemble. L'arrivée du chemin de fer dès 1849 et la création du triage ont ainsi bouleversé le destin de la commune qui, une vague migratoire après l'autre, est aujourd'hui réputée regrouper 110 nationalités !

Un centre-ville en plein renouveau

Par la **rue Janin** (au n° 31, pittoresque immeuble avec faux pans de bois, encorbellements et statuette de Saint-Georges terrassant le dragon), rejoignez le centre historique, actuellement en pleine réhabilitation. Lieu de passage par excellence, dernier grand relais de poste avant Paris, il fut sous l'Ancien Régime empli d'auberges et d'écuries, dont la fameuse auberge des Trois-Rois où l'on dit que madame de Sévigné avait ses habitudes. L'arrivée du chemin de fer attira par la suite non seulement des ouvriers, mais aussi les bourgeois parisiens qui en firent un lieu de villégiature prisé, apprécié pour son accessibilité et son implantation à flanc de colline, offrant des vues encore champêtres sur la Seine. Parmi eux, Victor Duruy, important ministre de Napoléon III, mais de la belle demeure qu'il occupait en retrait de la rue qui porte son nom, vous ne verrez plus rien :en raison de son état de dégradation avancée, la municipalité a fait le choix de la détruire en 2021, tout en projetant... de la reconstruire à l'identique !

EN FLÂNANT AU FIL DE L'YERRES

Depuis l'église Saint-Georges, redescendez saluer la belle bâtisse qui abrite le conservatoire, puis traversez un morceau de Crosne pour rejoindre l'Yerres que vous franchirez par une passerelle. Vous voici à Montgeron où vous attendent plusieurs curiosités. Mentionné dès le 15e siècle, le **moulin de Senlis** (dans la rue du même nom) fut très actif durant 400 ans avant d'être acquis par l'architecte parisien Eugène-Emile Esnault-Pelterie qui en fit cet édifice néogothique. Transformé dans les années 1950 en orphelinat par des réfugiés russes, il s'adjoint alors la charmante église orthodoxe attenante, **Saint-Séraphin-de-Sarov**. La ville de Montgeron a récemment acheté le moulin et prévoit d'y aménager des logements. Quelle histoire !

En face de l'église s'étend la **cité-jardin du Moulin**, achevée en 1933 par les Gutton père et fils pour le compte de la compagnie ferroviaire du PLM. Les deux architectes ont cherché, dans un style intemporel et fort peu Art déco, à trouver un juste équilibre entre collectif (72 logements dans deux immeubles) et individuel (66 logements dans des pavillons jumelés ou non), le tout dans un cadre resté paisible et verdoyant jusqu'à nos jours.

Bienvenue chez les Caillebotte

Piquez à nouveau vers l'Yerres que vous remonterez sur 2 bons kilomètres, en repérant entre les arbres les barques colorées des chanceux dont le jardin donne sur la rivière. Une petite grille signalera votre entrée dans le parc de la **maison Caillebotte**. Cette demeure bientôt bicentenaire, à la grande colonnade néoclassique sur deux niveaux, a été acquise en 1860 par le riche marchand de draps Martial Caillebotte. Amoureux des lieux, son fils, le peintre Gustave Caillebotte, en fera le sujet de pas moins de 80 toiles,

Il faut s'attarder dans le parc de
LA MAISON CAILLEBOTTE
pour ses grandes pelouses et ses pittoresques fabriques !

LE CHÂTEAU DE BUDÉ

date en grande partie du 15e siècle et fut un temps la demeure de l'humaniste du même nom, Guillaume Budé.

CAFÉ GUSTAVE

Dans le parc de la maison Caillebotte, un romantique chalet suisse au joli balcon de bois ouvragé abrite un café, une étape tout indiquée ! D'autant que sa cuisine bistronomique à base de produits frais et de saison se déguste dans la salle chaleureuse ou sur la terrasse arborée.
2, rue de Concy, Yerres, www.cafe-gustave.com, entrée-plat ou plat-dessert 25€.

jusqu'à la vente de la propriété en 1879. Désormais propriété communale, l'endroit vaut autant pour son parc de 11 ha, où vous croiserez de pittoresques fabriques (glacière, kiosque, chapelle, chalet suisse, orangerie), que pour la maison elle-même qui, remeublée avec l'aide du Mobilier national, accueille régulièrement des expositions temporaires.

Un aller-retour sur la rive droite pour jeter un œil à la place du village et au beau portail médiéval du **château de Budé** – récemment restauré pour accueillir des appartements – et vous pourrez rejoindre en vingt minutes la gare RER de Yerres.

L'AUTEUR

SIMON LABUSSIÈRE

Géographe et urbaniste de formation, Simon Labussière a travaillé durant plusieurs années sur des enjeux tels que la politique des villes nouvelles, le devenir des territoires industriels ou la mise en valeur du patrimoine francilien d'une manière générale. En 2018, il est de retour sur les bancs de l'université pour se réorienter comme guide-conférencier. Si on peut le croiser dans les musées, sa spécialité reste les visites de quartiers et de monuments. Au fil des années, il a noué un lien privilégié avec la ville de Pantin (Seine-Saint-Denis), où il intervient régulièrement et où il a tourné des vidéos pour le site *Bonjour Pantin et ses voisins*, qui contribuent à la mise en valeur du patrimoine outre-périphérique.

REMERCIEMENTS DE L'AUTEUR

Mes remerciements pleins d'affection vont à Camille Lefebvre et Fabrice «Fafy» Langumier, pour leur amitié et leur soutien logistique sans faille. Un grand merci aussi à Thibaud Aguilée, Marine Battin, Matthieu Drevelle, Antoine Miniussi et toute la famille Mulhem, pour leurs conseils avisés comme seuls des autochtones pouvaient en prodiguer.

Je dois à Claire bien davantage que des remerciements, car cet album n'aurait pu exister sans son soutien inconditionnel.

Enfin, je tiens à remercier chaleureusement l'ensemble de l'équipe Gallimard ayant veillé sur ce projet, et particulièrement Florence Lagrange-Leader pour son regard éclairé et nos constants échanges toujours bénéfiques.

L'ILLUSTRATRICE

JULIETTE NICOT

Juliette Nicot a grandi dans l'Essonne. Après de nombreuses années passées à Paris, elle s'est installée en Seine-Saint-Denis en 2015. Graphiste et illustratrice indépendante depuis plus de 20 ans, elle a commencé il y a quelques années un travail d'illustrations imprimées en risographie sur le patrimoine architectural de la Seine-Saint-Denis. Ce travail auto-édité est commercialisé sous le nom *Greetings from*. Il met en lumière et en couleurs le patrimoine industriel, l'habitat populaire, l'architecture remarquable de ce territoire auquel elle s'est attachée à force de l'arpenter et grâce aux rencontres qu'elle y a faites. Compte Instagram : @juliettenicot

INDEX

PERSONNES, ENTITÉS, LABELS

SITES ET BÂTIMENTS

COMMUNES

CRÉDITS

COUVERTURE

Axe majeur de Cergy-Pontoise, œuvre de Dani Karavan © photo Philipe Moulu/Hemis.

Illustrations © Juliette Nicot : 12-13 Seine-Saint-Denis 68-69 Val-de-Marne 106-107 Hauts-de-Seine 162-163 Yvelines 210-211 Val-d'Oise 250-251 Seine-et-Marne 262-263 Essonne

01. DE SAINT-DENIS À PIERREFITTE ET À STAINS

15 Cité-jardin de Stains © Florence Lagrange-Leader 16 Musée d'art et d'histoire Paul-Éluard à Saint-Denis © Simon Labussière. 17 Marché de Saint-Denis © Simon Labussière. 18 Rue Loubet à Saint-Denis © Simon Labussière. 19 Clos Saint-Lazare © Simon Labussière. 20-21 Cité-jardin de Stains © Florence Lagrange-Leader sauf maison en haut p 21 © Simon Labussière.

ÉCHAPPÉE À ÉPINAY-SUR-SEINE

22 Berges de la Seine à Épinay-sur-Seine ©Office de Tourisme de Plaine Commune Grand Paris. 23 Hôtel de ville d'Épinay-sur-Seine © Office de Tourisme de Plaine Commune Grand Paris.

02. DE LA COURNEUVE AU BOURGET ET AU BLANC-MESNIL

25 Cité du 212 (ou résidence Germain-Dorel) au Blanc-Mesnil © Florence Lagrange-Leader. 26 Médiathèque Aimé-Césaire à La Courneuve © Florence Lagrange-Leader. 27 Hôtel de ville de La Courneuve © Florence Lagrange-Leader. 28 Tour Leclerc, cité des 4 000 à La Courneuve © Florence Lagrange-Leader. 29 Rue Assia-Djebar à La Courneuve © Simon Labussière. Parc Georges-Valbon © Florence Lagrange-Leader. 30 Cité-jardin du Moulin à Dugny © Florence Lagrange-Leader. 31 Cité de l'Éguiller à Dugny © Florence Lagrange-Leader. Musée de l'Air et de l'Espace au Bourget © Florence Lagrange-Leader.

LE RÊVE D'UN GRAND PARIS

32 Carte du Grand Paris Express © Société des grands projets. 34 Visuel perspective de la gare Kremlin-Bicêtre © Éva Jospin et Jean-Paul Viguier / Adagp, Paris, 2024 / Société des grands projets. 36-37 Chantier de la gare Saint-Denis-Pleyel © Kengo Kuma & Associates / photo Sylvain Cambon / Société des grands projets.

03. DE LA COURNEUVE À BOBIGNY ET À DRANCY

39 Cité de l'Abreuvoir à Bobigny © Florence Lagrange-Leader. 40 Marché des Quatre-Routes à La Courneuve et hôpital Avicenne à Bobigny © Florence Lagrange-Leader. 41 Ancienne gare de déportation de Drancy © Simon Labussière. 42 Hôtel de ville de Bobigny © Florence Lagrange-Leader. 43 Église Saint-André à Bobigny © Simon Labussière. 44 Préfecture de Bobigny © Florence Lagrange-Leader. Mémorial du camp de Drancy © Shelomo Selinger / Adagp, Paris, 2024 / photo Florence Lagrange-Leader.

04. DE PANTIN À AUBERVILLIERS

47 Quais et Magasins généraux à Pantin © Florence Lagrange-Leader. 48 Grands Moulins de Pantin © Simon Labussière. 49 Centre national de la danse à Pantin © Simon Labussière. 50 Cité des Courtillières à Pantin © Simon Labussière. 51 Tour de l'Illustration à Bobigny © Simon Labussière. 52 Quartier de la Maladrerie à Aubervilliers © Florence Lagrange-Leader. 53 Sheds à Pantin © Simon Labussière.

05. DU RAINCY À CLICHY-SOUS-BOIS

55 Conservatoire Gilbert-Klein à Clichy-sous-Bois © Florence Lagrange-Leader. 56 Maison en meulière et mosaïque entourant la porte d'entrée de l'immeuble Les Cigognes au 7 allée Victor-Hugo au Raincy © Simon Labussière. 57 Église Notre-Dame-de-Consolation au Raincy © Simon Labussière. 58-59 Église Saint-Jean-XIII à Clichy-sous-Bois © Philippe Roux, Adagp, Paris, 2024 / photos Florence Lagrange-Leader.

06. DE BAGNOLET À MONTREUIL

61 Immeuble boulevard Rouget-de-Lisle à Montreuil © Simon Labussière. 62 Hôtel de ville de Bagnolet et Mercuriales © Simon Labussière. 63 Garage dans le Bas-Montreuil © Simon Labussière. 64 Hôtel de ville de Montreuil © Simon Labussière. 65. Jardin et murs à pêches à Montreuil © Simon Labussière. 66 Musée de l'Histoire vivante à Montreuil © Simon Labussière. 67 Cité industrielle Mozinor © Florence Lagrange-Leader.

07. DE VINCENNES À NOGENT-SUR-MARNE ET À NOISY-LE-GRAND

71 Espaces d'Abraxas © Viennaslide/Alamy/Hemis. 72 Église Saint-Louis de Vincennes © Bertrand Gardel/Hemis. 73 Immeubles à Vincennes © Simon Labussière. 74 Pavillon Baltard à Nogent-sur-Marne © Simon Labussière. 75 Maison en meulière à Nogent-sur-Marne. 75 Quai de l'Artois à Nogent-sur-Marne © Simon Labussière. 77 Arènes de Picasso © Simon Labussière.

08. DE CRÉTEIL À SAINT-MAUR-DES-FOSSÉS

79 Choux de Créteil © Gérard Grandval, Adagp, Paris, 2024 / photo Simon Labussière. 80 Hôtel de ville de Créteil © Simon Labussière. 81 Préfecture de Créteil © Simon Labussière. 82 Palais de justice © Simon Labussière. 83 Cathédrale Notre-Dame © Simon Labussière. 84 Bords de Marne © Simon Labussière. 85 Place d'Armes à Saint-Maur-des-Fossés © Florence Lagrange-Leader.

09. D'IVRY-SUR-SEINE À VITRY-SUR-SEINE

87 Les Étoiles à Ivry-sur Seine © Phine Weeke-Dottelonde. 88-89 Cité Maurice-Thorez à Ivry-sur-Seine © Simon Labussière. 90 Les Étoiles à Ivry-sur Seine © Phine Weeke-Dottelonde. 91 Cité Marat-Robespierre © Simon Labussière. 92 Hôtel de ville de Vitry-sur-Seine © Simon Labussière. 93 Parc des Lilas et cité du Moulin-Vert à Vitry-sur-Seine © Simon Labussière.

10. DE MALAKOFF À MONTROUGE ET À GENTILLY

95 Cité du Chaperon-Vert à Gentilly © Jacques Poirier, Adagp, Paris, 2024 / photo Simon Labussière. 96 Usine Clasquelin © Simon Labussière. 97 Beffroi de Montrouge © Simon Labussière. 98 Église Saint-Jacques-le-Majeur à Montrouge © Simon Labussière. 99 Résidence Buffalo à Montrouge © Florence Lagrange-Leader. 100 Immeuble signé Jean Ginsberg, 28-34, place Jules-Ferry à Montrouge © Florence Lagrange-Leader. 101 Église du Sacré-Cœur à Gentilly © Simon Labussière.

SIGNER OU NE PAS SIGNER ? ARCHITECTES ET ENTREPRENEURS (1850-1950)

102 Maison à Nogent-sur-Marne, J. Boussard Architecte, 1881 © POL/BT/Alamy/Hemis. 104-105 Signatures d'architectes © Simon Labussière.

11. DE BOURG-LA-REINE À SCEAUX ET À CHÂTENAY-MALABRY

109 Arrière d'un immeuble vue du côté de la rue Benoît-Malon, cité-jardin de la Butte-Rouge à Châtenay-Malabry © Florence Lagrange-Leader. 110 Villa Hennebique à Bourg-la-Reine © Simon Labussière. 111 Villas du lotissement de Sceaux © Florence Lagrange-Leader. 112 Château de Sceaux © Huang Zheng/Shutterstock. 113 Marché couvert de Sceaux © Florence Lagrange-Leader. 114 Square Henri-Sellier, cité-jardin de la Butte-Rouge à Châtenay-Malabry © Florence Lagrange-Leader. Place François-Simiand, cité-jardin de la Butte-Rouge à Châtenay-Malabry © Simon Labussière. 115 Domaine de la Vallée-aux-Loups à Châtenay-Malabry © Simon Labussière.

LES CITÉS-JARDINS

116 Planche Banlieue Jardin de Stains, Office public des HBM, Eugène Gonnot et Georges Abenque © Archives municipales de Stains. 118 Immeubles de l'avenue de l'Abbé-Saint-Pierre, cité-jardin de Suresnes © Florence Lagrange-Leader. 119 Avenue Paty, les «Champs-Élysées» de la cité-jardin de Stains © Florence Lagrange-Leader 120-121 Place François-Simiand, cité-jardin de Stains © Simon Labussière.

12. D'ISSY-LES-MOULINEAUX À MEUDON

123 Rue Édouard-Branly à Issy-les-Moulineaux © Simon Labussière. 124 Ancienne manufacture des tabacs © Simon Labussière. 125 Immeuble-fable, rue Kléber à Issy-les-Moulineaux © Simon Labussière. 126 Quais et île Saint-Germain à Issy-les-Moulineaux ©Florence Lagrange-Leader. 127 Vue sur Paris depuis la terrasse de l'Observatoire à Meudon-la-Forêt © ranguin remi/Shutterstock. 128 Hangar Y à Meudon-la-Forêt © Florence Lagrange-Leader. 129 Résidence du Parc à Meudon-la-Forêt © Simon Labussière.

13. DE BOULOGNE-BILLANCOURT À SAINT-CLOUD

131 Jardins Albert-Khan à Boulogne-Billancourt © Céline Hallien. 132 Immeuble Molitor, 1931-1934 © Le Corbusier et Pierre Jeanneret, Adagp, Paris, 2024 / photo Florence Lagrange-Leader. 133 Hôtel Renard © Florence Lagrange-Leader. 134 Villa Collinet © Florence Lagrange-Leader. Villa Ternisien © Le Corbusier et Pierre Jeanneret, Adagp, Paris, 2024 / photo Simon Labussière. 135 Hôtel de ville de Boulogne © Simon Labussière. 136 Résidence du Point du Jour © Florence Lagrange-Leader. 137 Seine musicale © UlyssePixel/Shutterstock.

14. DE SURESNES À RUEIL-MALMAISON

139 Théâtre Jean-Vilar, cité-jardin de Suresnes © Florence Lagrange-Leader. 140 Village anglais, cité-jardin de Suresnes © Simon Labussière. 141 Monument-hommage à Henri Sellier à Suresnes © Florence Lagrange-Leader. 142 Cimetière militaire américain à Suresnes et panorama du haut du mont Valérien © Simon Labussière. 143 Immeuble de l'allée des Gros-Buissons, cité-jardin de Suresnes © Florence Lagrange-Leader. 144 Église Notre-Dame-de-la-Paix, cité-jardin de Suresnes © Florence Lagrange-Leader. 145 Château de Malmaison à Rueil-Malmaison © Simon Labussière.

15. LA DÉFENSE ET NANTERRE

147 Tours CB1 et First, La Défense © JeanLuclchard/Shutterstock. 148 Bassin Takis © JeanLuclchard/Shutterstock. 149 Cœur Défense © Jean-Paul Viguier, Adagp, Paris, 2024 / photo Florence Lagrange-Leader. 150 Arche de la Défense vue du cimetière de Neuilly-sur-Seine © Florence Lagrange-Leader. 151 Hôtel de ville de Nanterre © HJBC/Shutterstock. 152 Tour Nuage © Florence Lagrange-Leader. 153 Cathédrale de Nanterre © Simon Labussière.

16. DE SAINT-OUEN À CLICHY-LA-GARENNE PAR SAINT-DENIS ET ASNIÈRES-SUR-SEINE

155 Rue Gisèle-Halimi à Saint-Ouen © Florence Lagrange-Leader. 156 Maison Futuro aux puces de Saint-Ouen © Oliverouge 3/Shutterstock. Château de Saint-Ouen © Florence Lagrange-Leader. 158 Parc et quartier des Docks © Florence Lagrange-Leader. 159 Château d'Asnières © Simon Labussière. Cimetière des Chiens à Asnières © Florence Lagrange-Leader. 160 Grands magasins du Printemps à Clichy © Simon Labussière.

17. LA BOUCLE DE LOUVECIENNES PAR MARLY-LE-ROI

165 Aqueduc de Louveciennes © Pack-Shot/Shutterstock. 166 Pavillon de musique à Louveciennes © Gilles Targat/Photo12. 167 Vestiges de la machine de Marly et île de la Loge à Bougival © Florence Lagrange-Leader. 168 Château de Monte-Cristo au Port-Marly © Mike_O/Shutterstock. Château d'If (face au château de Monte-Cristo) © Florence Lagrange-Leader. 169 Église Saint-Thibaut-de-Marly © Florence Lagrange-Leader. 170 Domaine de Marly © mouad bethaoui/Shutterstock. 171 Château du Pont à Louveciennes © Simon Labussière.

18. DE SAINT-QUENTIN-EN-YVELINES À SAINT-CYR-L'ÉCOLE

173 Les Arcades du Lac à Montigny-le-Bretonneux © Photo12/Alamy/Viennaslide. 174 Les Dents de scie © Florence Lagrange-Leader. Ensemble HBM de Eugène Connot et Georges Albenque © Simon Labussière. 175 Le Viaduc à Montigny-le-Bretonneux © Photo12/Alamy/Viennaslide. 176-177 Grande halle de Montigny-le-Bretonneux © Philippe Moulu/Hemis.

LES VILLES NOUVELLES

178 Affiche de la campagne de communication «Cergy-Pontoise, une ville bien placée» déclinaison d'une série de trois images et slogans conçus par l'agence Publi-Est, Gerstenhaber + Cie, 1985 © CACP/CDU. 179 © Place des Colonnes à Cergy-Pontoise © Florence Lagrange-Leader. 180 Allée du Canal à Évry-Courcouronnes © Simon Labussière.

19. DE VERSAILLES À VILLE-D'AVRAY ET À SÈVRES

183 Quartier des antiquaires à Versailles © Florence Lagrange-Leader. 184 Carrés Saint-Louis à Versailles © Simon Labussière. 185 Potager du Roi à Versailles © Pack-Shot/Shutterstock. Église Notre-Dame à Versailles © lapas77/Shutterstock. 187 Ancien hôpital royal, espace Richaud à Versailles © Florence Lagrange-Leader. 188 Maison des Jardies à Sèvres © Simon Labussière. 189 Escalier Ernest-Chaplet et quartier Brancas à Sèvres © Florence Lagrange-Leader.

20. DE CHATOU À CROISSY-SUR-SEINE ET AU VÉSINET

191 Villa aux abords du lac du Vésinet © Simon Labussière. 192 Maison Fournaise © Simon Labussière. 193 Château de Croissy © Simon Labussière. 194 Villa au bord du lac de la Station au Vésinet © Simon Labussière. 195 Villa Berthe, villa le long de la piste du Tour du Lac et villa Miraflores © Simon Labussière.

21. DE SAINT-GERMAIN-EN-LAYE À MAISONS-LAFFITTE

197 Maison Doulton © Simon Labussière. 198 Château de Saint-Germain-en-Laye ©Artem Nedoluzhko/Shutterstock. 199 Vue de la Grande Terrasse de Saint-Germain-en-Laye © Kiev.Victor/Shutterstock. 200-201 Château de Maisons-Laffitte © Pack-Shot/Shutterstock. 202-203 Villas à Maisons-Laffitte © Simon Labussière.

22. DE POISSY À VILLENNES-SUR-SEINE ET À MÉDAN

205 Statue de saint Louis devant la collégiale de Poissy © Bertrand Gardel/Hemis. 206 Musée du Jouet © Pack-Shot/Shutterstock. 207 Villa Savoye © Le Corbusier, Adagp, Paris, 2024 / photo Bildarchiv Monheim GmbH/Alamy/Hemis. 208 Maison de Fer © Florence Lagrange-Leader. 209 Château de Médan © Pack-Shot/Shutterstock.

23. DE CERGY À PONTOISE

205 Les Douze colonnes, station de l'Axe majeur à Cergy-Pontoise, œuvre de Dani Karavan © photo Simon Labussière. 212 Grande Mosquée de Cergy-le-Haut. 213 Horloge de la gare de Cergy-Saint-Christophe © Simon Labussière. 214 Place des Colonnes, point de départ de l'Axe majeur à Cergy-Pontoise, œuvre de Dani Karavan © photo Simon Labussière. 215 Préfecture de Cergy-Pontoise © Simon Labussière. Tour bleue des Jeunes mariés à Cergy © Simon Labussière. Port-Cergy © Simon Labussière. 216 Cathédrale Saint-Maclou à Pontoise © Simon Labussière. 217 Terrasse de l'ancien château et rives de l'Oise à Pontoise © Simon Labussière.

24. ARGENTEUIL

221 Cité HBM du Tronc © Simon Labussière. 222 Maison de l'avenue Bridault © Simon Labussière. 223 Basilique Saint-Denys, intérieur et extérieur © Simon Labussière. 224 Maison impressionniste Claude-Monet, école maternelle et marché couvert de la cité Joliot-Curie © Simon Labussière. 225 Vue de la Butte-Orgemont © Simon Labussière.

25. D'ÉPINAY-SUR-SEINE À ENGHIEN-LES-BAINS ET À MONTMORENCY

227 Immeuble de la rue Félix-Faure à Enghien-les-Bains. 228 Notre-Dame-des-Missions à Épinay-sur-Seine © Florence Lagrange-Leader. 229 Lampadaire au bord du lac d'Enghien-les-Bains © Delpixel/Shutterstock. Promenade le long du lac d'Enghien-les-Bains © Bertrand Gardel/Hemis 230 Villas à Enghien-les-Bains : en haut à gauche et en haut à droite © Simon Labussière, au milieu © Florence Lagrange-Leader, en bas © Gil Guglio/Hemis. 231 Portail de l'église Saint-Martin à Montmorency © Simon Labussière.

26. DE SARCELLES À VILLIERS-LE-BEL ET À ÉCOUEN

233 Immeuble dans le quartier des Vignes-Blanches à Sarcelles © Florence Lagrange-Leader. 234 Avenue du 8-mai-1945 à Sarcelles © Simon Labussière. 235 Parc Kennedy à Sarcelles © Simon Labussière. 236 Lac de Sarcelles © Simon Labussière. 237 Château d'Écouen ©Simon Labussière.

LES GRANDS ENSEMBLES

238 Sarcelles, une cité au milieu des champs © coll. département du Val-d'Oise. 240 Le Serpentin, cité des Courtillières à Pantin © Simon Labussière. 241 Cité de l'Abreuvoir à Bobigny © Florence Lagrange-Leader. 242-243 Immeubles années 1950 à Sarcelles © Simon Labussière.

27. AÉROPORT ROISSY-CHARLES-DE-GAULLE

245 CDGVAL et Terminal 1 © ADP/Paul Andreu - Adagp, Paris, 2024 / photo olrat/Shutterstock. 246 Intérieur du Terminal 1 © ADP/Paul Andreu - Adagp, Paris, 2024 / photo EQRoy/Shutterstock. 247 En haut et en bas : deux vues depuis la piste de l'extrémité du Hall K, Terminal 2E, Paris-Charles de Gaulle © ADP/Paul Andreu - Adagp, Paris, 2024 / photo Jérôme Epaillard pour le Groupe ADP. À droite : détail sur le plafond de la zone commerciale (Duty Free), Hall K, Terminal 2E, Paris-Charles de Gaulle © ADP/Paul Andreu - Adagp, Paris, 2024 / photo Jérôme Epaillard pour le Groupe ADP. 248 Maison de l'Environnement © Bruno Pellarin pour Groupe ADP. 249 Concorde © Markus Mainka/Shutterstock.

28. LA BOUCLE DE NOISIEL PAR CHAMPS-SUR-MARNE

253 Chocolaterie de Noisiel © Lionel Lourdel/Hemis. 254 Ferme du Buisson © Simon Labussière. 255 Cité ouvrière à Noisiel © Simon Labussière. 256 Parc et château de Champs-sur-Marne © Bertrand Gardel/Hemis. Grille d'hon-

neur de l'ancien château au parc de Noisiel © Simon Labussière. 257 Tour des Jeunes-Mariés à Champs-sur-Marne © Simon Labussière.

LE PATRIMOINE INDUSTRIEL FRANCILIEN

258 Vue panoramique de l'usine Gévelot à Issy-les-Moulineaux, vers 1907 © Historic Images/Alamy/Hemis. 259 Grands Moulins de Pantin © Franck Legros/Shutterstock. 260 Cité industrielle Mozinor à Montreuil © Florence Lagrange-Leader.

29. D'ÉVRY-COURCOURONNES À CORBEIL-ESSONNES

265 Pagode Khanh-Anh à Évry © Simon Labussière. 266 Allée du Canal à Évry © Simon Labussière. 267 Les Pyramides à Évry © Ville d'Évry-Courcouronnes. 268 Cathédrale de la Résurrection Saint-Corbinien d'Évry © Simon Labussière. 269 Villa Charles-Delescluze © Simon Labussière. Maisons mitoyennes rue Henri-Rochefort à Évry © Simon Labussière. 270 Grands Moulins de Corbeil © Simon Labussière. 271 Rives de l'Essonne à Corbeil © Simon Labussière.

30. DE VILLENEUVE-SAINT-GEORGES À MONTGERON ET À YERRES

273 Maison à Villeneuve-Saint-Georges © Simon Labussière. 274 Cité Anatole-France à Villeneuve-Saint-Georges © Simon Labussière. 275 Immeuble au 31 rue Janin à Villeneuve-Saint-Georges © Simon Labussière. 276 Maison Caillebotte à Yerres © Hervé Hugues/Hemis. 277 Château de Budé à Yerres © Simon Labussière.

PAGES DE GARDE

Pavillons, villas et maisons de banlieue © Simon Labussière © Florence Lagrange-Leader.

DIRECTRICE ÉDITORIALE
Hélène Firquet

RESPONSABLE DE COLLECTION
Laura Gélie

RESPONSABLE ÉDITORIALE
Florence Lagrange-Leader

AUTEUR
Simon Labussière

ILLUSTRATRICE
Juliette Nicot

RESPONSABLE ARTISTIQUE
Érica Périgaud

DIRECTION ARTISTIQUE, MAQUETTE, CARTOGRAPHIE ET MISE EN PAGES
Flora Monnin

RESPONSABLE DES COÉDITIONS INTERNATIONALES ET DES PARTENARIATS B2B
Mathilde Barrois

CHARGÉE DE PARTENARIATS B2B
Manon Aveline
manon.aveline@gallimard-loisirs.fr

RELATIONS PRESSE
Francis Tier
francis.tier@gallimard-loisirs.fr

FABRICATION
Christine Lopes et Julien Recurt

LECTURE-CORRECTION
Christophe François

Les éditions Gallimard remercient l'office de tourisme de Plaine Commune Grand Paris, notamment Dominique Gandolfi et Emmanuel Blum, pour leur participation à cet ouvrage.

Plaine commune GRAND PARIS

Photograveur : Nord Compo (Villeneuve-d'Ascq)
Impression : DZS Grafik d.o.o. - Slovénie
N° d'édition : 626494
ISBN : 978-2-7424-6656-6
Dépôt légal : avril 2024

FSC www.fsc.org
MIXTE
Papier | Pour une gestion forestière responsable
FSC® C106600